"十三五"国家重点图书出版规划项目
2021年农家书屋重点图书推荐目录

中国乡村振兴示范村

丛书主编 陈文胜
副主编 王文强

振兴村

庞丽铷 著

东北大学出版社

ⓒ 庞丽铷 2020

图书在版编目（CIP）数据

振兴村/庞丽铷著.—沈阳：东北大学出版社，2020.12（2021.11重印）
（中国乡村振兴示范村/陈文胜主编）
ISBN 978-7-5517-2594-1

Ⅰ.①振… Ⅱ.①庞… Ⅲ.①农村—社会主义建设—概况—长治 Ⅳ.①F327.255

中国版本图书馆CIP数据核字（2020）第257640号

出 版 者：	东北大学出版社
地　　址：	沈阳市和平区文化路三号巷11号
邮　　编：	110819
电　　话：	024-83687331（市场部）　83680267（社务部）
传　　真：	024-83680180（市场部）　83687332（社务部）
网　　址：	http://www.neupress.com
E-mail:	neuph@neupress.com

印 刷 者：辽宁一诺广告印务有限公司
发 行 者：东北大学出版社
幅面尺寸：170 mm×240 mm
印　　张：14
字　　数：251千字
出版时间：2020年12月第1版
印刷时间：2021年11月第3次印刷
责任编辑：张德喜　刘宗玉
责任校对：邱　静
封面设计：潘正一

ISBN 978-7-5517-2594-1　　　　　　　　定　价：49.00元

振兴风光

图 1　振兴村大门

图 2　振兴旅游区全景

图3 振兴村住宅区

图4 振兴村槐荫寺

振兴风光

图 5　振兴村抗战纪念馆

图 6　振兴村格桑花海

图7　振兴村红色收藏馆

图8　振兴村新房与旧居

振兴风光

图 9　日出振兴

图 10　振兴灯海

5

图 11　大雄山山门

图 12　振兴村孝廉公园

振兴风光

图13　AAAA级景区上党小镇

图14　上党步行街

7

图 15　振兴村舞龙表演

图 16　振兴村迎新春扇子舞

序
Foreword

  党中央始终高度重视农业、农村和农民工作，新世纪以来，连续推出了一系列强农惠农富农政策，我国农村发生了翻天覆地的变化，广大农民从物质到精神都有了前所未有的提高。习近平总书记指出，农业强不强、农村美不美、农民富不富，决定着全面小康社会的成色和社会主义现代化的质量。实施乡村振兴战略是党的十九大作出的重大决策部署，这是党的"三农"工作一系列方针政策的继承和发展，是开启全面建设社会主义现代化国家新征程的必然选择，是我们在新时代做好"三农"工作的行动总纲和根本遵循。

  2020年，我国打赢了脱贫攻坚战，农村贫困人口按现行标准全部脱贫，贫困县全部摘帽，消除了区域性整体贫困现象。党的十九届五中全会提出"实现巩固拓展脱贫攻坚成果同乡村振兴有效衔接"的要求。脱贫之后的农户面临着尽快加入中等收入群体行列的新任务、新挑战，而乡村振兴正是他们实现这一美好愿景的必由之路。

  村庄是乡村的基本社区单元，是乡村振兴的主战场。我国有60多万个行政村，从南到北、由东至西，情况千差万别，振兴之路也必然各有千秋。广大农村在实践中探索出各具特色的发展路径，一批村庄尽享强农惠农富农政策红利，通过艰辛探索，率先迈入全面小康，成为乡村振兴示范村；但仍有大量村庄在后起赶超，既需要政策的引导与推动，也需要典型的示范与带动。

  习近平总书记强调，"要科学把握乡村的差异性，因村制宜，精准施策，打造各具特色的现代版'富春山居图'。"实施乡村振兴是一个划时代的伟大创举，也是一项长期而艰巨的任务。党的十九大提出的实施乡村振兴战略，指明了村庄建设的前进方向，但还要不断总结典型经验，探索发展规律，才能持续推动乡村的全面振兴。

由陈文胜教授担纲主编、多位专家学者共同编撰的"中国乡村振兴示范村"丛书，选择不同地域、不同类型的10个典型村庄，系统、全面地介绍其乡村振兴过程，是一件十分有意义的事情。典型村庄的选取兼顾地理区域、发展路径、奋斗历程等多方面，既有经几代人持续奋斗形成的富裕村，也有在精准扶贫中脱颖而出的脱贫村；既有区位优势显著的城郊村，也有大山深处的边远村，有较强的代表性，可以为乡村振兴工作提供多视角的参考借鉴。丛书既详尽地叙述了每个示范村的发展过程，包括对村干部与村民思想、行为变化的细微描写，又对村庄发展的关键阶段、特殊环节的超常做法和成功经验进行了系统总结，给出了各示范村乡村振兴过程的全景式展示。纵览全书，一个个眼光独到、能力超群、公而忘私的村庄引领者的高大形象跃然纸上，一件件惊心动魄、事关生死大事的抉择过程展现在眼前。这种纪实性文体鲜活、可信，感染力强，是总结农村基层工作与农民群众创造精神的一种有益的探索。

丛书文字生动活泼，叙事生动简明，启发性、指导性强。衷心希望这套丛书能有助于广大读者了解乡村，为乡村干部和农民朋友提供有益的借鉴，为各级党政部门的科学决策提供参考，助力全国的乡村振兴工作。

是为序。

蔡 昉
2020 年 12 月

蔡昉，全国人大常委会委员，全国人大农业与农村委员会副主任委员，中国社会科学院原副院长、学部委员、博士生导师。

前言
Preface

  自从党中央提出乡村振兴战略以来，全国各地掀起了推进乡村振兴的热潮。在各地调研时，我发现每个村庄推进乡村振兴的积极性都很高，一部分村庄经过艰辛努力，探索出具有自身特色的发展模式，整体过上了质量较高的全面小康生活，但大多数村庄并没有明晰的发展思路，仍在乡村振兴的道路上彷徨且找不到突破的方向。由此，我心中一直想寻找一批优秀村庄，为其他村庄提供示范样本，以让更多的村庄能更快地实现乡村振兴。我也曾经将这个想法写进了对政府的建议之中。

  我的这一想法与东北大学出版社的计划不谋而合。2018年秋天，东北大学出版社领导找到我，提出出版一套宣传乡村振兴优秀村庄系列丛书的构想，并希望由我来组织编写这套丛书，我欣然答应了。我们一致认为，实施乡村振兴，是党中央、国务院的战略部署，是广大农民过上小康生活的必由之路，但前景美丽而道路曲折，实现乡村振兴将是一个长期的奋斗过程。在这个过程中，已有许多村庄走在前列，提前进入小康，应该把他们的经验总结出来，供尚在乡村振兴奋斗路上的村庄学习、借鉴。各个村庄经济基础不同、自然条件迥异，笼统设定一个模式，照搬一个做法显然不妥，而是要有针对性地选择一批有代表性的优秀村庄，让大多数村庄都能找寻到学习的榜样，以最大限度地发挥优秀村庄的示范作用。为此，我们在全国范围内，遴选了10个走在乡村振兴前列的典型村庄，以通俗化语言、纪实的叙事方式，把村干部及村民的超前意识、奋斗过程、成功经验全面描绘出来，将它们的坚定信念、聪明才智、开拓精神细致展现出来，并以"中国乡村振兴示范村"丛书的形式奉献给广大读者。希望这套丛书能给各级政府以借鉴，给广大乡村干部和农民朋友以启示，为实施乡村振兴战略助一臂之力。这就是我们编写、出版这套丛书的初衷。

  为确保编写质量，我们组建了一个由长期关注、从事"三农"研究的专家学者、政府官员、媒体精英等组成的跨区域作者队伍。具体分工是：

我任丛书主编，湖南省社会科学院人力资源与改革发展研究所所长王文强任丛书副主编。各分册作者分别是：《十八洞村》，湖南师范大学中国乡村振兴研究院教授陆福兴；《花园村》，人民日报社《民生周刊》杂志社编辑部主编、资深媒体人严碧华；《战旗村》，四川省农村发展研究中心主任、四川农业大学教授蓝红星，四川农业大学教师张正杰；《浔龙河村》，湖南省政协经济科技委员会主任、中南大学教授吴金明，湖南浔龙河投资控股有限公司刘红峰博士，国家税务总局党校长沙分校教师吴双；《景溪村》，河北农业大学教授申端锋；《郎德上寨》，中共黔东南苗族侗族自治州委员会宣传部副部长龙志波，黔东南苗族侗族自治州融媒体中心纸媒综合部主任、主任记者宋尧平；《袁家村》，中共陕西省咸阳市委农工办主任、西北农林科技大学兼职教授赵强社，西北农林科技大学教授赵晓峰、讲师张贯磊等；《振兴村》，山西农业大学马克思主义学院副教授庞丽锄；《张庄村》，湖南省社会科学院《毛泽东研究》编辑彭秋归；《大梨树村》，辽宁省直工委原副调研员张玉洁。作者们治学严谨、知识渊博，具有丰富的乡村调查经验，对所写的村庄比较熟悉，对所剖析的对象有着密切的关注。为了高质量地完成撰写任务，他们或常驻或三番五次前往所写村庄，目的就是真实记录所写村庄的振兴过程，挖掘出其潜在的精神动力。

本丛书的编写得到了各示范村村委会、支委会和所在地党政机关的大力支持和热情服务。尤其是本丛书的出版还得到了全国人大常委会委员、全国人大农业与农村委员会副主任委员、中国社会科学院学部委员蔡昉的关注，并在百忙之中为本丛书作序，其深厚的为农情怀和对"三农"研究者的关爱令我们十分感动。在此，一并对给予本丛书编写、出版以支持和帮助的各相关单位、各界人士表示衷心的感谢！

需要说明的是，丛书中的有些数据、案例引自专业著作与论文、媒体报道、政府门户网站发布的资讯。对各类文献的作者，我们致以真诚的感谢。由于时间关系，难以一一核对和注明所有文献的出处，在这里我们深表歉意。由于编者水平所限，加之时间仓促，丛书中的内容难免有不妥、失误之处，敬请广大读者批评指正。

陈文胜
2020 年 11 月

陈文胜，湖南师范大学"潇湘学者"特聘教授、博士生导师，中国乡村振兴研究院院长，中央农办乡村振兴专家委员，中共湖南省委农村工作领导小组"三农"工作专家组组长。

目 录
Contents

第一章　振兴概况 / 1

　　一、振兴村的历史沿革 / 1

　　二、振兴村的历史文化 / 4

　　三、振兴村的发展现状 / 9

　　四、振兴村的主要荣誉 / 10

第二章　振兴足迹 / 12

　　一、入社、通电、搞副业 / 12

　　二、修路、打井、建学校 / 13

　　三、创收、有线、免费报 / 14

　　四、改制、拆迁、搬新家 / 14

　　五、并村、建区、谋发展 / 14

　　六、生态、文化、旅游区 / 16

　　七、项目、培训、上央视 / 17

第三章　振兴村的带头人——牛扎根 / 19

　　一、牛扎根简介 / 19

　　二、牛扎根的奋斗历程 / 25

　　三、牛扎根简评 / 25

四、牛扎根的心愿 / 26

五、牛扎根的振兴梦 / 28

第四章　风雨磨炼　破解难题 / 30

一、辍学打工 / 30

二、发展副业 / 31

三、解决"老三难" / 31

四、植树造林 / 34

五、三走三回 / 35

第五章　煤矿改制　以企带村 / 38

一、煤矿第一次改制 / 38

二、煤矿第二次改制 / 40

三、村企共建新农村 / 41

第六章　拆掉旧房　搬进新家 / 45

一、拆掉旧房 / 45

二、建起新村 / 47

三、搬进新家——振兴村 / 48

第七章　并村建区　兴业富民 / 50

一、并村建区新发展 / 51

二、多措并举促就业 / 52

三、三产融合助转型 / 55

第八章　创新党建　引领发展 / 59

一、明确了党建的追求 / 59

二、建起了两个活动场所 / 61

三、形成了几项工作制度 / 62

　　四、运用了几种学习方式 / 64

　　五、回应群众对美好生活的新期待 / 67

第九章　振兴小镇　度假胜地 / 70

　　一、打造乡村旅游度假胜地 / 70

　　二、推进小镇可持续发展 / 74

第十章　特色民俗　多彩活动 / 77

　　一、根祖文化节 / 78

　　二、重阳节敬老 / 79

　　三、春节嘉年华 / 80

　　四、文体活动 / 81

第十一章　孝德文化　"一约四会" / 83

　　一、孝德文化 / 83

　　二、村规民约 / 87

　　三、"四会" / 91

第十二章　发展教育　建校建馆 / 97

　　一、标准化学校 / 97

　　二、人才学院 / 98

　　三、初心园 / 101

　　四、上党战役展览馆 / 102

　　五、红色收藏馆 / 103

第十三章　社会治理　规范和谐 / 104

一、改善社会治理基础条件 / 104

二、创新社会治理"2+10"模式 / 105

三、推进综治工作创新 / 106

四、推行"六制一体" / 107

五、实行"网格化"管理 / 108

六、学习"枫桥经验" / 108

七、引导村民参与治理 / 109

第十四章　统筹发展　全面振兴 / 110

一、经济：生活富裕 / 110

二、政治：党建引领 / 113

三、文化："三色"文化 / 115

四、生态：生态宜居 / 119

五、社会：民生保障 / 122

第十五章　振兴模式　振兴启示 / 125

一、振兴特色 / 125

二、振兴模式 / 126

三、振兴经验 / 130

四、振兴启示 / 134

第十六章　振兴规划　宏伟蓝图 / 136

一、重点计划 / 136

二、未来路径 / 137

三、发展目标 / 140

四、规划工程 / 142

五、项目推进 / 150

第十七章　村民、领导心中和新闻报道中的振兴村 / 154

一、村民心中的振兴村 / 154

二、领导眼中的振兴村 / 155

三、媒体报道的振兴村 / 155

第十八章　牛扎根箴言 / 163

一、牛扎根箴言 / 163

二、对话牛扎根 / 166

三、牛扎根谈乡村振兴 / 170

第十九章　振兴村的乡村振兴之路 / 173

一、一条路来之不易 / 173

二、一个人不能忘记 / 174

三、一些做法还得坚持 / 176

四、振兴村的乡村振兴之路 / 176

附件一　牛扎根在全国农民新技术创新创业博览会上的讲话 / 181

附件二　牛扎根在中国合作经济学会主旨发言 / 188

附件三　振兴乡村生态文化旅游区简介 / 194

附件四　振兴乡村生态文化旅游区"十三五"工作总结暨"十四五"工作计划 / 196

参考文献 / 202

后　记 / 204

第一章
振兴概况

　　振兴村位于山西省东南部长治市上党区，地处太行山西麓，上党盆地南缘，北倚上党名山大雄山，南望长晋分界金鸡岭，交通便捷、地理位置优越：距上党古城长治35千米、泽州古邑晋城50千米；毗邻长晋、长安高速公路，临近太焦、侯月铁路；1.5小时可以到河南的云台山、红旗渠，山西的皇城相府、太行山大峡谷及平顺的通天峡；2小时可以到乔家大院、平遥古城及王家大院等著名景区，到长治机场、高铁长治南站仅需30分钟车程。

　　振兴村地处北纬38°线，年平均气温9℃，气候宜人，夏季凉爽，被称为"无扇之城"，是夏天避暑纳凉的好地方；四周群山环绕、翠绿掩映，素有"天然氧吧"的美誉，是养眼养心养肺的好去处。

一、振兴村的历史沿革

　　振兴村是太行山脉大雄山脚下一个古老的小山村，村西面上党区与高平市、长子县交界的羊头岭上有神农城、神农泉、神农畦、炎帝陵等，传说炎帝曾在这一带"尝百草，制耒耜，种五谷"，奠定了农耕基础。炎帝，号神农氏，也因此被奉为中华民族农耕文化的祖先。随着时间的推移，慢慢地，与羊头山相隔不远的大雄山脚下也开始有了人类居住，并逐步形成了村落。早在两汉时期，汉王朝就在此设有关卡，故名关家。在以后漫长的历史长河中，关家有时被并入乡，有时被编入区，有时被排成人民公社的生产大队，1984年被改为关家村民委员会，直到2008年整村搬迁新居后，沿用了两千多年的"关家"改名为"振兴"，振兴村在2010年与向阳村、郜则掌村三村合为振兴新区，成为山西省农村就地城镇化的样板；2018年，为了进一步发展旅游业，振兴新区改为上党区振兴乡村生态文化旅游区。

（一）关家

振兴村原名关家，汉代划界，大雄山作为界点，在此设有关卡，故有关家之称。《潞安府志》中记载：明嘉靖八年（1529），潞州升为潞安府，府郭设县，曰长治县。县城郊外设四乡，关家属雄山乡。清代基本沿袭明制，辛亥革命后的1917年，长治县仍以清朝的四乡为基础，乡改称区。1919年，山西省整理村范，县下设区，区辖村，关家划归荫城区。1949年，中华人民共和国成立，仍沿用区村制。1953年，长治县撤区设乡，关家升级为乡，下辖西掌、北坡、郜则掌、下西掌四个自然村。1958年，长治县设苏店、荫城两个人民公社。荫城为红旗人民公社，关家村属荫城红旗人民公社西掌管理区。1961年，长治县设17个人民公社，撤销管理区体制，改为生产大队，关家村为西火人民公社西掌大队下设的八、九、十生产小队。1979年，根据党的开放政策，关家村脱离西掌大队，成为西火人民公社关家生产大队。1984年，长治县政社分开，人民公社改称乡镇人民政府，生产大队改为村民委员会，关家村属西火镇人民政府关家村民委员会，牛扎根任村委会主任，次年任村党支部书记。

（二）振兴村

经过多年的艰苦奋斗，随着关家村经济的发展壮大和新农村建设的推进，在振兴煤业集团的大力支持下，2008年，关家村整村搬迁到新村，更名为振兴村。富起来的振兴村开始带领相邻的几个村一起致富。2008年，振兴村、郜则掌村和向阳村三个村的党支部合并成立振兴集团党委，党务方面划归振兴集团党委管辖，原振兴村党委书记牛扎根任振兴集团党委书记兼董事长。振兴集团是一家集生态文化、旅游地产、健康养老、商贸物流、现代农业、农产品加工包装、村镇建设开发为一体的多元化集团公司，下辖农业公司、山西振兴文旅发展有限公司、华宝商贸有限公司、鑫源商贸有限公司和鑫源有机农产品专业合作社等。

（三）振兴新区

2008年，发源于美国的金融危机很快席卷全球。2010年12月13日，经国务院同意，国家发改委正式批复设立山西省国家资源型经济转型综合配套改革试验区，旨在山西省省域里，紧紧围绕产业的优化升级、战略性新兴产业的发展、整个产业结构的调整和资源型经济转型进行一个全面的重大探索。山西成为国家批复的面积最大的综改区，总面积15.67万平方千米，振兴村所在的长治市也开始了综改实验。如何践行"绿水青山就是金山银山"的发展理念？如何改变"一煤独大"的产业格局？如何在转型发展中既让市民生活稳定，又让村民日子过好？在山西省委、长治市委、上党区委的领导下，振兴村开始探索城乡统筹发展的新路。2010年7月6日，长治县城乡统筹振兴试验区成立，简称振兴新区，成为山西省唯一的城乡统筹试验区。振兴新区下辖振兴村、向阳村、部则掌村，牛扎根任振兴新区党委书记。振兴新区麻雀虽小，五脏俱全，区内设立领导机构——中共长治县城乡统筹振兴试验区委员会、振兴新区管理委员会，有16个全额事业编制、30个自收自支编制；配套机构设有学校、卫生院、派出所、劳保所、国土所、财政所六个事业单位，均为正科级单位，事业编制；专门的服务机构有长治县振兴农业服务中心和长治县振兴接待服务中心，隶属振兴新区管辖，内设机构为党政综合办公室、城乡统筹项目研究办公室、经济发展战略研究办公室、文化产业旅游开发办公室。

（四）振兴乡村生态文化旅游区

2017年9月1日，国务院印发了《关于支持山西省进一步深化改革促进资源型经济转型发展的意见》，对山西省的经济转型发展给予全面指导和支持。这个《意见》鲜明提出山西要"建成资源型经济转型发展示范区""打造能源革命排头兵"。加上我国生态文明建设要求的提高和山西转型发展的加速，长治市振兴村也在一步步摸索转型发展之路，减少煤炭产业占比，发展旅游业和高科技农业的方向越来越清晰。为了进一步推动乡村旅游业的发展，2018年，长治县振兴新区更名为上党区振兴乡村生态文化旅游区，牛扎根任上党区振兴乡村生态文化旅游区党委书记和山西上党振兴集团董事长。上党区振兴乡村生态文化旅游区2019年总资产30亿元，年工农业总产值达到6亿元，职工3000人，年人均收入56900元。

二、振兴村的历史文化

（一）农耕文明

传说，早在远古时期，华夏始祖炎帝就在振兴村所在的上党地区"尝百草，制耒耜，种五谷"，开创了华夏农耕文明之先河。殷商时期，炎帝在长治县羊头岭下黎岭村建都，称黎国，子民称为"黎民"，"黎民百姓"一词即源于此。随着黎民活动范围的扩大，离羊头岭不远的大雄山下也慢慢地有了人类居住，并逐步形成了村落，振兴村（原名关家）较早进入了农耕文明时代。由于振兴村地处大雄山下，沟多坡多，农业基础差，需要抱团发展才能生存，加上历史上多次因避战乱、灾荒而逃至此的人的涌入，振兴村的农耕文明具有祈福性、淳朴性、包容性、团结性的特征。

振兴村历史悠久，农耕文明影响深远，民俗活动特色鲜明，有农忙时节的家庭民俗活动和农闲时节的群体民俗活动，用来勉励农事、祈求丰收、祭祀土地、庆贺寿诞等。如祭祀活动、丰收庆祝、根祖文化、孝道文化等延传至今。今天，虽然这些活动中的绝大部分演化成娱乐形式，但是却反映了历代劳动人民渴望有吃有穿，希冀子孙满堂，追求幸福生活的美好愿望。振兴村有秧歌队、锣鼓队、军乐队、文化艺术宣传队等，逢年过节，经常组织舞狮、舞龙、社火、抛绣球等传统民俗活动；除了部分人能参加的上述民俗活动外，还有大众性的寻根问祖、孝老敬老活动以及传统文化学习等活动。不仅如此，振兴村的农耕文化还与时俱进，融入了现代元素，文化方面增加了讲座、培训、党的大政方针学习等活动；体育方面还经常举办马拉松、登高等健身活动，进一步丰富了村民的业余生活。

（二）潞州潞绸

振兴村在历史上曾属于潞安府管辖，也见证、参与了潞绸的繁华。明代初期，农业、工业的发展促进了商业的繁荣。明太祖朱元璋第21子沈王朱模封藩潞州后，在潞安府任职，朝廷在山西设立织染局为皇家派造潞绸，使潞绸在潞州形成了一个庞大的织造规模，成为当时山西省进贡的主要产品和赋税的大宗来源，盛极一时。作为皇室贡品，潞绸代表了明清山西乃至全国纺织技术的较高水平。潞绸名扬四海，与杭缎、蜀锦齐名，名列中国三大名绸之一。《金瓶梅》《醒世恒言》等名著多处提到上党的潞绸。

现在，在振兴村的上党一条街上，还有潞州丝绸制品。

（三）荫城铁货

历史上对振兴村的发展有影响的还有荫城铁货。与关家村同在雄山脚下的荫城镇，作为上党铁货的集散地，曾占据中国北方大半个市场，红极一时，产品远销俄罗斯、日本、朝鲜、尼泊尔、不丹等十多个国家，年交易额最高时达一千多万两白银，有"万里荫城""日进斗金"的美誉。据史料记载，荫城镇早在战国时期就开始了简单的铁业生产，到清朝乾隆、嘉庆年间进入鼎盛时期。生产的铁货从各种兵器到生产、生活用具应有尽有，达197大类共2000多个品种。当时以荫城为中心的周围上百个村庄，几乎村村有铁炉，户户有打铁，铁炉作坊星罗棋布，风箱声、锤击声昼夜不断。在荫城奏出的铁货乐章中，关家村作为一个响亮的音符而存在，村民有的打铁，有的卖铁器，有的开店，有的做餐饮，有的挖煤为打铁提供燃料……关家村最早的小煤窑只是为了生活取暖，后来为了生产，开始做燃料打农具、打工具，再后来融入荫城经济发展，开始打铜缸、打脸盆、打手镯等，工艺逐步提高，参与流通，成为荫城铁货的后方之一。明清时期，作为晋商重要分支的潞商，在上党地区开创了铁货产、供、销产业的辉煌。2019年1月，荫城镇入选第七批中国历史文化名镇。漫步上党一条街，荫城铁货的身影随处可见。

（四）红色基因

振兴村有英勇抗战的历史和代代相传的红色基因。1936年，红军第一次东征。红军一部由何长工同志亲率经关家村进驻西火镇，在老雄山下播下了革命的火种；1937年，关家村成立人民武装自卫队；1938年，日军进占长治，关家村村民奋起抗日；1939年，中国人民抗日军政大学一分校东征，校长何长工再一次来到大雄山脚下，宣传统一战线政策，号召青年加入抗日救亡的洪流。1945年，著名的上党战役就在振兴村所在的上党区打响，振兴村村民有的参军或当民兵直接参战，有的送粮送鞋支援前线。振兴村至今仍流传着许多抗日、打蒋的故事。这次战役有力地配合了重庆谈判，歼灭了阎锡山所属的11个师的部队，使得阎锡山不得不借助蒋介石的中央军守卫山西。

经过抗日战争和上党战役的组织动员、血色洗礼，爱国情怀和红色基因在这片土地上融入血脉，代代相传。振兴村建有红色广场，广场上一尊毛泽东主席的塑像永放光芒，塑像前是一个宽阔的广场，村民在这里健身、歌舞；还有红色收藏馆，馆里收藏了伟人塑像，劳模、英雄人物图片，年画，报纸，图书，文字资料，用品摆件等，是爱国主义教育基地；2019年1月10日，振兴小镇红色书屋揭牌，仅著名红色传记作家、陕西生产力学会会长梁金安就捐赠1000册书和红色照片，这些书让振兴村的红色文化底蕴更加深厚。此外，振兴村还有上党战役展览馆，展览通过照片、物件、文件再现了那场至关重要的战役的全过程和上党人民支援共产党军队打败国民党军队的英勇事迹……振兴村通过多种载体、形式歌颂红色文化、学习红色精神，红色文化、红色精神为振兴村的奋斗、追梦提供了信仰支撑，不忘来时路的红色文化学习、红色文化传承也必将推动振兴小镇向更加美好的未来发展！

（五）姓氏文化

目前，振兴村村民中有40多个姓氏。其中，袁、关、李、牛是振兴村村民的四大姓氏，这些大姓家族都有家训。鸦片战争以来，直至新中国成立，人们为了逃避战乱和灾荒，有的举家迁徙，有的卖儿卖女，四处求生，地处山区的关家村成了逃荒人们的避难所。在距今近300年的历史长河中，关家村曾有10余姓迁入做螟蛉子（即养子）或童养媳；后又有王、秦、张、原、杨等姓氏举家迁入。

袁氏家训的核心理念是"立德"和"做人"。强调控制个人私欲，遵从社会礼制，注重内在品格的养成与人生事业的发展，始终把人生的道义与对国家社会的责任放在首位。袁氏家训擅长教谕，以理服人，以情动人，以言导人，蕴藉着科学的育人思想。

关氏家训对家国、长幼、同辈关系作出了规定，倡导弘扬正气，见义勇为；尊老爱幼，和睦相处；与人为善，助人为乐；自强自立，敬业进取；热心公益，健康生活；还要求子孙节日相聚，增进亲情。

李姓祖训推崇读书，提倡勤俭，重礼尊法，讲求和睦。要求子孙讲礼义廉耻，处于家要当楷模；仕于朝要做忠良。还指出不遵祖训则人神共愤，必遭祸殃；遵祖训才能受到庇佑，岁岁登堂。

牛姓中出现了许多名门望族，千百年来，"打锅牛是一家"的祖训一直在牛家传唱，族人见面往往先问一句"打锅不打锅"？回答"打锅"的就是一家人。牛姓家训由许多训词组成。同辈训：兄弟和家业自兴旺，姊妹和亲友情意深。夫妻和百年同偕老，姑嫂和家中少纠纷。妯娌和家事样样顺，叔嫂和全家都欢欣。同辈之间团结紧，黄土也能变成金。亲如手足福满门，萁豆相煎祸临门。教子训：生就为人子，当报父母恩。成就栋梁材，利国又利民。办事秉公论，勿做势利人。父母年事高，赡养要尽心。遗弃父母者，非吾牛门人。

（六）根祖文化

振兴村有久远的根祖文化，古槐寻根，家乡问祖，为的是不忘本来、不忘根脉，村里那棵矗立百年的大槐树成为一代代振兴村人共同的记忆、共同的话题、共同的向往，它注视着、等待着、召唤着从这里走出的振兴儿女。振兴村根祖文化节至2019年已举办八届。从2013年起，振兴村与有关专家多年合作，完成了《中华槐荫文化诗经》5000首的编纂工作，并在2019年长治振兴第八届根祖文化旅游节开幕庆典上，举行了发布仪式，是目前全国收集最完整的历代槐荫文化诗词总典，将永久收藏在上党古槐树下振兴村。

另外，由振兴村村民共同创造的《上党古槐颂》，是纪念以长江支队为代表的20余名南下老干部告别老槐树、走出大雄山70周年。南下干部汇入"打过长江去、解放全中国""将革命进行到底"的万里洪流，为解放全中国和建立新中国作出了不可磨灭的贡献。

水有源，树有根，落叶要归根。根祖文化让思念家乡、建设家乡、感恩父母、光宗耀祖有了情感的依托，根祖文化节则让这种情感有了载体，它不仅是一个节日，更是一种精神、一种力量、一种文化，在乡村振兴逐步推进的当下，对人才的召唤、对经济的促进都起到了良好的推动作用。

（七）历史传说

振兴村历史悠久，从古流传至今的传说有许多，能与现存文物相印证的有马刨泉、都城隍的传说。

1. 马刨泉

相传，西汉末年，社会动荡，民不聊生，王莽篡权后，社会更加动荡，农民负担更重，纷纷揭竿起义。刘秀（东汉开国皇帝）也起兵造反，遭到了王莽的追杀。在躲避王莽的一次追杀中，刘秀逃到了现在振兴新区所在的长治县大雄山上，此山草木不生，乱石遍地。其时，刘秀筋疲力尽，干渴难耐，竟跌落马下。忠诚而有灵性的战马见状，非常着急，情急之下，它前蹄腾空，仰天长啸，在两个前蹄重重落地之际，奇迹出现了！落地的前蹄竟然砸碎了巨石，砸出了一个2米见方的马蹄状深坑。一股清泉从坑底喷涌而出，不一会儿，就溢了满满一坑。昏迷的刘秀被汩汩的泉水和马的舔蹭唤醒，爬起来后，喝了个痛快。刘秀和战马喝足水后，精神大振，稍事休整，刘秀便跃身上马，疾驰而去。"马刨泉"便成为一处刘秀遇难呈祥之地。现在，马刨泉的遗迹犹存，其形似马蹄，2米见方，无论天气如何大旱，山上的马刨泉泉水不断，且清冽甘甜。经过常年泉水的浸润，马刨泉周围已是草木茂盛，泉坑边上还长出了几株高大的柳树。村民还在泉坑北侧为马刨泉垒砌了一座小石庙，游人登高驻足观看时，不由啧啧称奇：在这高山之巅，竟能有甘甜的泉水涌出，真是奇观！

2. 天下都城隍

相传，刘秀在马刨泉喝足水后，为了躲避王莽的追兵，来到长治县城东南25千米处天紫岭时，听到一片捉拿刘秀的喊杀声，眼看追兵将至，刘秀一急，便向山上的山神庙跑去。这座山神庙已破旧不堪，庙门被一个大蜘蛛网遮得严严实实，刘秀惊慌失措地闯进庙门，蜘蛛网被撞了个大窟窿。他进庙后，回头看到蜘蛛网已破，不禁暗想："王莽贼到，见蛛网已破，定料我在庙内，安能活命？山神救我！"想到此，刘秀三步并作两步来到山神像前，扑通一声，双膝跪倒，祷告道："山神爷快快显灵，若能将蛛网弥合，救刘秀一命，他日刘秀登上龙位，定封你为天下都城隍，让天下所有府、县的城隍都归你管！"言毕看时，刚才被冲破的蜘蛛网早已弥合，而且将门遮得越发严实了。不一会儿，杀气腾腾的王莽带领人马来到庙门前，四下不见刘秀踪影，士兵正欲进庙搜查，王莽大喝一声："慢！蛛网封门，毫无破损，刘秀定不在此！"说完，便掉头急急忙忙向别处追去了。刘秀躲过此劫，几年后登基，果真封此处为"天下都城隍"，还拨重金扩修庙宇，重塑神像，亲书匾额，勒令奉祀。并规定每年农历五月十一日为都城隍神圣诞之日。天紫岭也就叫成了"城隍岭"。至今，那庙门横额的"天下都城隍"五个大字还隐约可见，朝拜者络绎不绝，庙内香火不断，紫气缭绕。

（八）其他特产

在东北人参之前，上党地区的人参（党参）就已是蜚声全国的抢手货，神医李时珍的《本草纲目》中称潞党参益气补血，生津止渴，和胃健脾，为中药中之大补珍品。党参之外，上党区还有令人惊诧的八义瓷、名噪一时的大风丸、闻名遐迩的糙谷米、一熟天下贱的潞麻、豪门贵族趋之若鹜的上党堆锦等，都曾在那个特定的历史时期出尽风头。随着时间的推移，这些特产有的在继承中发展，有的几近失传。如今，在振兴村的上党印象一条街上，又找回了它们的身影；来到这里，你能看到传承与发展，坚守与包容：既能吃到十大碗、猪汤、肚肺汤等传统小吃，还能尝到改进或加入了西式做法的美食，上党十大名吃在这里已经演变成上百种；边吃边逛中，还能看到精致的堆锦、潞麻制品、党参、大风丸等传统特产，随手买上带回做纪念品，质量好还不贵，真正的物美价廉。

三、振兴村的发展现状

目前的振兴村总面积6.6平方千米，人口2309人，村民人均年收入36900元，已实现了就地城镇化，还带领周围的几个村致富，成了国家AAAA级旅游区，村民住进了二层小洋楼，每户仅使用面积就达到286平方米，水、电、暖、热"四供"，同时免收网络宽带、数字电视等费用。村内学校、卫生院、宾馆、超市、公园、广场、会堂等应有尽有，振兴村山水相依、生态宜居，村民生活、工作在画卷中。

现在的振兴村，因"五个就地"而名。依托振兴集团，以企兴村，兴企建村，农民离土不离乡，创出了一条"就地进城、就地就业、就地入学、就地就医、就地养老"的就地城镇化新路子；因"实现五化"而美，实现了环境生态化、农村城市化、生活保障化、服务功能化、就业均等化；因"五个战略"而强，以党的建设为中心，以乡村振兴为抓手，以引资上项为支撑，以旅游富民为方向，以经济强村为目标，五个轮子一起转，真正把乡村振兴落到了实处；因"五个机制"而安，一是就业均等机制；二是医疗保障机制；三是教育免费机制；四是养老保障机制；五是社会福利机制。

现在的振兴村已成功转型，改变了经济"一煤独大"的格局，着力发展了商贸物流、人才培训、现代农业、文化旅游等新兴产业,不断培育新的经济增长点和支撑点。现代农业示范园和农产品深加工项目投产,根祖文化节和重阳文化旅游节连年举办;"永远的记忆——红色收藏展"揭幕;人才学院成立,全国首家村志收藏馆、百家姓文化展示馆和中国名村文化展示馆、初心园开馆。

振兴村还瞄准打造北方最具特色乡村旅游度假胜地的目标,规划建设了三大旅游板块,分别是振兴雄山欢乐谷、振兴民俗文化村、振兴农业博览园。

现在的振兴村坚持三生同步协调发展,乡村变美了:有山水相依的生态美、中西合璧的建筑美、古今对话的和谐美。坚持三产融合绿色发展,产业做大了:旅农相融,提升了农业品质;旅工结合,催热了城乡建设;旅商互促,带动了餐饮物流。

2017年10月18日,习近平总书记在党的十九大报告中提出了实施"乡村振兴"战略以来,振兴村紧紧围绕产业兴旺、生态宜居、乡风文明、治理有效、生活富裕的总体要求,加快推进农业农村现代化,推进产业转型、创新和高质量发展,将每年的10月18日作为振兴村一个重要的学习日、纪念日,每年在这一天举办"振兴论坛",并将论坛持久地办下去。乡村振兴战略,振兴村恰如其名,要在希望的田野上,创造美好生活的榜样;乡村振兴实践,振兴村正当其时,要在绿色发展中,建成乡村振兴的典范。

四、振兴村的荣誉

振兴村2013—2017年连续四年入围"中国避暑小镇"百强榜,后两年名居榜首;2014年获山西最美旅游村称号;2015年获全国文明村镇称号;2016年荣获中国美丽休闲乡村、全国一村一品示范村、中国全面小康十大示范村镇、中国十大小康村称号;2017年荣获新时代乡村振兴发展范例、中国十佳小康村、中国十佳避暑小镇、美丽乡村示范村、"一带一路"精品文旅特色小镇、中国乡村休闲旅游示范奖、中国美丽乡村建设示范村、乡村休闲旅游示范村、全国乡村度假示范村、中国生态休闲乡村旅游胜地、中国最美宜居宜业宜游小城、新时代乡村振兴发展范例称号;2018年荣获山西省社会主义核心价值观示范点、中国十大最美乡村称号;2019

年荣获全国乡村振兴示范村、乡村振兴榜样、山西省 AAA 级乡村旅游示范村、全国乡村旅游重点村、国家 AAAA 级旅游景区等荣誉称号；2020 年被评为全国农村创新创业孵化实训基地、国家森林乡村、25 ℃ 夏旅行十大避暑胜地、山西省首批 AAAA 级乡村旅游示范村等。

  振兴村，一个太行山脚下的小山村，在历史的长河中只是被动地跟跑，从未受人瞩目，但如今却光彩照人，超越了众多排在前面的村庄，它走过了怎样的发展之路呢？

第二章
振兴足迹

从汉代的关家村一路走来，目前的振兴村美不胜收，全国闻名，村民幸福，游人如织；但历史上的振兴村（关家村）却是长治市上党区有名的穷村子，村里流传着"山高石头多，出门就爬坡"的民谣，村里耕地少，山坡多，农业生产条件差，村民经常吃不饱饭。无助的村民想摆脱贫穷，就求助于各路神仙，很早就盖有圣母庙、老君庙、土地庙，但关家村村民祖祖辈辈拜祭的神仙并没能帮助他们摆脱贫困。

振兴村有着悠久的历史和多样的文化。振兴村曾较早地浸润中华农耕文明，但由于地表多山，沟壑纵横，农业生产条件太差，因而农业不发达，加上地处边关，战乱不断，在漫长的农业文明时期，振兴村一直是贫困村；虽然很早就有挖煤的历史，且断断续续一直延续至今，在荫城铁货和潞绸发展带动下，有过铁器和绸缎的手工艺发展，在近代还成为中国共产党发动抗日、打蒋的革命前沿，留下了红色火种。上述种种都为后来的发展奠定了基础，但均没有让振兴村的村民过上幸福的生活。

新中国成立后，振兴村村民在中国共产党的领导下通过几十年如一日的艰苦奋斗，日子越过越好，踏出了一串闪光的足迹。

一、入社、通电、搞副业

新中国成立后的关家村积极响应党的号召，于1953年建初级社，1955年成立高级社，村民袁克义、贾黄花（女）因表现出色，还当选县人大代表。1958年，关家村有了有线广播，村民能从广播里了解更多外面的事了。不仅如此，广播喇叭还是通知开会、学习、推销产品的主要工具。1962年10月，关家村村民每人有了一分自留地，"有自己的地种"这个愿望终于实现了！1969年8月，关家村通了电，村民再也不用点煤油灯了；有了电以后，1979年3月，关家村办起了粮食加工厂，用电碾子碾米磨面，速度快，还不费力。为了发展集体经济，同年4月，关家村办起编造副业队，集体组织编箩筐等手工制品，方便村民生产、生活。1981年3月，在改革开放春风的吹拂下，关家村村民重操旧业，开始挖煤，并对原来煤矿的旧井筒进行了扩建；1982年8月，旧井筒扩建工程竣工，煤产量增加；1983年，又引进新的采煤技术，对煤矿主井口打了斜井，并开工挖煤；1984年7月，做事踏实、头脑灵活的牛扎根高票当选关家村村委会主任，同年他加入中国共产党；一年后，牛扎根当选村党支部书记。当时谁会想到，这个清瘦的年轻人日后会带领大家创造那么多的领先业绩呢？

二、修路、打井、建学校

关家村村民祖祖辈辈过着行路难、吃水难、上学难的苦日子。牛扎根刚一当选为村主任，就立马着手带领村民解决"三难"问题，决定修路、打井、建学校。学校走风漏雨，就盖一所新的，让孩子们安心读书，1984年10月，关家小学新校舍建成；路不好走，就修一条好走的，先后把昔日的河沙滩，建成了平坦的砂石路；吃不上水，就打一口井，1989年，关家村村民在全县第一家吃上了纯净的自来水。建学校，体现了牛扎根的教育情怀和村民团结做实事的业绩；修路，又一次展现了村民团结做事的力量，修好路，便利村民的出行，让外界的新东西能够进关家村，关家村的煤、电等产品能够走出去换回钱，也为振兴村之后发展旅游业打下了好的基础。修路，既修好了有形的行走道路，又铺平了未来的发展之路。关家村村民在全县最先吃上了纯净的自来水，极大地鼓舞了关家村村民，提升了村民的自豪感，让他们切实感受到只要大家齐心协力，落后的关家村也能领先！

三、创收、有线、免费报

牛扎根一班人带领全村村民深挖村里现有资源，苦干实干加巧干，想尽办法办企业，搞创收：村里有手工编织的传统工艺，就组织群众搞编箩筐等手工艺品卖；发现城里建设用砖多，就开砖厂卖砖创收；注意到煤价高，就引进先进的技术和生产设备，把小煤矿的生产能力由2万吨扩大到5万吨，增加了煤炭收入……这些创收为关家村以后的发展积累了"第一桶金"。随着资金的积累，关家村两委班子在带领大家谋发展的同时，不忘为村民办好事、办实事、谋福利：1995年7月，关家村成为长治县唯一的一家有线电视村；关家村村民还享受"四免一报销"（即免交电费、种子化肥费、学费和粮食加工费，大病补助药费报销），这些福利在当时，在全县范围都是率先实现。

四、改制、拆迁、搬新家

1997年，在东南亚金融危机的影响下，煤价一路走低，主要靠挖煤生活有起色的振兴村发展遇到了困难。长治县政府出台了煤炭企业改制政策，振兴村村民在牛扎根的带领下，齐心协力买下了家门口煤矿的开采权；2004年，煤炭企业进行第二次改制，进过激烈的角逐，成立了振兴煤业有限公司，牛扎根在全体村民和镇政府的支持下，任董事长兼党委书记。成立后的振兴煤业开始探索以企带村、村企共赢的发展之路。

振兴煤业帮助关家村建新的教学楼，1999年6月破土动工，很快建成；关家村村民进入振兴煤业工作，振兴煤业逢年过节给村民发福利；振兴煤业给关家村村民做的最大的一件好事是补助振兴村村民搬新居。经过拆旧村、建新村，2008年10月18日，关家村全体村民喜迁新居，关家村更名为振兴村，同时振兴集团成立；同年10月，供热站、燃气站相继竣工，暖气、燃气入户。为了进一步壮大经济，支持振兴村的建设、发展，2008年4月，瀚立建材厂开工。

五、并村、建区、谋发展

2009年起，振兴村带领向阳村、郜则掌村的村民一起致富；2010年

第二章 振兴足迹

7月6日，三村合并成为长治市长治县城乡统筹振兴试验区（简称振兴新区）。振兴新区是以企业优势带动新农村建设，以"中心村"示范区推动城乡一体化进程的新型城镇化农村社区。新区总面积6.6平方千米，总人口5600人，其中农业人口2309人，职工3000人；振兴新区下设7个子公司，拥有以煤为基的原煤、洗煤、运输、建材产业链一条和以商贸、农业、旅游为一体的非煤产业链一条，总资产达到25.9亿元；新区党委下属一个党总支、八个直属支部，共有党员135名。

振兴新区麻雀虽小，五脏俱全，区内设立领导机构——中共长治县城乡统筹振兴试验区委员会、振兴新区管理委员会，有16个全额事业编制，30个自收自支编制；配套机构设有学校、卫生院、派出所、劳保所、国土所、财政所六个事业单位，均为正科级单位，事业编制；专门的服务机构有长治县振兴农业服务中心和长治县振兴接待服务中心，隶属振兴新区管辖，内设机构为党政综合办公室、城乡统筹项目研究办公室、经济发展战略研究办公室、文化产业旅游开发办公室。

随着环境保护力度的加大，振兴村紧跟国家政策，在提升环保措施的同时，积极挖掘文化、旅游资源，建设相关设施，较好、较快地实现了三产融合。2009年4月，文化体育活动中心、休闲山庄相继开工。如何推进新农村建设？如何带领更多的村民致富？2010年7月6日，振兴村带领两个邻村成为长治县城乡统筹振兴试验区，统筹安排，开始了密集的工程建设：2010年7月，槐荫寺建设开工；2011年8月，红色广场建设开工；11月，孝廉公园、振兴坛、文昌阁相继竣工。2012年5月11日，山西上党振兴现代农业集团有限公司成立，公司经营范围包括农民专业合作社投资管理，下设西村大众合作社、振兴村合作社、向阳村合作社、郜则掌村合作社等；在建设的同时，旅游文化活动相继推出：2010年9月25日，举办庆祝振兴新区成立大型晚会，邀请著名演员潘长江、林依轮、阿丘、玖月奇迹等现场演出，超过1.5万人观看；2012年3月，首届百姓根祖文化旅游节开幕；2017年7月16日，CCTV-7《相约》栏目走进振兴；同年7月29日，第十届全国大学生村官论坛在振兴村召开；11月8日，振兴村农民讲习所正式开班；2018年10月18日，太行乡村振兴人才学院正式揭牌成立；同年11月6日，振兴村上党战役展览馆建成并对外开放；同年12月15日，上党印象步行街开始营业；在建设、发展的同时，振兴新区不忘提高村民的福利待遇，于2018年7月28日成立村民医疗互助会，村民加入"福村宝"，实现了大病医保全覆盖。

振兴新区成立后，在各级领导的关心支持下，在牛扎根书记的带领下，以解决"农村、农业、农民"问题为着眼点和落脚点，按照"村企共建、兴业富民"的发展思路，实施了新农村建设、新农业改造和新农民教育。红色文化广场、休闲山庄、文体活动中心、集中供热站、秸秆燃气站、污水处理厂等基础配套设施完善；寄宿制学校、卫生院、劳保所、派出所、计生站、财政所、文化站等社会管理服务机构健全；教育、就业、养老、医疗等一系列社会保障措施给力。形成了生活环境优美、文化氛围浓厚、物质精神充实、社会保障无忧、幸福指数攀升的良好格局。振兴新区被誉为"三晋农民城市山庄""上党生态宜居之地""红色历史文化名区"等。

六、生态、文化、旅游区

为了做大做强乡村生态旅游业，2018年，振兴新区更名为上党区振兴乡村生态文化旅游区（简称振兴旅游区）。振兴新区经历了从企业帮村到企业管村、村企共建再到撤村设区，直到振兴乡村生态文化旅游区的发展路径。在努力打破机制壁垒，积极破解发展瓶颈，在城镇规划、产业布局、基础设施建设、公共服务体系健全等方面进行了全面、系统、深入的改革实践。通过城乡统筹发展，走出了一条市域城镇化的新路子，成为山西省"就地城镇化"的样板。

振兴旅游区的日常管理机构为旅游区党委、新区管委会，隶属长治县委、县政府，全额事业正科级编制，内设党政综合办公室、城乡统筹项目研究办公室、经济发展战略研究办公室、文化产业旅游开发办公室、农业技术服务中心和振兴接待中心。振兴旅游区规划面积12.6平方千米，下辖3个行政村，集聚人口8500人。振兴旅游区拥有一个集团公司——山西上党振兴集团和5个子公司，2019年总资产30亿元，年工农业总产值达到6亿元，职工3000人，年人均收入56900元。山西上党振兴集团下辖农业公司、山西振兴文旅发展有限公司、华宝商贸有限公司、鑫源商贸有限公司和鑫源有机农产品专业合作社五个子公司。振兴旅游区成立后，整合多方力量，紧紧围绕"党建引领乡村振兴，特色创建美丽乡村"的发展理念，瞄准乡村振兴示范区的新目标，推动高质量发展，全区经济转型取得了新的成效，经济含金量、含新量、含绿量稳步提升。2019年实现工农业总产值6亿元，较上年同期增长9%；完成固定资产总投资1.56亿元，增长12%；上缴税收9500万元，增长8.5%。

七、项目、培训、上央视

振兴旅游区成立后的2019年成为振兴村发展最快、成效最大的一年：党建引领多点开花，多个项目次第推进，人才学校培训不断，多种活动层出不穷，还吸引了央视的目光。

2019年6月29日，总建筑面积6000平方米，投资1500万元的振兴村初心园开园，振兴党群馆、振兴展览馆、家风家训馆、村史村志馆同时开馆，馆内高标准建设了新党建云平台、新党员活动室、新党员文化墙、新便民服务站、新综治办公室、新时代文明实践所、学雷锋自愿服务站。开展主题教育、三基建设、党日活动，唱响了党建引领振兴的主旋律。新建的展馆和先进的技术吸引了许多单位、个人前来学习、参观。

在加强党建的同时，振兴区还推进项目工程12项，总投资1.56亿元，完善了多项旅游设施、民生工程、示范项目，还做了壶关县郊界底村舞台修缮扶贫项目。旅游设施方面的工程主要有：完善了上党印象步行街后期水暖电工程、6个水冲厕所公共卫生间项目、上党印象十里长街振兴至西村路面拓宽项目、红色广场及红色书屋后续工程、上党战役馆一楼和二楼装修布展项目、新建南下干部纪念馆项目和游客中心观光电梯项目、向阳村新建小木屋项目；民生方面的有：大医院建设项目和卫生院及计划生育服务站建设项目、幼儿园扩建项目；示范方面的有：美丽乡村示范村绿化项目、山西省休闲农业和乡村旅游示范点项目等。随着这些项目的完成，振兴新区的硬件设施进一步完善。

在项目建设的同时，振兴区的人才培训也做得红红火火：一年来，共培训198期，培训人数25600人次，涉及党建、电子商务、新型职业农民、营销、休闲旅游、退伍军人、乡村带头人、扶贫攻坚、乡村振兴专题培训、税务系统、各种商业保险、5G智慧网络、"三农"领域、人才技能等共14类，营业收入468万元，在服务地方的同时，又开辟出一条增收之路。

在转型发展过程中，振兴区的旅游业日益繁荣，做出了品牌，走进了中央电视台。

振兴区通过多种活动吸引群众参与，提高了知名度，丰富的文化活动层出不穷，吸引了八方游客：自办自演了元旦、春节、元宵节、六一、七一大型节日晚会；创办了振兴抬花轿、绣球招亲、广场舞、八音会等群众文化节目；举办了第三届春节嘉年华、第八届根祖文化旅游节、第三届山西振兴军事拓展夏令营和冬令营、2019上党红色国际马拉松赛振兴小镇总冠名投资230万元、纪念建党98周年暨七一表彰大会、第二届振兴小镇康养避暑文化旅游节、第八届重阳文化旅游节、第二届振兴日系列假日活动。通过上述活动的成功举办，助推了乡村旅游的快速发展，2019年1—10月累计接待游客突破100万人次，旅游综合收入达到6000万元。精彩纷呈、特色鲜明、群众参与度高的活动引起了中央媒体的关注："中央媒体走基层，乡村振兴看振兴"大型采风活动、中央网信办新华社新媒体中心"看美丽乡村庆70华诞"大型直播活动在振兴新区举办，CCTV-1《新闻联播》《新闻30分》《朝闻天下》，CCTV-13《新闻直播间》，CCTV-4《中国新闻》，CCTV-7《美丽中国乡村行》等多档栏目先后10余次对振兴小镇景区活动进行了播报。

在全体振兴人的努力下，振兴村在2019年先后荣获全国乡村振兴示范村、全国乡村旅游重点村、第三批全国"扫黄打非"进基层示范点、全国农村创新创业孵化实训基地、全国乡村治理示范村镇、国家森林乡村等荣誉称号。振兴旅游区党委书记牛扎根同志也应中共中央组织部邀请，于9月20日—10月2日在北京参加了国庆70周年全部活动，乘坐"从严治党"方阵彩车，受到习近平总书记和人民群众的检阅，并获得中共中央、国务院和中央军委国庆70周年纪念奖章；荣获全国乡村振兴风云人物；被文化和旅游部评为乡村文化和旅游能人；被中国合作经济协会评为明星合作社理事长。

关家村—振兴村—振兴新区—振兴旅游区，一路走来，振兴村紧跟党的发展政策，密切联系群众，在牛扎根书记的带领下，脱贫致富，谱写了一部壮阔的奋斗史。通过几十年的持续奋斗，村民的生活越来越好，幸福指数越来越高；村庄也变得越来越美，成为闻名全国的模范村。

振兴村一路走来，能走出今天的成绩，牛扎根起到了很大的作用。

第三章
振兴村的带头人——牛扎根

牛扎根,男,汉族,1957年6月出生,山西长治上党区振兴村人,中共党员,大专文化,高级经济师。现任振兴小镇党委书记、山西上党振兴集团董事长、太行乡村振兴人才学院执行院长、上党区人大常委会委员。

一、牛扎根简介

1. 牛扎根简历

1973—1979年,任西火镇西掌大队出纳、会计。

1979—1983年,任关家村林业队长。

1984年,当选关家村村委会主任。

1985年—1996年7月,任西火镇关家村党支部书记。

1996年7月—2006年,挂职西火镇党委副书记、包关家村,任振兴煤业有限公司董事长。

2007年—2010年7月,任振兴集团党委书记。

2010年7月—2018年1月,任长治县振兴新区党委书记、振兴集团董事长。

2017年3月至今,任长治县文化领导组副组长、山西黎都文化旅游开发有限公司董事长。

2018年1月至今,任山西省长治上党区振兴乡村生态文化旅游区党委书记。

1993、1998、2003、2007年，当选为县第十一届、十二届、十三届、十四届人大代表和第十四届人大常委会委员。

1997、2002、2007、2012年当选为长治市第十届和第十一届人大代表，第十二届和第十三届人大代表、常委会委员。

2013年，当选为山西省第十二届人大代表。

2. 牛扎根的社会职务

1996年，当选为县煤炭企业协会常务副会长。

2001年，当选为山西省乡镇企业协会副会长。

2002、2007年，当选为县工商联合会理事长(常委)，同年当选为长治市光彩事业促进会理事和长治市决策咨询委员会委员。

2010年6月，当选为山西省企业联合会、山西省企业家协会第五届理事会理事。

2015年11月，当选为山西省公益事业促进会副会长。

2016年8月，被聘请担任三晋文化研究会乡愁文化专业委员会副主任。

2016年11月，当选为中国国土经济学会第五届理事会理事和中国国土经济学会旅游发展委员会副会长。

2016年12月，被聘请担任中国村社发展促进会第四届常务理事。

2016年12月，当选为全国农产品加工产业发展联盟副主席。

2018年4月，当选为第二届全国休闲农业与乡村旅游分会副会长；5月被评为中国小康村创新战略联盟副主席。

2017年—2019年5月，当选为全国村长论坛执委委员。

2019年5月，当选为中国合作经济协会农村集体经济专业委员会副会长、常务理事。

3. 牛扎根的荣誉

荣誉名称	评选单位	时间
省、市、县 优秀共产党员	长治县委、长治市委、山西省委	1984年至今

荣誉名称	评选单位	时间
省、市、县劳动模范	省、市、县三级政府	1984年至今
发展市场经济好支书	中共长治县委	1998年7月
荣获山西省五一劳动奖章	山西省人民政府	2000年
中国优秀企业家	中国企业联合会、中国企业家协会	2004年
长治市劳动模范	长治市人民政府	2004年
山西省劳动模范	中共山西省委、省人民政府	2004年4月
民营百强建设标兵	长治市人民政府	2004年7月
长治县特级劳模	中共长治县委、县政府	2008年2月
优秀党务工作者	中共长治市委	2008年6月
山西省优秀企业家	山西省企业联合会、山西省企业家协会	2009年5月
长治市优秀企业家	长治市经济委员会、企业联合会、企业家协会	2009年6月
全国"三农"先锋奖	中国"三农"问题高峰论坛组委会	2010年1月
长治县特级劳模	中共长治县委、县政府	2010年2月
长治市特级劳动模范	中共长治市委、市政府	2010年2月
先进个人	中共长治县委、县政府	2010年2月
长治市"安康杯"先进个人	长治市总工会、长治市安全生产监督管理局	2010年3月

荣誉名称	评选单位	时间
山西省特级劳动模范	中共山西省委、山西省人民政府	2010年4月
优秀共产党员	中共长治市委	2010年7月
国土与生态环境建设先进工作者	中国国土经济协会、全国低碳国土实验区	2010年9月
第10届中国改革优秀人物	中国改革与发展论坛组委会	2010年10月
第11届中国时代十大创新人物	中国文学艺术基金会、亚太经济时报社、世界华人当代企业家协会等	2010年11月
全国绿色低碳管理创新杰出人物	中国低碳先锋企业推选活动组委会	2010年12月
全国农村基层干部十大新闻人物	中国农村杂志社、全国农村基层干部十大新闻人物组织委员会	2011年1月
全国"三农"先锋奖	中国"三农"问题高峰论坛组委会	2011年1月
关心支持人口计生工作先进个人	中共长治县委、县政府	2011年1月
全国五一劳动奖章	中华全国总工会	2011年4月
长治市光彩事业奖	中共长治市委统战部、长治市工商业联合会、长治市光彩事业促进会	2011年4月
长治经济人物	长治市经济和信息化委员会、长治日报、长治市企业联合会、长治市企业家联合会、长治市工商业联合会	2011年4月
山西省优秀党务工作者	中共山西省委	2011年6月
创先争优十大先锋模范人物	中共长治市委	2011年7月
全国优秀党务工作者	中共中央组织部	2011年7月
长治市优秀企业家	长治市经济和信息化委员会、长治市企业联合会、长治市企业家协会	2011年10月
长治市首届"上党孝星"	长治市文明办、长治市总工会、长治市教育局	2011年10月

荣誉名称	评选单位	时间
开拓创新奖	中国国土经济学会	2011年12月
关心支持人口计生工作先进个人	中共长治县委、县政府	2012年1月
社会主义劳动竞赛特级劳模	中共长治县委、县政府	2012年2月
煤炭行业安全发展十大标兵	中共长治县委、县政府	2012年3月
山西省十佳农村转型发展带头人	山西省农学会	2012年3月
第二届全国绿色国土先进工作者	中国国土经济学会等	2012年3月
山西省优秀企业家	山西省企业联合会、山西省企业家协会	2012年5月
优秀领导干部	中共长治市委宣传部、长治市总工会等	2012年6月
社会责任杰出人物	社会责任公益山西年度颁奖盛典组委会	2013年1月
社会责任年度人物	人民网	2013年1月
第三届全国绿色国土奖	中国国土经济协会	2013年3月
山西五十佳科技领先绿色跨越优秀民营企业家	山西省第十四届大众科技论坛组委会等	2013年9月
中国美丽村庄贡献奖	中国村社发展促进会	2013年11月
中国十大杰出村官	全国"村长"论坛组委会	2013年11月
今日农业兴村富民好干部	山西省科学技术协会	2013年12月
特别贡献奖	长治市民营企业协会	2014年1月11日
村庄发展贡献奖	全国"村长"论坛组委会	2015年10月

荣誉名称	评选单位	时间
全国绿色基地建设领军人物	全国绿色农业特产示范基地管理办公室	2015年12月
2016中国全面小康十大贡献人物	《小康》杂志社	2016年12月17日
2017全国十大"孺子牛村官"	中国村社发展促进会	2017年6月3日
山西省敬老标兵	"福彩扶老·社会敬老"主题宣传组委会	2017年12月
2017中国休闲杰出贡献人物	《小康》杂志社	2017年12月
中国农村新闻人物	农民日报社	2018年1月
改革开放十大功勋人物	中国改革创新与诚信建设组委会	2018年1月
2018百名优秀晋商	第十届晋商年会组委会	2018年12月16日
2018年度国际中国十大公益践行奖	CCTV智慧中国栏目组	2019年1月18日
全国乡村振兴风云人物	人民网、小康村创新战略联盟	2019年1月22日
国庆70周年纪念奖章	中共中央、国务院和中央军委	2019年10月1日
乡村文化和旅游能人	国家文化和旅游部	2019年
明星合作社理事长	中国合作经济协会	2019年
"中国经济70年·功勋人物"奖	2019中国经济高峰论坛暨第十七届中国经济人物年会	2019年12月
首届"黄土地杯"山西休闲农业和乡村旅游领航人物	山西省休闲农业协会、山西省饭店业协会、山西省名优土特新产品协会、山西市场导报社	2020年6月

二、牛扎根的奋斗历程

牛扎根小时候是个聪明的孩子,上学时他曾连跳三级,但这并没有让牛扎根读完中学;牛扎根是个苦孩子,14岁就因父亲去世而辍学。为了帮助母亲养家,他在村里做会计兼保管,之后又被选为村主任、村支书;担任村支书后,带领关家村村民开始了几十年的持续奋斗。村上能干的活儿他都干过,先是在大队放羊,后学习编筐,再后来烧砖窑、挖煤;由于勤奋好学、踏实肯干,先解决了振兴村的"老三难"问题,又大力发展经济,从振兴村的传统手工艺编筐做起,后烧砖、卖煤,靠着实干巧干,挖的煤比别人的多,卖煤的收入中一部分添加新设备,一部分提高村民的生活水平。经过2001年和2004年两次改制,小煤矿变成了煤炭有限公司,牛扎根也在村民的支持下,由小煤矿的负责人变成煤炭公司的董事长,兼任关家村党支部书记;发展起来的振兴煤业有限公司,积极回馈关家村村民,于2008年建成了新村,振兴村整村迁入新居,实现了就地城镇化。富裕起来的振兴村又在牛扎根的带领下帮扶两个邻村,带领他们一起致富,在长治县委、县政府的支持下,成立了长治县城乡统筹振兴试验区,简称振兴新区。振兴新区成立后,牛扎根任新区党委书记,摸索出一条就地城镇化的乡村振兴之路。为了进一步转型发展,又于2018年成立了振兴乡村生态文化旅游区,牛扎根任旅游区党委书记,进一步摸索转型发展之路。在牛扎根的带领下,振兴村一步步走出了小山村,走到了长治县、长治市、山西乃至全国的前列。

三、牛扎根简评

牛扎根,就像他的名字一样,扎根他生长、奋斗的振兴村,几十年如一日地持续奋斗,带领他的乡亲们筚路蓝缕、披荆斩棘、逢山开路、遇水架桥,闯过了一个个难关,实现了一个个梦想,创造了许多第一,赢得了许多荣誉,让村民的生活越来越好,让振兴村越来越美,很牛!!!

笔者有幸和牛扎根书记深聊过两次,我印象中的牛扎根是什么样的呢?从外貌上看,他体形匀称,形容清瘦,戴着一副眼镜,讲着一口晋东南口音的普通话,即使是平时,胡子也刮得干干净净,衣服也穿得整整齐齐;从交往来看,牛扎根待人接物大气、热情;做事持之以恒,印象最深的是牛书记每天清晨5点多就通过微信进行大量学习，每天早晚还周游振兴村各一次，长年不断；谈话时坦诚和蔼，语速较缓，不经意间会露出因常年操劳或休息不好而带来的疲惫，但一说到重点、亮点或发展规划，疲惫会一扫而光，眼睛也变得炯炯有神；问到拆迁的难处时，牛扎根的眼神变得极为暗淡，沉默许久，发出一声深深的叹息，露出难以掩饰的内心的痛苦，时隔很久，依然让我记忆犹新。我当时很纳闷：是什么让这样一位经历无数风雨、一生无畏的人如此心痛呢？

有人说，牛扎根像牛，几十年殚精竭虑、任劳任怨、不辞劳苦、不计得失，只想让村民过上好日子；但我觉得这只是一方面，牛不足以概括他的敏锐、闯劲和号召力。带领振兴村拼搏几十年没走弯路，还取得如此成就，光不辞劳苦是不行的，要把好方向，敢为人先，还得团结多数人，从这个意义上讲，我觉得他像狼，而且是领头的狼。牛的韧劲儿加狼的闯劲儿，就是牛扎根了吗？好像还缺点儿什么，它们都无法代表牛扎根的志向。说到志向，我想起了曹操的名言——老骥伏枥，志在千里。对，他还像一匹千里马，有能力，有雄心！即使年过六旬，他依然有蓝图，有干劲。他还想让振兴村的产业更大些，让村民更富些，让村里更美些，甚至想带领更多的人致富。老牛的坚韧，头狼的敢闯，千里马的志向，这就是牛扎根了吗？还不是！因为他没有牛的懦弱，没有狼的自私，没有马的简单，他有它们的优点，却没有它们的缺点。他有带民致富的理想，为了理想可以拼尽全力，坚韧不拔；他有踏实做事的行动，为了成事可以负重前行，任劳任怨；他有敢为人先的魄力，为了领先可以力排众议，独担风险；他有谋事创业的担当，为了成功可以殚精竭虑、不计得失；他有团结群众的本领，为了群众可以吃苦在前、享受在后；他有共产党人的风骨，为了大家可以牺牲自己，公而忘私……有这些品质的牛扎根，该怎么形容呢？我想到了焦裕禄、谷文昌、廖俊波……对，牛扎根和他们很像，或者说，他就是他们中的一员！他是优秀的基层党支部书记！

四、牛扎根的心愿

牛扎根，1957年6月出生于山西长治市上党区关家村一个普通的农户家庭，是家里的老大，还有一个弟弟、一个妹妹。在牛扎根的童年，"穷"和"难"是最深的记忆。因为家穷，经常挨饿；因为村穷，导致村民生活不便,"吃水难、行路难、上学难"成为关家村村民家家需要面对却难以解决的难题。村民吃水得到两里地以外的山沟里去挑;行路是山高石头多,出门就爬坡。村民仅是走路还好,如果挑水、搬东西走在这样的路上,难自不必说,碰上雨雪天就更难了!走起路来不光两脚泥,还容易摔跤;但对幼小的牛扎根来说,上学是更难的。牛扎根和小伙伴们上学的教室是已破旧的关帝庙,庙里四面走风不说,庙的屋顶还破了个洞,庙外刮风,庙里下土;庙外大雨,庙里小雨,风声、雨声、讲课声、读书声,经常混杂在一起。孩子们尤其怕冬天的西北风和夏天的瓢泼雨。西北风呼呼作响,还冻得人发疼,根本没心思听课;瓢泼雨流得满地水,光怕雷电从窟窿里钻进来,哪还有心思学习?

牛扎根上小学四年级的一个大雨天,教室已水流成河,小伙伴们挪了好几次还是被雨淋湿了。雨停后,牛扎根和几个同学一起去找村干部,希望他能派人修理屋顶,堵上漏洞,让同学们免受雨淋之苦,能安心学习。谁知村干部不但不管,还说:"村里没钱,我没本事,修不了。等你当了村干部,你来修吧!"希望而去、失望而归的牛扎根窝了一肚子火,心想:"不给大家办事,算什么村干部?!"

求助不成,牛扎根决定自己解决。他拐弯抹角地向爸爸求教了补房顶的方法后,第二天,牛扎根就叫了两个要好的小伙伴,找来一些荆条和木棍,一片破毡子,自己颤颤巍巍地爬上了破庙的屋顶,把木棍和荆条密密地搭在破洞上,盖上毡子,还在四角压上了石头。望着补上的漏洞和破旧的屋顶,牛扎根暗下决心:"等我将来当了干部,我要盖新教室,我要给大家办事!"

补房顶后不久,就连在这样的条件下上学,对牛扎根来说,都成了奢望。牛扎根14岁那年,父亲不幸去世,为了帮助母亲照顾年幼的弟弟妹妹和年老的外祖母,他依依不舍但毅然决然地离开了学校,挑起了家庭的重担。虽然辍学了,但"等我将来当了干部,我要盖新教室,我要给大家办事!"——这个年幼时暗暗许下的心愿,一直刻在牛扎根的心里,刻成了他一辈子的为民情怀,刻成了他几十年的教育情结。年幼时的一粒种子在牛扎根的心里,在振兴村的土地上,在岁月的风雨里,不断生根、发芽、长大、变粗,日渐茁壮:为民情怀从修路打井到暖气燃气,再到搬家医保,为大家办的事越来越多、越来越好;教育情结从盖几间教室,到盖教学楼,再到办人才学院,教育事业越做越大、越做越强。牛扎根也从做梦的少年、奋斗的青年、掌舵的中年、不服老的现在,不断提升:从村主任到村书记,再到集团董事长、区党委书记,蒸蒸日上;从"山西省劳动模范"到"全国五一劳动奖章"获得者,再到"全国十大孺子牛村官""全国乡村振兴风云人物",屡受嘉奖,还登上了国庆70周年联欢彩车。

五、牛扎根的振兴梦

牛扎根一生都在不停地学习,从书本中学,从文件中学,从实践中学,从别人的经验中学……最难能可贵的是他不仅能持之以恒地学,而且能学以致用,还能结合实际加以运用,在运用中创新发展,基本遵循了学习、思考、结合自身的情况实践、总结经验,再定更大目标,再实践这样的马克思主义认识论。无论是在创业初期,还是在发展阶段,牛扎根胆大、心细,又能理论联系实际,还敢想敢干,敢为人先,他的梦从要盖教室、要给大家办事,一步步从小到大,一步步从小我走向大我,从自己的小家走向振兴村、振兴新区、振兴旅游区;从吃饱穿暖走到住进小洋楼用上天然气,生病有医保,上学有补助,年轻人能就业,老年人享天年;从提高物质生活到丰富精神生活,从黑色积累到绿色发展,从"一煤独大"到多点支撑,从谋现在到谋未来……牛扎根的梦一步步提升、一步步实现。

在中国经济提质增效、山西省转型发展的大背景下,振兴新区成为山西省唯一的城乡统筹试验区之后,牛扎根的振兴梦插上了翅膀。从一个煤企到多个现代企业,从一个村到一个新区,从矿业到农业、旅游、建材、餐饮等多产业融合,有党指引方向、有领导的支持,加上自己多年的积累和敢想敢干、不服输的个性,牛扎根带领村民闯出了一条就地城镇化的道路,让祖祖辈辈生活在村里,最多烧烧砖、挖挖煤、编编筐的村民有了工资、股份收入,过上了有钱有闲的生活,这个是以前想都不曾想的。值得一提的是,随着事业的发展,牛扎根帮扶的对象也在不断扩大。在出去参观学习交流后,牛扎根看到了更好的发展前景,他的梦也更高更远。解决了当下的生产、生活、生态问题后,牛扎根想得更多的是当煤采完了,子孙后代怎么办?怎么发展才能为子孙后代留下好的发展机会、大的发展空间?怎么才能保持领先的地位?怎么才能带领更多的群众致富、富裕的水平怎么才能不断提高?在国家绿色发展理念和鼓励文化产业发展政策的推动下，牛扎根一方面运用科技提升采矿质量，减少污染，运用循环经济提升效益、提高利用率；另一方面发展文化产业，旅游业、康养业，增加第三产业比重，延伸产业链条，促进三产融合，积极融入山西乃至国家的发展大潮，勇做弄潮儿，几年间发展蒸蒸日上，展现出好的发展势头。

  正当牛扎根打算进一步做大做强旅游业的时候，一场突如其来的新冠疫情让旅游业、餐饮业受到了重创。牛扎根一边积极想办法兜底群众的生活保障工作，一边寻找新的发展动能，新的动能在哪里？

  一路走来，牛扎根已数不清自己经历了几度风雨迈过了几道坎，只记得在风霜雪雨中搏击向前，虽然历尽艰难但依旧初心不改，虽已年过六旬但仍然谋划发展。回望来时路，牛扎根有得有失但无怨，有苦有乐但无悔；有惊有险但无畏，有痛有爱但无私。牛扎根，这个14岁辍学，但心中有梦的少年是怎样追梦才创造了那么多闪光的业绩呢？牛扎根在辍学后的几十年里走过了怎样的人生路才走出了的那么多沉甸甸的荣誉呢？他是怎么带领振兴村走到今天的呢？明天，振兴村的路在何方？

  在忙完一天的工作，做好明天的准备后，牛扎根倒了一杯茶，关掉灯，坐在办公桌前，闭目养神间，记忆穿越了眼前的黑暗，自己走过的一段段路、振兴村发展的一幕幕又如电影般浮现在眼前，自己仿佛又回到了那些艰难时光、峥嵘岁月。

第四章

风雨磨炼　破解难题

一、辍学打工

牛扎根14岁那年父亲去世了，弟弟妹妹还小，外祖母已年迈，母亲起早贪黑地干活，牛扎根看在眼里，疼在心上。懂事的他在学校就做完作业，回到家抢着干活，但由于没有男劳力，生活依然过得紧巴巴的。看着母亲日渐憔悴，牛扎根想退学去挣工分替母亲分忧，但一想到要离开心爱的课堂和老师同学分开，他又犹豫起来。犹豫中，一学期结束了。开学时，母亲怎么也拿不出三个孩子上学的费用，品学兼优、连跳三级的牛扎根不顾老师的几次家访劝返，毅然决然地不再去学校，回家替母亲分忧，和母亲一起挑起了生活的重担。

为了生活，牛扎根打过铁，烧过砖，种过地，放过羊，当过小工编过筐。那时候在生产队里，牛扎根虽然年龄最小，但聪明好学，做事认真，还勤劳肯干，从不偷奸耍滑，经常早出晚归，抢着干活，所以大家都喜欢这个小不点儿，愿意教他真本事。牛扎根为了多挣工分养家，学起来也格外用心，经常虚心求教、反复练习，在学好师傅教的方法后，还仔细琢磨，不断改进，只用了两三年时间，打铁、烧砖、种地、放羊、编筐，这些本事牛扎根就样样精通了，还拿到过队里的最高工分。

这几年吃的苦，化作了牛扎根坚韧不拔的顽强意志；这几年受的累，练就了牛扎根吃苦耐劳的优良品质；这几年在生产队学到的本领，为牛扎根后来的管理奠定了基础；这几年在生产队受到的关爱，更坚定了牛扎根为大家做事的信念。机会总是垂青有准备的头脑，17岁那年，牛扎根第一次有了为大家做事的机会。

二、发展副业

牛扎根17岁那年，时任西掌大队支部书记见牛扎根踏实肯干，认真负责，就任命他为西掌大队会计兼保管，负责大队实物的保管以及现金的收支。从此，牛扎根开始了为大家做事的历程，刚开始的管理工作，他管理的是钱和物。牛扎根十分珍惜这个机会，虚心地向前任会计、保管请教，认真做好每一笔收支，管好每一件集体财产，每天不论多晚，都要在下班前清点财物；每一笔账、每一项收入支出、借出归还都记得清清楚楚，7年未出一项差错。后来，牛扎根还做过管林业的小组长。

在牛扎根24岁的1981年，改革开放的春风也吹拂着这个山里的小村庄，村里整改，关家村和西掌大队分家，头脑灵活、扎实肯干的牛扎根凭着积累的好口碑，当选为关家村的副业主任，负责村里的电气化和村办企业的工作。在这个平台上，牛扎根开始在指定范围内做管理人和事的工作，有了决策权，开始了他作为一名农村基层干部干事创业的奋斗历程。

作为负责电气化和村办企业的主任，牛扎根是最早接触电的基层干部，他认真学习了电学原理，并在实践中不断解决村民出现的用电问题，还因电结识了一些志同道合的朋友，这些朋友，在他遇到困难时，向他伸出了援手。

1981年，在党的政策"五个轮子"一起转的号召下，关家村率先开办了小煤矿，作为村办企业，靠卖煤增加集体收入。谁开采的多，谁就能多卖煤，谁就能早致富。看准了这一点，第二年关家村又对旧井筒进行了扩建，增加了煤炭开采量；1983年，又引进先进的技术，在煤矿主井口开了斜井，斜井的开工进一步增加了煤产量。牛扎根敢为人先的闯劲儿开始展现，与此同时，作为副业主任的牛扎根还组织村民大力发展传统的编织副业，编织箩筐、篮子、手工艺品，卖了增加收入。村民的收入增加了，牛扎根成了带领大家创收的能人！

三、解决"老三难"

1984年，27岁的牛扎根高票当选为关家村村委会主任，同年加入了中国共产党。在村委会主任这个职位上,牛扎根终于可以做他想做的事了!村主任的职位给了牛扎根选择做什么的权力,给了他实现梦想的平台,他要在这个平台上实现"为大家办事"的为民情怀,还要解他盖教室的教育情结。牛扎根一上任,就迫不及待地解决村里的三大难题——上学难、行路难、吃水难。

1. 建学校

当上村委会主任后不久的一个周末,牛扎根来到他辍学后魂牵梦萦的学校。十多年来,记不得有多少次梦回这里,但梦中的他总是进不了教室,只能远远地在门外偷听,醒来已泪湿枕巾。十多年过去了,庙前的那棵树更粗大了,庙却更破了,门吱吱呀呀地响得更厉害了,教室里的桌椅已不是长条的木板,变成了带格子能放书包的桌子;灯泡也变大了一些,黑板上的粉笔字变成了彩色字……他爬上屋顶,当年补漏洞的情形又在眼前浮现,只是藤条和毡子已不知去向,不知换了几次,换成了现在的一个塑料布和几片瓦,依旧走风漏气,想到孩子们还是在风雨飘摇的破庙中读书,还在冬天受冻雨天挨淋,当年在庙屋顶许下的心愿又强烈地出现在脑海。给大家办事就从修教室开始吧!牛扎根拍了拍身上的土,从庙顶下来时,给孩子们盖教室的决心已下,且刻不容缓。他马上召开村委会,核算出盖教室需要的材料,要求党员干部带头捐钱捐物,发动村民出人出力。牛扎根带头捐钱捐物,在他的带动下,党员干部群众纷纷有钱的出钱有力的出力。为了赶在冬季来临前把教室建好,不再让孩子们上学挨冻、受干扰,全村的男女老少都被动员起来,全村的建房好手都被组织起来,全村人起早贪黑,争分夺秒,有钱的出钱,没钱的出力,会盖房的盖房,不会盖的搬砖和泥,干不了这些活儿的送饭送水……全村上下齐努力的结果是:仅用3个月就建成了11间宽敞明亮的教室。10月,关家村小学建成,孩子们搬进了宽敞明亮的教室,上课再也不会被风雨打扰,再也不用挨冻受淋了!在这个过程中,牛扎根看到了团结群众产生的力量,他深深认识到,只要为群众办实事办好事,就会得到群众的支持,有了群众的支持,就能办成事!

2. 修路

20世纪80年代有句响彻祖国大江南北的口号——要想富,先修路。关家村是太行山下的一个小村庄,地表沟壑纵横,羊肠小道遍布,村民出行非常不便，煤矿加大开采力度后，采出的煤越来越多，由于关家村坡多路窄，往外运煤不能用大车，只能用小车或人力搬运，速度太慢！为了把村里的资源运出去，让外面的新鲜东西走进来，牛扎根找人规划路线，带领村民凿山、填沟、铺路。路线规划好以后，马上行动，遇山凿山，遇沟填沟。村里没钱，就给每家每户分配修路任务，人人自带工具、水和干粮。定时出发，分组分段推进工程，组与组之间展开竞赛。牛扎根更是身先士卒，挥汗如雨。经过全村男女老幼的拼命硬干，削平了几座山，填满了多条沟，就连羊肠小道也被建成宽 6 米的砂石路，坡度从 65°降到 18°，一条宽敞、平缓的大路伸向远方，振兴村的煤、砖、编织品也被大量地运了出去，换回了打井的钱、村民的日用品……也为以后的发展铺平了路。

　　修路，不仅便利了群众的生产和生活，而且让关家村与外部世界联系起来，让关家村的产品，尤其是煤源源不断地走出了关家村，带回了发展的资金，为关家村的发展奠定了较好的基础。

　　如果说盖教室让牛扎根看到了群众平地起房的力量，那么修路让牛扎根更清楚地看到了群众移山填沟、改天换地的强大力量！几百个日日夜夜，全体村民心往一处想、劲往一处使，让千百年阻挡了关家村外出脚步的大山让路，让世世代代难行的羊肠小道变成了宽阔的通途，真是"人心齐，泰山移！"

3. 打井

　　盖好学校、修好路以后，牛扎根开始解决村民的吃水问题。想让村民就近吃水需要在村里打口井，但打井需要大量的资金。村里没有钱，牛扎根就组织大家拓展创收渠道，一边发展传统的编织副业，一边开砖厂烧砖卖钱，还深挖煤矿产能。当时政府要求村村有煤矿，牛扎根采取改良措施，引进先进设备，下大力气把村里的小煤矿的生产能力翻了一番多，别的村年产 2 万吨，关家村年产 5 万吨。看着引进设备后多采出的一车车煤，牛扎根感受到科技的力量！为了多挖煤，多出效益，关家村的矿工分秒必争，把别人休息吃饭的时间都用在挖煤上：矿工连班倒，矿机不停转；为了节约吃饭时间，牛扎根让人把饭送到井下。

　　矿工拼时间，牛扎根拼命！在挖煤过程中，出现了井下出水问题，冒出的水抽了半年都没有抽完，牛扎根为此彻夜难眠。为了找到水的出处，堵上出水口，牛扎根不顾个人安危下井查看，他和几个工友沿着水逆向行进，积水越来越深，走路越来越不稳，好几次，大家都劝牛扎根返回，但牛扎根心想，不解决出水问题，矿工在地下作业就有安全隐患，今天一定要找到出水的地方！他一次次否决了工友返回的提议，一步步向更深的积水处前进，水没过了膝盖、没过了腰、没过了胸，在水就快没到牛扎根脖子时，他们终于找到了出水的源头。正当大家记好位置扭身返回时，汩汩流出的水冲得相对瘦小的牛扎根身体一晃，差点就呛水了，多亏工友及时把他拽住……出水口被堵上了，但牛扎根却因此落下了失眠的病根，如今的他，每天在安眠药的帮助下才能睡 5 个小时。通过这样的苦干、硬干、拼命干，关家村终于攒够了打井的钱，由于采出的煤多，关家村的村民也逐渐富起来。

1989 年，牛扎根请来专业的打井队，启动了自来水安装工程，关家村的村民在全镇率先吃到了流到家门口的自来水，再也不用走两里路、翻几道沟挑水吃了！

牛扎根上任不久就带领大家解决了关家村祖祖辈辈没解决的三大难题，这新官上任的三把火烧得很旺，开了个好头。接下来的岁月，解决了"老三难"问题的关家村和崭露头角的牛扎根，又走过了怎样的发展之路呢？

四、植树造林

关家村周边的山是太行山脉，是石头山，且山势陡峭，这样的地形带来一连串反应：土壤贫瘠导致植被稀少，植被稀少又使得水土流失严重；加上煤矿开采，旱、涝等自然灾害频繁发生。关家村又有用藤条、柳条编筐、篓的传统手工艺，零星、自发地栽树种藤早就有。牛扎根当上村支部书记后，加大力度发展编织、烧砖、采矿等副业，编织业需要大量的藤蔓和柳条，为了保证原料供应，牛扎根开始有目的地组织村民种树。先是编织队的人种，为了获得原材料；后是组织党员干部和入党积极分子种，为了响应中央提出的"植树造林，绿化祖国"号召；再后来是组织村民种，因为意识到经济发展不能破坏生态环境；现在是人人、家家都来种，因为意识到绿水青山就是金山银山。

为了把植树落到实处，关家村党支部采取支部包队、党小组包户、党员包人的办法。牛扎根把关家村村民分为 5 个生产队，5 个支委各包 1 个队，每个党员包 20 户，发挥党员的先锋作用，带领村民栽树。除了植树外，平时这个组织还处理一些公共事务，负责修路、治理环境卫生和管理，致力于村庄基础设施建设，造福村民；还负责收集群众提出的问题、帮助解决村民碰到的麻烦，这种做法受到村民的欢迎，也增强了党员的荣誉感。此后很多年，村里很多事情，都是党员干部冲在最前面，对村民起到了很好的示范和激励作用。

在这个过程中，牛扎根感受到党员的先进性和肩上沉甸甸的责任。在以后的岁月里，牛扎根严格按照党员的标准要求自己，尤其是做了党支部书记之后，处处起模范带头作用，遇事总是先抓党员干部。现在，每年春天，关家村的男女老少齐上阵，年轻力壮的挖坑、运树，妇女、老人、孩子做饭、送饭、浇水……目前，种树已成为振兴村村民的一种自觉行动。

"十年树木，百年树人"，种下去的树苗的成长并不一帆风顺，在土壤贫瘠的关家村尤其如此。刚种下去的树苗有时被风吹歪了，得扶正；有时碰到干旱年份，得一次次浇水；如果没及时浇水旱死了或冬季太冷冻死了，第二年还得补种……树苗除了得经受自然界的风霜雪雨考验外，还得应对村民的破坏。刚开始植树时，村民意识不到种树的意义，破坏树苗的事时有发生：刚栽上的小树苗就被调皮的孩子折了，甚至拔了做成棍棒玩儿；当树苗长到手臂粗的时候，就会有村民来偷树；秋收后，有的村民喜欢把玉米秸秆堆在树周围，烧秸秆时，树也跟着受火刑……每到这几个关键时刻，牛扎根就带领村干部夜夜值班巡逻，保护小树免遭人祸。后来，牛扎根给村民制定了严格的制度，规定每家每户都要负责看护门前和承包田路两边的树，一旦树有所损伤，就要负相应的责任，这样才杜绝了毁树、偷树现象的发生。在这个过程中，牛扎根感受到制度的力量。

三十多年过去了，第一批栽下的小松树苗如今已经变成了郁郁葱葱的松树林，它们像一排排战士，用根保护着振兴村的水土，用叶净化着振兴村的空气，用枝和干组成了振兴村的一道风景。工作累了，牛扎根会透过办公室的玻璃深情地望着振兴村这片最绿的山头，看着他和乡亲们亲手栽种、精心培育、用心看护的小树苗越变越绿、越长越高，他会深深地吸上一口新鲜空气，由衷地感慨：三十多年的呵护，值！

五、三走三回

自1984年担任村主任以来，牛扎根积极为村民办好事、办实事，受到村民欢迎的同时，也因工作出色引起了镇领导的注意，想聘他为镇农科员和土地管理员，牛扎根一来想：自己是党员，一切行动听指挥，党委让干啥就干啥；二来想：镇上平台更大，学习提高机会更多，就表示服从党委的安排，来到镇上上班。走后没多久，村民们感觉关家村原来井井有条、顺畅的工作都变得磕磕绊绊，人们才发现原来是没了牛扎根！村里的党员、群众纷纷围堵镇政府，说："牛扎根不能走！他在，我们才有主心骨！"在全村党员群众的强烈要求下，镇党委让牛扎根兼任关家村的村支书。牛扎根开启了镇上村里两头跑、两头干的生活。1989—1996年，因工作需要，牛扎根被调到镇里分管土地、煤炭、林业，新岗位需要熟悉工作，新工作要做好，需要投入更大的精力，跑路不说，有时会议冲突，紧事齐聚让牛扎根焦头烂额，分身乏术，为了保证工作质量，牛扎根三次辞去关家村村支书的工作，又三次应群众的强烈要求被党委派回兼任。三去三回间，牛扎根深深感受到关家村父老乡亲对自己的信任和期待，也彻底明白了一个道理：只要实实在在为群众办好事、办实事，群众就会把你当亲人！镇里分管土地、煤炭、林业的工作经历，为牛扎根后来带领振兴村抢抓机遇、不断前进奠定了政策、知识和人才基础。第三次回到村里后，牛扎根感到自己身上的责任更重了、目标也更清晰了：我要对得起父老乡亲的信任和期待，我要带领他们过好日子！

20世纪八九十年代，牛扎根趁着改革开放的春风，带领关家村村民苦干、巧干、拼命干，解决了关家村祖祖辈辈没有解决的"三大难"问题，关家村村民的干劲儿更大了，挖煤、编织、烧砖等副业创收的钱也越来越多了。牛扎根留足发展资金后，想尽方法为村民谋福利：早在20世纪90年代初，关家村就实现了电费、学费全报销，村民得了大病，村里发大病补助，还报销药费；1995年7月，关家村家家户户装上了闭路电视，成为长治县唯一的一个有线电视村。从20世纪80年代后期起，村里每年还给村民发大米、白面、农药、化肥等，关家村成了全县的红旗村，牛扎根也被评为县劳动模范。至此，牛扎根为大家办事的民生梦初步实现了。

1996年，牛扎根返回关家村，从此再没有离开过关家村，把全部心思放在关家村的发展上。在六一儿童节这天，牛扎根像往年一样来到1985年建起的11间教室前，发表了节日祝语，给获奖的同学颁发了奖状，勉励大家好好学习、天天向上。在建好学校后，牛扎根作为村支部书记，每年六一儿童节来给孩子们鼓劲、颁奖，孩子们给他戴上红领巾，每每这时候，牛扎根就很欣慰，和孩子们在一起，他觉得自己也变年轻了！即使是在镇上上班村上兼职的这7年，牛扎根也是只要能挤出时间就一定来和孩子们一起过节。看着孩子们一年年长大，人也越来越多，教室也越来越挤了。牛扎根暗暗琢磨，得给孩子们换个教学楼了！

牛扎根是个认准就干、说干就干的人。有了盖教学楼的想法后，牛扎根就着手谋划、选址、准备资金，经过两年多的筹备，1999年的六一儿童节，牛扎根宣布了一个让老师、同学们都非常激动的消息——村里要送大家一幢教学楼！老师、同学们激动得把手都拍红了。当月，新的教学楼破土动工，牛扎根的教育梦又上了一个台阶。

这个时期的牛扎根累并快乐着。累的是身体，乐的是精神。仗着年轻，牛扎根觉得累点儿没什么，休息一下就好了；重要的是他挥洒的汗水、付出的辛劳让关家村村民摆脱了贫穷，还享有了福利，关家村整体呈现蒸蒸日上的局面，村民叫起牛书记来都特别甜；牛扎根也没辜负村民的信任，他开始为他们谋划更大的发展。

村民的温饱解决了，孩子们能安心上学了，基本福利也有了，牛扎根想：我要让父老乡亲过上像城里人一样的生活：住上楼房、暖气过冬、燃气做饭！怎么实现呢？正当牛扎根谋划大发展时，煤价跌了。

第五章

煤矿改制 以企带村

1997—2001 年,受东南亚金融危机的影响,国际煤价持续走低,山西长治的煤矿也进入发展最困难的时期。

一、煤矿第一次改制

改制前关家村的煤矿归镇政府所有,受东南亚金融危机的影响,煤炭滞销,煤炭企业进入寒冬。煤炭卖不出去收不回钱,职工拿不到工资,有的企业开始减工资,有的开始裁员,有的甚至破产。拿不到工资的工人开始取存款,因为不知道危机何时能结束,大家花钱也格外节省。那时的山西经济"一煤独大",影响尤为严重。为了帮助煤炭企业渡过寒冬,长治县政府于 2001 年开始实施煤矿改革,下放煤矿开采权,想激发民间潜能渡过难关。时任村支书和镇办煤矿书记、矿长的牛扎根一面为煤矿的困境犯愁,一面意识到机会来了:要想让村民过上像城里人一样的生活,村里就要有自己的企业,要抓住机会转危为机,给关家村村民谋一份产业!

想好以后,牛扎根先找来几个村里平时要好、有经济实力的人,商量了一下,后火速召开了村委会,把这个政策和想法告诉了大家。村委们听后都默不作声,就连平时爱抢话的也低头不语。当时煤炭行情一泻千里,有的人已两年没拿到工资了,大家都怕辛辛苦苦攒的血汗钱打了水漂,迟迟没人敢接话。牛扎根叫起一向沉稳的张会军问道:"会军,你说说。"张会军和牛扎根关系很好,平时有啥事都和牛扎根一条心。张会军见点了他的名,只好说:"扎根,不是不支持你干事,可家里人要吃饭呢!金融危

第五章 煤矿改制 以企带村

机啥时候能过去？煤炭行业啥时候能转暖？买下矿还卖不出去煤咋办？"见张会军这么说，其他人也开始七嘴八舌地说了起来："是啊，都三年了，现在煤还卖不出去，啥时候能卖出去还不一定呢！""我家存款都快花光了。""扎根，你想为村里人谋个产业，很好，我全力支持你！""让别人采咱村的矿，那不成败家子儿了吗？"大家你一言我一语地说了一会儿，牛扎根听出大家想护矿，但有担心和顾虑，就说："现在的日子要过，将来的发展也要谋！我们都是党员干部，我们不为村里谋发展谁为村里谋发展？现在煤矿改制，如果我们不拿下采矿权，让外人来采我们村的矿？那时候大部分利润归人家，我们每个人都有份的只有污染！到那时，就只能看人家吃肉，我们吃骨头都得看人家眼色，村里人靠啥活？！所以，为了以后有饭吃，为了子孙后代有饭吃，勒紧裤腰带也得拿下采矿权！党员干部出5万元，拿不出5万元别当干部；普通党员出1万元，多者不限。"定了护矿的基调后，牛扎根拿出了和好友商定的办法：一周内拿出钱的都欢迎，自己没有的借来也算，越多越好！钱可以入股，将来卖了煤按股份分红；如果将来哪天扛不住了，股金可以退，但退了就不能拿分红了；不想入股的，拿来的钱算借，5年内借款3倍归还。钱从哪里来？行情转好从企业的利润中来，如果5年内煤还卖不出去，以我牛扎根全部的家产做抵押还钱！党员干部，多想办法多担当！""大家的事，不能让扎根一个人扛！我和你一起扛！"荣石平说。"我也算一个！"袁有堂说。关忠孝摸了摸脑袋，说："牛书记，我也想和你一起扛，但家里老人孩子多，就快断粮了。您说的5年内3倍归还，是真的吗？是的话我可以借一部分。"牛扎根斩钉截铁地答道："一言既出，驷马难追！"由于牛扎根多年来造福村民，在村民中积攒了很高的信誉和威望，大家看到他这么坚决地要为关家村把煤矿留下，就纷纷表示支持。牛扎根让人把主要内容写成文字，每人一份发给党员干部，让大家动员群众筹款护矿。会上，唐升场、唐益峰、宋慧、王进国、谢志刚、关庆伟、牛有根也纷纷表示要拿出自己多年的积蓄，加入护矿队伍。他们又回去动员身边的亲戚朋友，后来又集合了69户人家，这家拿2万元，那家拿3万元，凑了500多万元。

关家村煤矿开采权拍卖那天，整个镇里的有钱人都来竞争关家村煤矿的开采权，个个摩拳擦掌。牛扎根代表大家兵来将挡，水来土掩，经过一轮又一轮的叫价之后，还有人不肯放弃，你加5万元，我加10万元，竞争进入白热化阶段。随着一轮轮竞价，牛扎根眼看筹来的钱已不够，他当众宣布向群众借款，承诺5年内3倍归还。围观的观众纷纷表示愿意取钱支持牛扎根,竞拍对手看到牛扎根志在必得,又有这么多人支持,感觉再出高价已无利可图,在叫到 516 万元后,终于放弃。牛扎根以绝对优势成为关家村煤矿的第一负责人,竞拍到经营权的关家村煤矿改名为振兴煤业有限公司,牛扎根任董事长。

随后的两年,煤炭行情逐渐好转,振兴煤矿趁机引进新设备扩大开采规模,还延长了产业链,增加了下游产业,洗煤、运输分公司依次成立,不久,牛扎根就以 3 倍的金额归还了借款,不用还的资金转成了股金,村民变成了股民,抱团发展的决心更大了!

二、煤矿第二次改制

煤炭行情好转,长治县政府为了激活煤炭企业潜能,在全国范围内招标煤矿采矿权。2004 年,振兴煤矿进行第二次改制。这次的角逐范围由全镇扩展到全国,北京、上海、杭州的人都来竞标,加上当时煤矿形势好转,使得此次的竞争变得更加激烈。牛扎根发动全村村民和全体矿工护矿,承诺资金可以转股份。大家看到第一次改制后牛扎根信守诺言 3 倍还款,煤矿在他的领导下蒸蒸日上,入股的收入也逐年增加,因此纷纷响应他的号召,取出存款;有的村民看到近年振兴煤业股份分红多,甚至从亲戚朋友处借款为竞拍做准备。

在改制当天,来了许多镇上、省内省外想获得采矿权的人,有的带了庞大的亲友团,有的带了支票,有的甚至开车将现金带到现场,企图夺取振兴煤矿的控制权。有了群众的支持,牛扎根稳稳地坐到了竞标场上,他知道,有全村、全矿人支持他,他一定能不负众望。

竞标开始了,竞拍金额 10 万元、20 万元地增长,牛扎根稳稳地跟进,在这种激烈的竞争下,牛扎根又一次凭着多年的信誉积累,再次得到了群众的拥护和支持,全村每家每户和矿上的员工都拿出自家的积蓄,以股金的形式入股,坚定地和他站在了一起,形成了一股坚不可摧的力量。

在以后的岁月里,每每遇到上述情况,牛扎根总能以绝对的优势稳操胜券。因为,在每一个关键时刻,老百姓总会为牛扎根挺身而出,给他投下信任票;在每一个危难关头,老百姓都会紧紧围绕在他的周围,和他并肩作战。牛扎根就像一个振臂一呼、应者云集的英雄,带领他的乡亲们战胜了一个个困难,赢得了一场场胜利,从贫穷的小山村一步步在乡村振兴的大道上阔步向前！

二次改制后的振兴煤业成为振兴集团，振兴集团汇聚了多方资本，但县政府考虑到牛扎根常年从事煤炭行业，有丰富的从业经验；又熟悉本地情况，经营有方，有不错的经营业绩；更主要的是矿上的职工、矿所在地的民众拥护牛扎根，他的经营方案里有更多的当地民众参与，能解决更多人的就业，综合考虑的结果是牛扎根任振兴煤业集团党委书记、董事长。振兴集团开始多渠道发展，发展壮大后的振兴集团有了更多的资金。钱，怎么用呢？

三、村企共建新农村

第二次煤炭改制完成后，牛扎根身兼二任，既是振兴村党总支书记，又是山西上党振兴集团党委书记，如何当好两个机构的书记呢？牛扎根开始摸索村企共建、共享的发展之路。2005年10月8日，中国共产党十六届五中全会通过"十一五"规划纲要建议，提出要"按照生产发展、生活宽裕、乡风文明、村容整洁、管理民主的要求"进行新农村建设。关家村在牛扎根的带领下，积极响应党中央的号召，扎实推进社会主义新农村建设，取得了良好成效。

1. 生产发展

关家村在20世纪80年代以前是没有产业的穷村子，历史上曾在潞安的带动下发展潞绸，在荫城的带动下发展打铁，但都没有形成大的规模。20世纪80年代，和山西其他有煤的地方一样，开始挖煤，靠卖煤发展经济，由于煤价持续走高，形成了"一煤独大"的产业格局。后来，由于受到东南亚金融危机的影响，煤价大跌。为了渡过寒冬，进行了两次煤矿改制，煤矿改制完成后，振兴集团成立，牛扎根带领振兴煤业乘势不断发展壮大：产量不断提升，从5万吨到15万吨、20万吨、30万吨、60万吨、90万吨；产业链条不断加长，形成了原煤、洗煤、建材、运输、商贸为一体，总资产达30亿元的现代化多元企业。怎么做到的呢？

牛扎根一直相信科技，注意运用先进技术提高煤的开采量，在行情好的时候多1吨产量就多1吨收益。振兴集团成立后，牛扎根继续引进新设备，加大开采力度，一车一车的煤源源不断地运出去，一沓一沓的钱绵绵不绝地拿回来。一部分还了护矿借款、设备贷款，一部分发了职工工资，一部分进行产业链扩大，一部分增加村民福利，一部分进行基础设施建设。

随着煤产量的增加，运输成本越来越大，这个钱为什么让别人赚呢？有了一定积累的振兴集团和一些逐步富起来的村民和职工又出资建起了自己的运输公司，运煤的利润也留在了振兴集团。

有的村民看到了运输利润，就跑起了运输，有的村民发现了洗煤的收益也不小，振兴集团就建起了子公司开展洗煤业务，经过洗煤这一环节，煤价更高了，洗煤的利润也留在了振兴集团。

振兴集团还把一部分钱用来进行基础设施建设，还想让振兴村村民迁新居，这对建材的需求量将会很大。于是，振兴集团又发展了建材业及与此相配套的商贸服务业。关家村的煤产业越来越大，链条不断加长。

2. 生活宽裕

经过20世纪80年代的拼命硬干，加上90年代煤炭行情好，1995年7月，关家村家家户户装上了闭路电视，成为长治县唯一的一个有线电视村。不仅如此，关家村在90年代就实现了电费、学费全部报销，村民实行大病补助、药费报销政策，村里每年还给村民发大米、农药、化肥，给老人发福利等，这些举措在当时的长治县每一项都属于首创。关家村也因此成了全县的红旗村，牛扎根也被评为全县的劳动模范。

经过两次煤矿改制，随着振兴煤业的发展壮大，关家村村民也逐步富起来，富起来的关家村村民享受到越来越多的福利，生活也越来越丰富多彩。富裕起来的关家村在教育、文化和社保方面有了更多的投入。教育方面，新建了振兴小学，改变了学生的学习环境；高薪招聘优秀的大学生教师，提高了教学质量；建立健全了助学金、奖学金等相关制度，真正实现了学有所教，随着教学质量的提高，振兴小学成为全区的优秀学校。逢年过节，振兴集团还为教师学生分发节日礼物。

村民福利方面，逐步建立健全了福利制度，逢年过节为老年人发放福利；还创新性地实施了新型农村合作医疗和农村社会养老保险制度，使全体村民都能享受基本的公共卫生服务和农村基本养老；贫困户还能额外享受贫困户的社会保障……

3. 乡风文明

在物质丰富之后，关家村村民有了更多的空余时间，在精神层面有了更高的追求，关家村不断拓展文明建设的载体。

文化方面，关家村建立了多渠道、多层次的资金投入机制，加大了农村文化设施建设力度，建起了文化活动广场，村民在此健身、赏花、谈心；为了提高村民的文化水平，还建了村民夜校，利用空余时间请教师为村民普及农业、生活常识，形成了良好的学习氛围，受到大家的欢迎。

家庭文明方面，积极开展了好婆媳、好母亲、五好文明家庭等评比活动，做到移风易俗，形成尊老爱幼、邻里和睦的良好风气，促进了关家村文明和谐建设。

为了确保社会稳定，关家村还成立了综治信访领导小组，定期组织专人察访民情民意，及时了解村民的所思所想，及早化解矛盾纠纷，力争矛盾不出村；防范之外，还定期组织村民结合村规民约，自找自查，发现好人好事，及时予以表扬奖励；还对发现的危害社会的坏风气及时制止，对后进青年及时帮扶教育。在这样的联防联控下，全村几十年没有出现刑事案件，也没有人员参加反动组织。社会治安稳定，人民安居乐业。

4. 村容整洁

为了让村容村貌保持整洁卫生，关家村成立了村容村貌整治领导小组，配备了专业的环保人员，出台了详细的整改标准，对做得好的予以奖励，做得不好的限期整改；重点监督垃圾分类的执行，做到垃圾日产日清，彻底杜绝了村道脏、乱、差现象；帮助农民重点解决粪土乱堆、污水乱泼、垃圾乱倒、禽畜乱跑、住宅与畜禽圈舍混杂等问题，教育引导村民增强健康意识、卫生意识、环境意识……经过几年的努力，关家村村民逐步养成了科学、健康、文明的生活方式，村容村貌也告别了脏乱差，实现了干净整洁。

5. 管理民主

随着两次煤矿改制，关家村村民有了股份分红，在外面打工的越来越少，回来创业的越来越多；加上振兴集团是股份制企业，随着振兴集团在关家村投资的基础设施越来越大、越来越多，加强民主管理势在必行。为了集聚更多人的力量，关家村构建了新的村民参与平台：建立健全了村民代表会议、村民议事会、户代表会议等村民参与平台，逐步健全和落实民主选举、民主决策、民主管理和民主监督制度，对于村内重大事项的决策和群众关心的重大事情，坚持做到办事公正、处事公平、要事公开，并实行了村务、财务、党务三公开制度，增加了工作透明度，并成立由群众推选出的人员组成的"三务"公开监督小组，拓宽村民参与渠道和途径，使村民切实享有选举权、罢免权和监督权，以及对村内事务的参与权和决策权，增强村民对关家村建设的关联度、依存度，极大地提高了村民的积极性、主动性和创造性，主人翁责任感得到了提升，促进了关家村的和谐稳定，为关家村的发展提供了稳定的支撑。

这些新农村建设措施的推进，为关家村以后发展解决更大的矛盾提供了思想基础和解决问题的基本框架。这几年，关家村的新农村建设扎实推进，村民的生活越过越好。一次次走出去学习，见过外面世界的牛扎根认为，现在的发展还远远不够，他多次组织召开党员会、群众大会，制定了关家村的"三个五年计划"：力争用15年时间，把全村搬到山下，建设现代化新农村，并定下了"三不"原则，即对原有生态植被不破坏、对原有山水景观不改变、对原有古建遗迹不拆迁，实现农耕文明的传承、传统民居的保护和现代功能的开发有机结合。经过几年的积累，接下来，牛扎根要带领关家村村民实现被东南亚金融危机打断的新村梦了！建新村，会一帆风顺吗？

第六章
拆掉旧房　搬进新家

在两次煤矿改制过程中，牛扎根充分感受到群众的支持，这让他更加坚定地走群众路线，更想为群众做点事。2004年，煤矿行业形势好转，牛扎根把从家家户户借来的钱3倍返还给村民。同时，牛扎根和其他8名股东商定，煤矿的收益仍然用于村民。看到村民的生活越过越好，牛扎根在高兴之余，有了更大的想法：决定利用煤矿收益，重新布局村庄，让百姓住上洋楼，过上城里人的生活！这一次，牛扎根要以村民想都不敢想的力度回报大家对他的信任和支持！

一、拆掉旧房

关家村坐落在落差100米的山坡与山沟里，村民生产、生活、交往、出行都很不方便，虽然经过20世纪80年代的填沟移山、降坡拓路，比以前有了很大改善，但还是不方便。牛扎根在20世纪80年代当村支部书记的时候，就梦想着建一个新村，让村民搬到平地住，过上吃不愁、穿不愁、扒掉瓦房住洋楼的生活，但因为当时土地调整，打不破旧体制，加上急着解决"老三难"问题，牛扎根的这个愿望放在心里好多年。2006年，借着煤矿收益高的东风，有了资金的积累，牛扎根乘势迎难而上，开始推进新村建设，和村干部跑上跑下，终于获得了批复，准许建新村。为了落实好新村建设，牛扎根请来了规划设计师，规划出来后，怎么落实好呢？牛扎根设计出了三步走的落实方案。

第一步，出台方案。拆旧村，建新村是大事，关系到家家户户的切身利益，必须获得大家的支持，但五个指头伸出来不一般齐，各家情况不一样，怎么能让大家都同意搬迁呢？为了统一大家的思想，牛扎根设计出台了一个非常优厚的方案：集体企业占地，出资的钱群众统一分；群众盖房统一占的地，村民统一摊；旧村复垦的土地，村民统一分；在建房过程中，村民自己出一部分，股东出一部分，其他全部由企业出资，给村民补齐需要搬迁的费用。用这个方案统一了90%村民的思想。10%不同意的村民，有的是股东，不愿意多拿出钱分给大家；有的是刚装修过的新房，不愿意搬迁；有的是出不起钱的贫困户，出钱困难；有的想分新房时多点特权……为了说服不愿意拆迁的10%的村民同意拆迁，牛扎根和党员干部分头行动，主动上门沟通，挨个三番五次地给村民做工作，有时候一等就是半夜，等不到村民，第二天一大早再去拜访，做工作时晓之以理、动之以情，讲搬迁后的好处，统一行动的难处，抱团发展的合力，抓住机会的重要，等等，直到说通。村民被村干部的执着打动了，最后都同意拆旧建新。

第二步，拆旧房。终于说通村民拆旧建新了！牛扎根和村干部顾不上松口气，就开始组织拆旧房。在拆旧房过程中，让牛扎根万万没想到的是最不支持他的拆迁方案、阻挠他的拆迁工作的竟然是自己的本家兄弟！在牛扎根出台的拆迁方案中，新村的建设资金来源分为三部分，村民自己出一部分、集团出一部分、牛扎根个人出一部分。按照这一方案，所有村民可以平等地得到集体和牛扎根个人的两份资助，自己不需负担太多，所以非常高兴，非常感谢牛扎根书记不把他们当外人；但在牛扎根本家兄弟看来，牛扎根作为村庄和企业的带头人，关键时刻不想着自家兄弟，把好处都给了别人，把兄弟等同于外人，还和外人一视同仁，血和水能一样吗？因此，他们坚决不同意拆迁方案，处处阻挠拆迁、故意拖延时间。牛扎根非常理解本家兄弟的诉求，但如果在拆迁这件大事上作为书记的他不能一碗水端平，利用职权为本家兄弟谋福利，大家还能支持他拆迁吗？他还是振兴村的书记、振兴集团的董事长吗？

工作最难做的是牛扎根的一个本家兄弟，致使整个拆迁工作拖了两年多。

牛扎根用公平公正的态度、合理合法但不合情的做法推动了拆旧房工作，旧房拆完，拆到规划中的一片坟地时，工作再一次停了下来。

第三步，迁坟。为了腾出耕地，扩展建设用地，村里决定集中迁坟181座。在我国农村，迁坟是件大事。村民认为迁坟要看好风水，一旦有差池，打扰了地下的祖先，会影响后代的气运。怎么迁，往哪里迁，都得慎之又慎，一旦出了问题，就会前功尽弃。为了让村民顺利迁坟，牛扎根首先向村民发布了迁坟政策——坟墓拆迁费用由村集体出资，另外给予每户3000元的补偿金；怎么迁？为了服众，牛扎根提出了请风水师的办法：由村里3个组、党员干部和牛扎根各自请来1个，共5个风水师，只有在多数风水师意见一致的情况下才通过决议，然后大家按决议迁坟。这两项举措让村民心服口服，挑不出毛病，纷纷照做不误，择日迁坟。正当牛扎根为迁坟能顺利进行而松了一口气的时候，让他意想不到的事发生了，他家的迁坟又遇到了本家兄弟的阻挠。

和牛扎根同一个祖爷的有6个本家，4家同意迁坟，2家坚决不同意迁坟。牛扎根不停地做亲戚的工作，叫大爷也不管用，只差磕头了，但本家还是以不吉利为由，不同意迁坟，甚至搬到坟地住着不让迁坟。拆旧房已耽误了两年，迁坟再不能耽搁了！牛扎根心急如焚，不得已使用了调虎离山计把守坟的本家调开，趁机将祖爷的坟迅速迁出。为此，本家人一直找牛扎根闹事，要求给个说法。最后，牛扎根做出保证，若谁家三年内因气运改动而出了意外，他牛扎根负责到底。

每每回想起这段经历，牛扎根都有一种撕裂的痛苦和深深的无奈。面对本家的不理解，牛扎根说："你们再怎么埋怨我，该给你们的我不会克扣，该遵守的规则必须遵守。你们找我帮忙，我也不会推辞，在我的心中，你们永远是我的亲人"。这一刻，我读懂了牛扎根的痛苦。作为牛家的一分子，在本家兄弟遇到困难时，他愿意尽己所能倾力相助；但牛扎根不仅是牛家的兄弟，他更是关家村的带头人，他要带领大家前进，必须有一颗公心，做事必须一碗水端平。正人先正己，任何时候，任何事情，牛扎根都不会容忍任何人破坏村里定下的规矩，哪怕是自己的亲人。牛扎根多么希望他的亲人能够理解他的苦衷，模范支持他带头做出的决定啊！这样，他才没有后顾之忧，才会有底气要求别人，才会集中精力谋发展，带领大家不断前进！

二、建起新村

通过种种努力，终于完成了拆旧村和迁坟两项基础性工作，新村终于可以开始建设了！2007年3月27日，关家村举行了新村建设开工奠基仪式,牛扎根兴奋不已,多年的梦想就要成真了!

接下来的日子,牛扎根聘请专家,带领大家夜以继日地填沟护岸、挖河改道、拆旧建新。关家村处处响起机器的轰鸣声,路上运输车不断地运输着各种建设物资,工人们不舍昼夜地加班加点,村民一天天看着路平了,挖下去的坑里铺上砖、管道,盖上了钢筋水泥,垒起了墙,盖上了顶,成了一幢幢连体小洋楼和一间间新楼房,小洋楼前还带着院子,可以种菜种花,新楼房前有绿化,村民看在眼里,乐在心上,一有空就去房前转一圈儿,看着看着,新房盖好了!又过了一段时间,村委办公楼等配套设施也相继建成了!拆了旧房的关家村村民经过三年的努力,挖土方1060592立方米,用资1590.888万元;挖山石579332立方米,用资1158.664万元;修河道2000米,投资460万元;迁坟181座,支款44.55万元;共投资1.7亿元,建成了欧式别墅136栋、标准化村民新居95套、村委办公楼、寄宿制振兴小学、卫生所、商业集贸市场、文化广场、青少年活动中心和敬老院等。村内柏油马路四通八达,园内花池、菜地家家有,门前红灯笼高高挂,实现了"三化"(道路硬化、院内绿化、村中亮化);水、电、暖、燃气全部入户,实现了"四供三通"(即统一供热、统一供气、统一供水、统一供电,通网络宽带、通数字电视、通程控电话)。基础设施完成后,村里又对新房内部进行了基础装修,盼着盼着,关家村村民搬新房的日子来到了!

三、搬进新家——振兴村

2008年10月18日,全体关家村村民喜迁新居!祖祖辈辈在山沟里住的村民按出资不同,分别选上了小洋房或单元楼房,过上了像城里人一样冬天有暖气、做饭用燃气的好日子。让村民偷着乐的是他们住的小洋楼比城里人住的楼房还要大、还要好。小洋房分为上下两层,共200多平方米,楼前还有几十平方米的小院,可以种菜养花晒太阳。小院外部统一安装院门,楼上统一安装栏杆。单元楼的住户出资少,面积不小,楼前还有绿化地,这也是他们以前想都不敢想的!没有振兴煤业的支持,新房梦这么快是实现不了的!敲锣打鼓声中,牛扎根宣布,关家村改名为振兴村,与振兴集团同名。牛扎根介绍说,关家村改名为振兴村,不光为感谢振兴煤业对关家村建新居的支持,还希望喜迁新居的关家村有新气象,通过与振兴集团村企共建共享，实现振翅高飞、兴旺发达！至此，关家村有了一个响亮的名字——振兴村。

搬进新家的振兴村村民脸上挂着发自内心的笑。他们在牛扎根书记的带领下，过上了比城里人还好的日子。"不见砖，不见梁，真皮沙发弹簧床，做饭不烧煤，解手不出房"，"住房装修像宾馆，三人两个卫生间，一家两台大彩电，家中有了电影院"。这些在以前想都不敢想的生活场景，成了当地村民生活的真实写照。关家村实现了整体搬迁，牛扎根的新村梦终于实现了！搬进新家的振兴村村民对牛扎根的感激溢于言表，牛书记也叫得更甜了！2008年，喜迁新居的振兴村村民干劲儿更大了，因为牛扎根书记说，搬新家只是好日子的开始，以后的日子那是狮子滚绣球——好的在后头！牛扎根的话音未落，席卷全球的金融危机来了。

第七章
并村建区　兴业富民

2008年，振兴村村民搬入新居以后，作为振兴村的党支部书记，牛扎根一直在思考搬进新居的振兴村村民怎么才能安居乐业呢？靠煤？经过煤炭价格的暴涨暴跌，牛扎根意识到光依靠煤炭产业发展风险大，必须和国家正在推动的新农村建设、小城镇建设结合起来，靠建设带发展。在长期的农村工作中，牛扎根认识到：要解决农民问题，就要从消化本村富余劳动力入手；要解决农村问题，就要把"三农"发展与小城镇建设结合起来，依据本村发展的特点，创建具有乡村特色的生态型、文化型农村经济发展综合体；要解决农业问题，就要改变一家一户零散、落后的耕作方式，大力发展现代农业。在这种意识带动下，他走出了"以企带村、合作共赢"的路子。

2008年，发端于美国的金融危机的影响逐步蔓延至我国，山西的煤炭行业又一次陷入低谷。2008年9月，山西省出台了《关于加快推进煤矿企业兼并重组的实施意见》，以壮士断腕的决心狠抓煤炭重组，目的是提高煤炭产业的生产力水平和可持续发展能力，以消除金融危机带来的负面影响。在环保和提质的双重压力下，振兴煤业通过增加净化设备、提高煤炭生产力而浴火重生。重组后的振兴煤业实现了企业素质、核心竞争力、安全保障水平和环境保护的很大飞跃。在这场大进小退、优进劣退的改革中，当许多企业开始把资金全投向阳光产业——农业，特别是投到新农村建设上时，振兴煤业已完成了以企带村和兴企建村，企业帮村民建新居，用置换出的土地谋发展。搬进新家的村民光有新房子住是不行的，他们的生活、就业、上学、医疗、社保、养老等都得解决，村民才住得踏实，盖新房的好事才算真正做好。接下来，搬进新房的村民怎么安居乐业、生活便利成了急需解决的问题。

一、并村建区新发展

2009年，中共长治县委提出以企业优势带动新农村建设、以"中心村"示范区推动城乡一体化进程的发展思路，将振兴村与邻近的郜则掌村、向阳村三个村党支部组建为一个党总支，由牛扎根担任整合后的振兴村党总支书记、振兴集团董事长。振兴集团带领三个村的村民致富，长治县委提供配套政策支持。三个村整合初期，有些振兴村村民想不通，主要担心两个贫困村"拖后腿"。"刚搬新家，好日子还没过几天就背上两个贫困村，那日子还能再好吗？"有的村民抱怨。面对群众的质疑，村党总支一班人挨家挨户、苦口婆心地做工作，打感情牌，讲未来路："郜则掌村、向阳村与咱村人过去都住在相邻的山沟里，低头不见抬头见，不是亲戚也是朋友，咱们一村富，能富得安心吗？""从眼前看，咱们需要帮扶他们一把；从长远看，整合后三个村的土地连成一片，咱们的产业才有更大的发展空间，才能做大做强。"通过做思想工作，振兴村村民再也不把另外两个村看作包袱，有了先富帮后富，共走幸福路的认识和觉悟，因为他们知道，抱团发展，整体规划，才有更好的未来！

三村合并后的党总支带领三个村的党员、干部、群众开始了新的创业征程。三个村开启了统一管理、统一规划的新模式。牛扎根既是合并后三个村的党总支书记，又是振兴集团的董事长，便于协调处理企业和三个村的工作。

为了消解金融危机对我国经济的影响，我国把"出口向外市场"转向"下沉激活农村市场"。2010年，国家确定山西为建设资源型经济转型综合配套改革试验区，山西把党中央的支持既看作红利更看作动力，将任务分解、分工，细化形成234项推进举措。长治市成功地被列入全国首批产业转型升级示范区，振兴村牛扎根以企带村的做法受到长治县、长治市的重视，获得了长治各级党政的进一步支持。2010年7月6日，长治县城乡统筹振兴试验区成立，简称振兴新区。成为山西省唯一的城乡统筹试验区后，振兴新区下辖振兴村、向阳村、郜则掌村，牛扎根任振兴新区党委书记。

长治县振兴新区是按照长治县委、县政府以企业优势带动新农村建设、以"中心村"示范区推动城乡一体化进程的发展思路建立起来的新型城镇化农村社区。振兴新区辖拥有7个子公司的集团化企业——振兴煤业集团，拥有以煤为基的原煤、洗煤、运输、建材产业链一条和以商贸、农业、旅游为一体的非煤产业链一条，以及三个行政村（振兴村、向阳村、郜则掌村）。总面积6.6平方千米，总人口5600人。区党委下属一个党总支、七个直属支部，共有党员135名。

振兴新区成立时，就在长治县委、县政府的领导下，坚持以科学发展观为统领，以解决"三农"问题为着眼点和落脚点，按照"兴企建村、兴业富民"的发展思路设计，在城镇规划、产业布局、基础设施建设、公共服务体系构建等方面，按照城市的一个区进行了机构配置：内设立领导机构——中共长治县城乡统筹振兴试验区委员会、振兴新区管理委员会，有16个全额事业编制、30个自收自支编制；基础设施配有水电暖气供应，建有供热站、燃气站等；公共服务体系配套了学校、卫生院、派出所、劳保所、国土所、财政所六个单位，均为事业编制；专门的服务机构有长治县振兴农业服务中心和长治县振兴接待服务中心，隶属振兴新区管辖，内设机构为党政综合办公室、城乡统筹项目研究办公室、经济发展战略研究办公室、文化产业旅游开发办公室。

振兴新区成立后，从机构设置上满足了新区居民的日常生活需求，给新搬家的村民提供了更便利的生活。搬进新家的村民安居了，能乐业吗？

二、多措并举促就业

2010年的山西，转型是关键词。向哪里转？按照中央确定的发展方向，结合山西的实际，形成的共识是：煤企提质增效，转黑色为绿色，转"一煤独大"为多点支撑，大力发展旅游、有机农业，做大文化产业。按照这一思路，振兴新区开始探索转型发展、城乡融合发展之路，选择了旅游业和生态农业作为发展方向。方向明确后，振兴新区开始了一系列紧锣密鼓的摸索、试验，在这些摸索试验中，促进村民就业、保护生态、挖掘文化、保障民生是重点。

1. 发展煤炭产业促就业

振兴新区以振兴集团为主要经济体，振兴集团下属的企业主营煤炭业务，涉及原煤、洗煤、运输、建材的4家子公司，成为搬入新居的振兴村民主要的就业优选。多年来，振兴集团持之以恒付出，先后出资3.6亿元用于区内建设、新农业改造、新农民教育，"以企带村"取得了显著成绩。在振兴村，土地流转后的农民被安排在区内企业上班，成为名副其实的产业工人。除此之外，振兴村一些村民在煤矿改制时成为股东，还有一部分股份收入。

2. 发展生态农业促就业

2010年底，振兴新区三村专门注册成立了山西上党振兴现代农业有限公司，组建了长治县振兴鑫源有机农业专业合作社，以每亩土地每年1000元的价格从农民手中流转土地6331亩进行统一规划、分片承包。流转来的土地按照农业观光、农事体验、蔬果采摘、农艺博览等功能分区建设，建成特色化农庄6处、规模化种植基地3处、农艺博览园3处，中药材种植、核桃经济林、油葵种植初具规模；绿化荒山3000亩，植树335万株；采用"公司＋农户＋农庄"的形式，对流转来的土地统一规划、分片承包、自主经营。流转土地的农民，加入合作社，优先就地就近就业。生态农业的发展，不仅提升了农产品的品质，而且还为农民提供了就业机会，增加了农民的收入，推动了旅游业的发展，调动了农民的参与性、积极性。接着，振兴新区又启动了生态高效农业开发项目，兴建"千亩干果经济林""千亩道地药材""千亩小杂粮""千亩花卉培养""千亩有机蔬菜"等。在此基础上，开发农业观光、采摘、试验、培训等一系列文化旅游项目。很快，总投资4100万元的振兴现代农业示范园和农产品深加工项目投产。几年来，振兴集团按照"村企共建、兴业富民"的发展思路，先后解决辖区内及周边村剩余劳动力3000余人就业。

3. 新农村建设促就业

村民搬入新居后，振兴新区持续推进新农村建设，先从绿化做起。从20世纪80年代起就有植树造林的传统，村民搬入新家后，还推动实施了"山坡披绿、身边增绿、庭院披绿"三大绿化工程。2019年，全村绿化覆盖率达到72%，人均绿化面积35平方米，绿化总投资达到6500万元，展现出一幅"村庄处处披绿色，极目之处满眼春"的生态画卷。这些绿化工程，也给搬了新家的振兴村村民提供了就业机会。不仅如此，2008年10月竣工的供热站、燃气站工程也吸纳了另一部分村民就业。2009年4月，振兴文化体育活动中心、休闲山庄、振兴会堂等相继开工，村民又有了就业机会。此外，还建设了污水处理场和垃圾处理站，实现了"四供三通"，即统一供热、统一供气、统一供水、统一供电，通网络宽带、通数字电视、通程控电话。为了丰富大家的生活，完善了老年活动中心、便民超市、卫生院、商业集贸市场、计生室、文化广场等公共服务设施，这些机构，都在符合标准的前提下，优先录用振兴新区的群众。

振兴新区在群众生活水平"上楼"的同时，还多措并举地让群众的思想"上楼"。牛扎根经常对新区群众强调：不能忘本、不能忘根。在文化设施建设与恢复方面，坚持保护与恢复并举，将一些相对完整的古建院落保存下来，并对一些重要历史遗迹进行了恢复重建。旧址重建融佛儒道三教合一的槐荫寺1座，在振兴村保存古院落9处，新建具有北方民居特色的茅草屋3处，新建极富古典风格的农民艺术馆和工人文化宫2处，还将古院落和新民居开发为民俗酒店，在传承中拓展其价值。新建以二十四孝故事为主题的孝廉公园一处；先后投资2750万元，建起可容纳1500人、占地5000平方米的振兴会堂，在村中建起了矗立着毛泽东铜像的红色文化广场；还建起文体活动中心、群众文化阵地，设立了文化广播站、电视转播台、监控录像台、图书阅览室、健身房等设施，这些活动中，振兴新区的群众也有优先就业权。

4. 完善新区职能促就业

完善社会保障，提高人的生活质量，是新型城镇化的出发点和落脚点。为彻底解决农民群众和企业职工的后顾之忧，振兴新区以寻找民生需求最迫切的文化、教育、医疗、社保等为切入点，下大力气建设、完善、整合了公共服务设施。逐步健全了派出所、计生服务站、劳动保障所、社区卫生院、学校等社会管理服务机构，只要村民够条件，就优先录用。

5. 乡村旅游促就业

旅游业是山西转型发展的一个方向，振兴新区所在的大雄山下，农耕条件很差，但旅游、健身、度假的条件很好。振兴村有煤炭资源，靠卖煤炭一步步发展到振兴新区，20世纪八九十年代就有较好的福利，但随着我国经济发展方式的转变，对生态保护的要求越来越高，山西作为资源型省份，开始摸索转型发展之路，振兴新区更是作为山西省城乡融合发展试验区进行了先闯先试。在分析了各级政策和自身优势后，振兴新区把旅游作为一个转型发展方向。主要基于以下五点优势：第一，有山有水，气候宜人，夏天是避暑的好地方——凉快；第二，历史悠久，文化丰富，村民从小就耳濡目染——能做；第三，企业转型，提质增效，多点发展能化解危机——可靠；第四，旅游搭台，文化唱戏，能拓展村民就业途径——可行；第五，发展旅游，增加培训，能提升村民多项素质——很好！

认准发展旅游业以后，振兴集团就开始在旅游设施上加大投资。先从玩儿入手，为了吸引游客来振兴新区，在新区建起了秋千园、拓展训练基地、赛马场等游乐设施；再从吃考虑，建起了农家乐、民俗酒店、民俗养生会所等食宿场所。怎么才能吸引到更大范围的游客？振兴村深挖山区特色、文化特色、餐饮特色、乡土特色、科技特色、红色资源，打造品牌，吃、住、行、游、购、娱的旅游产业链条已初步形成。通过这些旅游设施建设，吸引游人来振兴新区参加乡村旅游，增加乡村体验，也给振兴新区的群众增加了就业机会。

"农家乐"，向游客推出了农家菜、农家屋，体验农事活动等旅游项目，现在振兴村已陆续建起 70 余户农家乐及可容纳 500 人就餐的生态酒店 1 家。所有餐饮住宿全部以绿色原生态的菜品制作为主，有效吸引了周边旅客，已成为振兴村的一大主导产业。上党印象体验区由商业名吃步行街、非物质文化遗产体验街、农耕文化民俗村三部分组成，这条街上设置了许多摊位，提供了许多就业岗位。

总之，2008 年 10 月搬进新家后，振兴村村民最开始依靠在原来的振兴煤业就业获得工资或股份收入；或在各项基础设施、项目建设中获得就业机会；振兴新区成立后，还可以在新区的职能部门获得正式或临时的就业机会；在山西上党振兴现代农业有限公司成立后，又可以在公司就业；还可以在推进新农村建设的各项建设项目或建成后的场馆、新增的岗位上就业；还可以在旅游业的某个环节寻找到就业机会，可以开农家乐或旅店，也可以在上党一条街上发挥特长，还有各种馆的管理员，甚至可以做电瓶车司机接送游客，或给游客做导游，等等，这么多岗位，只要愿意干，总能就业！

三、三产融合助转型

搬入新家的振兴村村民的就业是伴随着振兴村的转型发展一步步实现、一步步拓展的。煤矿是振兴村的基础产业，也是振兴新区的核心产业，随着几次煤价大涨大跌，牛扎根清醒地认识到，振兴村的未来光靠煤炭产业靠不住。加上国家近年对环保要求的不断提升，牛扎根一方面做好节能减排，提高煤矿技术含量，延长煤炭产业链；另一方面未雨绸缪，积极推动振兴新区旅游业的发展。

牛扎根曾说："生态绿化、文化旅游是前人栽树后人乘凉的惠民工程，应当紧紧抓住国家文化大发展大繁荣的战略机遇，把发展旅游产业和推动文化产业大繁荣紧紧结合起来，把经济意识、生态意识、社会意识紧紧结合起来，充分利用我们的自然环境把振兴村发展成为休闲度假的旅游胜地。"振兴新区成立后，牛扎根感到肩上的担子更重了！他要为振兴新区的群众谋更多的发展机会、更高的发展水平，还要对得起市、县领导的重托和信任。他要创出一条转型发展、城乡融合之路！牛扎根是个认准就干的人，确定发展旅游业后，从2010年开始，牛扎根开始往返于北京、太原、长治市、长治县相关部门，跑规划，做计划，学经验，看样板，忙得不亦乐乎。

2012年4月9日，振兴新区和长治有关部门共同规划的"大雄山国家生态文化旅游度假区振兴起步区"文化旅游产业项目奠基，成为长治市县两级的重点工程。该项目规划面积10.17平方千米，投资预估为16.63亿元，以振兴集团投资为主，是大雄山国家生态文化旅游度假空间布局的重要门户。整个大雄山国家生态文化旅游度假区建成后，将成为国内著名的山地度假基地和生态文化旅游度假示范区。振兴村瞄准打造北方最具特色乡村旅游度假胜地的目标，开始规划建设三大旅游板块，分别是振兴雄山欢乐谷、振兴民俗文化村、振兴农业博览园。三大板块兼顾了老年人和年轻人、传统与现代、文化与科技。同时，振兴村在乡村旅游发展中，始终坚持把农业作为基础，把农村作为平台，把农民作为主体，服务"三农"，融合"三产"，有效推动美丽乡村建设，催生了休闲经济发展。

规划完成后，就开始了紧锣密鼓的建设：核心景区的秋千园、拓展训练基地、跑马场、民俗酒店全部由企业开始投资建设。同时，容纳160余家商户的商贸一条街和商品住宅楼已拔地而起，总投资达到4.5亿元。2010年12月，鑫源农产品专业合作社成立，村民纷纷入股，旅游业有了农业景观，餐饮业有了有机蔬菜，村民有了就业机会；2011年8月，红色广场开工；11月，孝廉公园、振兴坛、文昌阁相继竣工。为了吸引游人来振兴新区，振兴新区依托传统文化，于2012年3月举行了首届百姓根祖文化旅游节，此后每年一次，旅游节吸引了大量游人，带动了节日消费，提升了振兴新区的知名度。振兴新区乡村旅游的发展，集聚了大量人流、信息流和资金流,使更多城市人开始关注乡村。借助这个平台,振兴新区积极推进农产品加工制造业和小景点、酒庄、城镇住宅的开发建设。2013年7月,向阳新村正式动工,村民于2016年整体搬迁入住新村。

为确保乡村旅游的乡村特色,丰富吃、住、行、游、购、娱的旅游产品体验,近年来,牛扎根鼓励村干部一起多出去考察学习,大力资助村民建起了农家乐,向游客推出了农家菜、农家屋,体验农事活动等旅游项目,2014年,振兴新区已陆续建起70余户农家乐,可容纳500人就餐的生态酒店1家。所有餐饮住宿全部以绿色原生态的菜品制作为主,有效吸引了周边旅客,已成为振兴村的一大主导产业。同时,牛扎根还积极与市、县等相关部门沟通,开通了通往振兴村的公交车和旅游直通车,建起了物流中心和快递服务站。

在转型发展、项目推进过程中,山西上党振兴集团功不可没。山西上党振兴集团成立于2012年,总资产30亿元,年工农业总产值达到6亿元,职工2000人,2019年人均收入56900元。集团下辖振兴煤业、振兴农业、振兴文旅、振兴人才学院、振兴鑫源商贸、振兴鑫源合作社六个子公司,流转四个村土地,土地面积22478亩。是一家集工业农业、文化旅游、教育培训、健康养老、商贸物流、农产品加工包装、村镇建设开发为一体的多元化集团公司。

近年来,振兴集团以企带村、以工带农、以商带户,"三带"并举抓产业,充分依托资源优势,大力发展当地振兴村绿色城镇化和美丽乡村建设,取得了显著成效。振兴集团在发展经济的同时,不忘社会担当与责任,始终把民生工作放在首位,在"三农"和乡村旅游方面投资8.5亿元,先后为三村

群众建成了别墅式民居近569套、寄宿制学校、幼儿园、卫生院、养老院、商业集贸市场、便民超市、文体活动中心等公共设施。村内配套供热、供气、供水、供电、网络宽带、数字电视、程控电话、太阳能发电、污水处理、垃圾转运等基础配套设施。实现了环境生态化、农村城市化、生活保障化、服务功能化、就业均等化的"五化"建设。

为了更好地促进乡村振兴建设,增加农民幸福指数,更好地体现企村共建的特色优势,振兴集团还大力开展了护绿与植绿工程,先后对村内主干道路、大街小巷全面绿化,并规划建设了经济林、药材、小杂粮、花卉、蔬菜等"五个千亩"种植基地。村里及周边绿化总面积达到3000余

亩。目前，全村绿化覆盖率达到65%，人均绿化面积35平方米，绿化总投资达到6500万元。由山西上党振兴集团带动的振兴村先后获得全国文明村镇、国家AAAA级景区、中国十佳小康村、中国美丽休闲乡村、全国乡村振兴示范村、全国乡村旅游重点村、第三批全国"扫黄打非"进基层示范点、全国农村创新创业孵化实训基地、全国乡村治理示范村、国家森林乡村、山西省AAA级乡村旅游示范村、山西省文旅产业融合示范区等荣誉称号。

此外，振兴集团还积极做慈善。多年来，山西上党振兴集团社会救助、扶贫济困等各项公益事业捐款总额达到6000万元，发展农业、旅游业等经济产业，解决周边村内剩余劳动力3000余人就业，走出了一条生产生活生态"三生同步"，一、二、三产业"三产融合"，农业文化旅游"三位一体"的新路子。先后获得山西省农业产业化龙头企业、省级优秀企业、省级农业示范园、全国双爱双评先进企业、全国绿色农业特产示范基地、国家五星级企业园区、国家级示范合作社的称号。

2018年，振兴村年接待游客40余万人，旅游综合收入达到2000余万元。经过几年的建设发展，振兴村已形成了"春到振兴，山清水秀鸟语花香；夏至振兴，清风送爽避暑山庄；秋到振兴，硕果累累五谷飘香；冬至振兴，雪山美景温泉疗养"的生态景致。

振兴村的发展并不是一帆风顺的，在一次次危机来临时，总有人挺身而出带领大家化危为机。2008年以来，煤炭市场下行，村民的福利和学校教育经费的运转受到影响，乡村文化旅游建设进展减缓。面对危机，牛扎根四处筹款、借款，还做出了"三个按时"的承诺：按时缴纳税款、按时发放工资、按时发送福利。"三个按时"，让村民吃了定心丸，让领导对牛扎根更加刮目相看。在建设资金最紧张的2013年，牛扎根能借的已借遍，能筹的已筹完，为了不影响工程进度，他二话不说，又一次将自己所有的财产拿去银行抵押贷款，换回了建设资金，保证了村民的福利，为村庄正常的运转和旅游发展建设赢得了宝贵的时间。2014年，多年劳累的牛扎根身体频频发出警告，不得不住院手术。村民看在眼里，疼在心里。他们知道，牛书记是为他们谋发展操碎了心，累的。

面对越来越大的项目和群众越来越高的期待，如何凝心聚力实现目标呢？

第八章
创新党建　引领发展

在振兴村的发展道路上,起到引领作用的是党建。不论是早期的发展副业,还是煤矿的两次改制,乃至近年的绿色转型,党的引领始终伴随着这种大发展和大变革,指引着发展的方向,又在优秀党支部书记牛扎根的带领下,通过振兴村村民的实践,一次次让振兴村转危为机,发展壮大。现在的振兴村,党建做得有声有色,既有扎实的日常工作,又有与时俱进的时政学习,还有最先进的智慧党建,硬件方面建成了初心园,软件方面形成了一系列制度,开展了一系列活动。振兴村的党建紧跟中央要求,立意高远;紧密结合自身的实际,不断创新工作方式方法,敢于直面自身的问题,积极回应群众的关切,把想法、做法、要求转化成通俗易懂的语言或可操作的制度,形成了生机勃勃、有声有色的党建文化,锻炼了一支坚强有力的党员干部队伍,形成了干事创业的氛围,在工作、生活中起到很好的引领作用,受到村民的赞扬和欢迎。

一、明确了党建的追求

振兴党建的根本遵循是:"坚定信念,改革开放,奋斗精神,制度管党,集体力量,联系群众,奋发图强,创造服务,百姓参与,转换能量,传承文化,保护生态,贡献国家,倡导文明,形成资本,回报社会,美好生活,共享成果。"

振兴党组织把党员做事的根本遵循提炼成上面18个词,并结合振兴实际对词的含义进行阐释,便于党员干部学习、运用。比如,坚定信念:

就是要坚定为人民服务、全村走共同富裕之路的信念；改革开放：在解决温饱、奔小康方面大胆改革开放，先行先试，敢闯敢干，把企业搞起来，把老百姓的新房子建起来，把社会主义新农村建设好，等等。

振兴党建的思想追求体现在以下两点。

1. 党群共建、党建引领、群团共建、融合发展

党群共建就是通过党建引领、群团共建，实现融合发展。党建引领就是发挥党组织的引领作用，一名党员一面旗帜，一个支部一座堡垒，始终树立积极进取的理念、葆有乐观向上的精神、形成你追我赶的氛围，学在前、干在前、冲锋在前。群团共建就是充分发挥群团力量，一心一意服务群众，转变观念、转变作风、转变行动，实行开门服务、上门服务、跟踪服务，真正做到全心全意为人民服务，由执行任务的管理员转变为主动满足群众需求的服务员。融合发展：强党建、促融合、谋发展，实施"党建+"模式，提升党群融合黏度，强化党群融合力度，推进党群融合深度，手挽手、心连心，打造党建引领乡村振兴的振兴模式。

2. 为百姓建设物质家园、精神家园、幸福家园奋斗终身

物质家园就是在方圆6.6平方千米的土地上，依托振兴集团，以企带村，村企共建，探索出一条"就地进城、就地就业、就地入学、就地就医、就地养老"的"五个就地"城镇化的乡村振兴发展模式。实现资源变资产、农民变股民、乡村变都市。

精神家园就是以文为魂谋振兴，传承革命"红"色文化，继承中华优秀"古"色文化，丰富群众"绿"色文化，将振兴村打造成为全国乡村振兴的文明村镇、文化高地、精神家园。

幸福家园就是巩固现有成果，走好"环境生态化、农村城市化、生活保障化、服务功能化、就业均等化"的"五化"路子，推动美丽乡村建设，催生休闲经济发展，打造宜居、宜业、宜游、宜学、宜养的康养避暑胜地，以时不我待的紧迫感、舍我其谁的使命感和责无旁贷的责任感，学名村、赶强村，向共产主义小区目标迈进。

二、建起了两个活动场所

1. 初心园

2019 年,振兴村初心园建成揭幕,正式开放。初心园位于振兴村的主干道中间,总面积 5000 平方米,总投资 1500 万元。由三部分组成:第一部分是党群生活馆、家风家训馆、百家姓馆和中国村志馆;第二部分是展览馆和村史馆;第三部分是便民服务中心、新时代文明实践所和村级活动场所。在初心园,可以学习党史村史、家风家训;也可以休闲娱乐,健体强身;还可以一站式办理公私事务,大事小情。

第一部分是党群生活馆。党群生活馆总面积 700 平方米,分为历次党代会、习近平总书记点赞的优秀党员、振兴党建、5G 智慧党建、党员活动室五部分。以"重温红色历史,传承红色基因"为主题,全面阐述了中国共产党走过的 90 多年的奋斗历程,深刻地揭示了一个政党的前途命运最终取决于人心向背。一个把人民利益书写于党章、宣示于誓词、贯穿于行动的政党,必然能赢得人民支持,拥有最强大的生命力。

第二部分是展览馆和村史馆。振兴展览馆分为前言,村史沿革大事记,格言,历届村干部政绩、历任矿长副矿长简介,在外工作人员简介,60 岁以上老人名单,革命烈士、已故军人和已故村干部小传,集体荣誉,媒体评论,勉励与关怀,共十个单元。

第三部分是便民服务中心、新时代文明实践所和村级活动场所。村级活动场所包括党支部办公室、村委会办公室、便民服务中心、综治中心、党员活动室、新时代文明实践所、老年人日间照料中心、党员远程教育中心、信访接待、心理咨询、民兵连、图书阅览室、妇联、工会、退役军人接待室、环卫办、精准扶贫办、农村经济联合社。

2. 人才学院

太行乡村振兴人才学院是由长治市委人才领导组批准,在长治市委组织部的大力支持下和上党区委、区政府坚强领导下成立的,位于山西长治市上党区振兴小镇,总投资 6000 余万元,总建筑面积为 2 万平方米,可容纳 1000 人同时就餐、住宿、授课,包括教学楼、图书室、健身房和娱乐室等,60~80 人多媒体教室 4 个,百人阶梯教室 1 个,360 人报告厅 1 个,260 人多功能厅 1 个,学员讨论室 8 个,小型会议室 5 个,致力于打造集乡村振兴理论研究、实践研学及人才培养三位一体的华北一流人才学院。太行乡村振兴人才学院是以"三农"发展为目标的，创新农村改革发展理论，为乡村振兴培养高素质人才，为"三农"问题决策提供基层实践经验，为专业人才培养提供良好平台。在这里，经常有各种培训、讲座，振兴村村民均可以参加、旁听，党员干部除了可以自由选择旁听学习外，还要求完成规定的学习任务。

三、形成了几项工作制度

1. 明确党委抓大事、支部办实事、党员做好事的要求

党委抓大事，就是在"决策"上出实招。按照党委班子成员分工，认真落实党委委员包村、包企业；支部委员包组、包项目；党员代表包户、包部门的党建工作机制。协同作战，久久为功。念好"六字诀"："严"字当头，作风建设是永恒课题；"学"字为先，勤奋学习是成事之基；"干"字为重，干事创业是人生追求；"廉"字为荣，清正为官是最高操守；"贤"字为尺，公道用人是重要职责；"实"字为要，取得实效是衡量标准。紧紧围绕加快建设乡村都市这篇大文章，一个调子喊到底，一张蓝图绘到底，把各方面的智慧和力量凝聚到谋发展、抓建设上来，坚持上下同心，坚持共建共享，汇成各项工作的大合唱。新建山西省一流的党建馆，争创全国优秀基层组织。

支部办实事，就是在"民生"上下功夫。各支部要紧紧围绕最能够发挥的优势，最需要补齐的短板，最应该突破的瓶颈，把区委、区政府部署要求与振兴的实际紧密结合起来，坚持系统谋划和精准发力，争取各项工作的主动权。要把人民放在心中最高位置，坚持全心全意为人民服务的根本宗旨，实现好、维护好、发展好最广大人民的根本利益，把人民拥护不拥护、赞成不赞成、高兴不高兴、答应不答应作为衡量一切工作得失的根本标准，带领人民群众创造幸福生活。

党员做好事，就是在"本色"上不动摇。一名党员就是一面旗帜，要积极开展"三亮"活动。一是党委领导要亮身份，做示范。把责任一级一级扛起来，把压力一层一层压下去，把农村的根扎得更深，把为民的事做得更细，把自己的责干得更实。二是两委干部要亮承诺，转作风。紧盯民

生要事，一步一个脚印，把会上定的、纸上写的落到实处，让领导放心，让群众满意。三是党员代表要亮行动，树形象。当好经济建设者，当好集体维护者，当好改革推动者。在困难面前不退缩，在问题面前不回避，在过错面前不推诿，在诱惑面前不动心，在利益面前不眼红，在成绩面前不自满。

2. 健全党建制度

（1）"三包四推五培"制度。三包：党委包村、包企业；支委包组、包项目；党员包户、包班组。四推：从优秀职工和群众中推选劳动模范；从劳动模范中推选党员；从党员中推选中层管理人员；从中层管理人员中推选决策层。五培：把员工和群众培养成劳动模范；把劳动模范培养成积极分子；把积极分子培养成党员；把党员培养成先锋；把党员中的先锋培养成管理人员。

为有效解决党员管理中存在的教育培训难、作用发挥难、管理监督难、组织生活难等"四难"现象，振兴村党委探索实施了"党支部＋分类小组＋对接群团＋联系家庭"模式，细化党员分类，推行党小组管理模式。将全区党员以支部为单位，分为老年党小组、青年党小组、妇女党小组，每季度开展一次活动。通过带农户，聚智慧；挖特色，创路径；推样板，传经验。对接了群团，联系了家庭，发挥了作用。这些探索有利于激发党员干部、群众的积极性、主动性、创造性、责任感、荣誉感以及争先创优的干劲，容易把工作做到实处，受到群众的欢迎。

（2）党员管理积分制。为贯彻落实"一切工作到支部"的宗旨，全面坚持"党要管党、从严治党，全面提升群众组织力"的工作理念，进一步加强党员的教育管理，建立健全党员党性定期分析制度，逐步形成科学完善的党员考核评价体系，振兴村党委全面推行了《振兴旅游区党员12分制管理实施办法》。积分制的实施，对党员干部起到了督促和激励作用，又让优秀等各类评比有据可依，形成了党员干部比贡献、创业绩的良好氛围。

（3）"六制一体"。村干部坐班制、村级例会制、例会排名制、末位约谈制、工作督查制、年终奖惩制，六种制度循序渐进、环环相扣、自成一体。村干部坐班制，能及时解决、处理相关事务，让群众找得到办事的人，能及时办理要办的事；村级例会制有利于对近期发生的事、需要安排的工作及时沟通、处理；末位约谈制、工作督查制、年终奖惩制则起到督促和激励作用，便于党员干部更好地履职，发挥模范带头作用。

（4）村级例会制度。为进一步加强村级组织建设，不断推进村级行为规范化、决策民主化、管理科学化，逐步提高村级组织的凝聚力、战斗力而制定的例会制度。时间为每月3日上午，参会对象为村两委全体干部，例会主要议程有4项：传达上级有关会议精神和工作部署，组织学习有关政策、法律、法规及上级有关文件精神，每位村干部汇报上月的工作情况（包括存在的问题和隐患，提出解决问题的想法和措施）和研究部署当前有关工作，把任务落实到人（其中土地确权、森林防火、一事一议、农业生产、安全信访稳定等重要工作每周必须研究布置）。例会要求所有村干部要积极主动参加会议，不得敷衍了事、马虎应对、流于形式；每位村干部在会前必须认真做好调查研究，掌握一手材料，认真做好会前各项准备工作，并提出有关建设性意见；较大事项、较大财务支出等影响较大的工作必须经过例会讨论通过后方可执行。为保证例会质量，还定出了例会纪律：要求按时参加会议，不得随意缺席，实行签到制度，无故不参加例会者按缺勤处理，每次扣20元。特殊情况需请假的，须经村支书或村主任批准，并报请驻村领导同意方可；年度内无故缺勤10次以上，视自动离职。例会制度列入年度考核主要内容，直接与所有村干部工资挂钩。这一制度有利于发挥群体决策的优势，避免独断专行。

（5）党委督查制。为进一步推动工作落实，提高工作质量和效益，确保各项制度的落实，振兴村党委还制定了详细的督察制度。对坐班情况、会议纪要、行为规范、各项规章制度贯彻执行的情况、工作完成情况进行督查，包括上级领导批示的落实情况及进度、上级各种会议要求落实的事项及工作进度、月工作计划的落实情况；还对领导安排的重要临时任务的完成情况、服务群众方面进行督查。

四、运用了几种学习方式

1. 规定了党员必读的十本书

党员必读的十本书是《共产党宣言》《毛泽东选集》《论共产党员的修养》《马列主义经典著作选编（党员干部读本）》《习近平的七年知青岁月》《世界社会主义五百年（党员干部读本）》《中国共产党的九十年》

《论党的群众工作——重要论述摘编》《中国工农红军长征简史》《信念与奋斗——建党百年的百位乡村人物》。

2. 制订学习计划，搭建学习平台

制订了一月一主题的学习计划，随着时政发展确定主题；为了实现振兴村党员的天天学习、时时学习、处处学习，振兴党群馆搭建了包含基层党建学习屏、党建学习电子宣传栏、基层党建大数据分析平台和现代远程教育终端接收站点的振兴新区数字党建学习平台，党员群众随时扫码，每天学习，定期检验学习成果；振兴村党员用户可以直接在触摸屏上阅读自己感兴趣的内容，也可以在触摸屏上找到自己所需的内容，通过扫描每一阅读学习内容对应的二维码，借阅至移动设备，随时随地，放心学习。同时，实现了触摸屏浏览和移动设备阅读的无缝对接。

3. 编写学习资料，成立"农民讲习所"

2017年10月18日，党的十九大召开之后，振兴新区党委在第一时间编写了习近平总书记365条金句，全体党员干部、全体村民人手一册，要求每天学习一条，做好记录和笔记，存好档案，用党的十九大精神武装头脑、指导实践、推动工作；确立了每年10月18日为乡村振兴日，每月18日为振兴学习日；2017年11月8日，振兴村"农民讲习所"正式开班，请省内外专家学者登台授课，提高党员干部乃至村民的文化、时政素养。

4. 请进来，走出去，多途径学习提高

以2018年、2019年为例，振兴村采取请进来、走出去的形式，多途径进行学习、提高。如：2018年10月18日，以"共谋乡村振兴，共铸美丽中国"为主题的首届"振兴日"——全国百佳名村走进振兴主题系列活动在全国文明村镇山西长治县振兴村拉开帷幕。来自国家、省、市、县领导以及全国各地百佳名村代表、首批"田园才子"代表和专家学者走进振兴村，围绕"共谋乡村振兴，共铸美丽中国"主题，畅谈合作发展大计。

2019年5月3—15日，振兴小镇"改革创新 奋发有为"党群考察学习团分两批赴陕西梁家河、延安革命纪念馆、杨家岭革命旧址、枣园革命旧址、宝塔山、袁家村、和平村、西北农林科技大学博览园学习考察。瞻仰革命旧址、追忆红色精神、考察民宿小吃、学习党建引领、交流档案管

理、探索产权改革、参观农艺博览。特别是在习近平总书记当年插队的梁家河，全体党员举行了重温入党誓词的仪式。

5. 定期开展党员干部培训，建"振兴红手册"

振兴村党委定期开展党员干部培训，并对全区流动党员进行了集中管理、集中学习，建立了流动党员学习群，定期推送学习内容，定期检查学习情况。此外，振兴村党委还以党章党规为基础，结合振兴党建工作实际，形成了独具特色的党建工作手册——"振兴红手册"，有新时代党员应知应会、便民服务手册等各种党员学习手册。

6. 加强作风建设，开展党风廉政建设活动

首先，创新工作作风，以党建促党风，以党风促民风，创新实施了"三亮三做"，具体内容是：包村领导要亮身份，做示范；两委干部要亮承诺，转作风；党员代表亮行动，树形象。通过"三亮三做"活动的开展，干群关系更加融洽，邻里关系更加和谐。2018年无一起上访事件，无一起刑事案件。如今的振兴村党建强了，民心顺了，风气正了，环境美了，游客多了，生活富了。

其次，创新了"严、学、干、廉、贤、实"振兴六字诀，具体内容如下："严"字当头，作风建设是永恒课题；"学"字为先，勤奋学习是成事之基；"干"字为重，干事创业是人生追求；"廉"字为荣，清正廉洁是最高操守；"贤"字为尺，公道用人是重要职责；"实"字为要，取得实效是衡量标准。

最后，推行了村干部履职行为规范"十八个不准"。具体内容是：不准不守规矩，阳奉阴违；不准以权谋私，阻挠重点工程；不准弄虚作假，糊弄群众；不准闹无原则矛盾，影响村里工作；不准推诿扯皮，不理村内事务；不准无故缺席会议，不参加上级培训；不准违规发展党员，借机扩大势力；不准大操大办，聚财敛财；不准收受索取财物，接受宴请娱乐；不准利用职权便利，谋取不正当利益；不准利用职权为个人和近亲属谋利；不准公款私存或挪用出借村集体资金；不准违规发放领取奖金补贴；不准参赌涉赌和参加封建迷信活动；不准参与越级上访或组织煽动群众集体上访；不准参与、纵容、支持黑恶势力活动；不准在村级组织选举中拉票贿选；不准妨害村民依法行使权力。"十八个不准"对党员干部提出了更细、更严的要求。

7. 振兴智慧党建

振兴旅游区党委紧跟时代步伐，积极推动智慧党建建设，实现5G党建全覆盖，2019年6月20日，智慧5G，云企未来——长治政企产品推介会如期召开。会上，长治市上党区振兴小镇与中国移动通信集团山西有限公司（山西移动）举行5G智慧小镇签约暨揭牌仪式，标志着振兴小镇将成为山西省首个5G联合创新实验室——5G智慧小镇。振兴智慧党建的新目标是：打造一中心一平台一品牌。一中心：基层党建工作指挥中心，一平台：基层党建云平台；一品牌：建设全国一流智慧党建品牌。振兴智慧党建新阵地包括五大板块：设置W支部、知天下、云课堂、便民宝、发布厅。振兴智慧党建新内容包括六个栏目：学习、新闻、政务、生产、生活、电商。振兴智慧党建大数据建立了三库五档，三库即党委、党支部、党小组数据库；五档即基层党员、两委干部、企业干部、机关干部、积极分子。

目前，振兴旅游区党委积极推进的"智慧党建"，已搭建好党建云平台，新建了党建电子宣传栏和基层党建学习室，用大数据记录每个党员的学习动态。突破了传统党建学习模式，提升了党建工作数字化、网络化、智能化水平，新引进的智慧党建学习系统——"党员云课堂"里面包含10大学习板块，每个板块里都有不同的学习专题，学习资源丰富，实时更新，可以让党员在第一时间接收到最新的党建内容，彻底打通了党员学习培训"最后一公里"。2020年6月23日，振兴村还与小岗村、花园村等十二个村召开了线上党建交流会，收到了良好的效果。

五、回应群众对美好生活的新期待

1. 更好的教育

发挥振兴村党支部牵头抓总的作用，用更多优惠政策和得力措施吸引名师到振兴村任教，让孩子们在家门口享受最优质教育；完善振兴村学校的硬件设施，用习近平新时代中国特色社会主义思想武装教师头脑，打造一支业务更精湛、管理更高效的师资队伍；申办一所"3+2"职业大专院校，让振兴村村民不出家门学到一技之长，打造上党地区餐饮业、旅游业、现代农业的最佳人才培养和输出基地，为广大农村培养更多职业农民、更多农业专业人才和新型农民人才。

2. 更稳定的工作

以山西上党振兴集团为统领，发挥企业党支部的政治引领、服务群众的作用，通过产业化、市场化、电子化、集约化运作，促进农业增产、农民增收、农村增富；充分发挥党员的先锋模范作用，通过开展"五比五看"活动，激发党员干部干事创业的内生动力，将文化旅游业淬炼为村民今后的主产业；打造田园综合体、特色小吃村，吸引更多游客前来观光旅游，让振兴村人过上更加体面的生活，过得更富有、更快乐、更有尊严。

3. 更可靠的社会保障

在保证国家对农民提供的各种生活保障、医疗保障、养老保障的基础上，振兴村党支部本着"共富为民、有难共担"的原则，推出福村宝，为全体村民大病医保救治提供更精准、更及时、更有效的保障；本着"服务社会、报效家乡"的理念，进一步完善社会救助、社会福利、慈善事业和优抚安置等工作，坚持每年妇女节、儿童节、教师节、重阳节为妇女、儿童、教师、老人过一个欢乐祥和的节日，营造关爱妇女儿童、尊师重教、敬老孝亲的浓厚氛围。

4. 更高水平的医疗卫生服务

由振兴村党支部负责，突出服务社会功能，推进医疗联合体建设，建立分级诊疗制度，推动形成基层首诊、双向转诊、急慢分治、上下联动的分级诊疗制度，有效地实现了优质资源下沉；组织基层医院业务培训，加强村民生活习惯的改善，提高村民健康意识、防病知识；完善村集体健康设施，为村民提供全方位、全周期的健康服务。

5. 更舒适的居住条件

推行"五级联包"制，组织群众、发动群众，创建更舒适的居住环境，完善三村暖气建设，保障水电暖正常供应，实现网络宽带、数字电视等全覆盖；便民超市、医院、会堂、广场、公园更加绿化、亮化、美化；建设更多生态公园和生态走廊，持续加大荒山绿化，力争实现森林覆盖率达到70%；新建一所覆盖陵川、壶关、高平的综合性商场，培育更多新产业、新服务、新商业模式；践行勤俭节约、绿色低碳的生活方式和消费方式，坚持节约优先、保护优先、自然恢复为主的开发原则，打造全国乡村旅游典范。

6. 更丰富的精神文化生活

充分发挥振兴村党支部的战斗堡垒作用，加强文化专业人才队伍建设，当好百姓丰富文化生活的引路人；打好节庆活动文化旅游品牌，定期组织群众文化活动，通过多样的活动方式，提高群众的参与度；打好红色文化底牌、金色文化硬牌、绿色文化亮牌，寓教于乐、寓教于节，通过文化活动开展、文化氛围创设、思想教育宣传，提升村民思想道德素质和文化教养，提高村民文明程度。

振兴村党委紧跟中央精神，密切联系自身实际，积极团结群众，制定多项制度，采用多种方法开展党建活动，创新工作方法，积极回应群众关切，扎实开展工作，践行一个党员一面旗，接地气，有朝气，有想法，有办法。但让群众信服的不是这些规章制度、方式方法，而是实际行动。振兴村党员干部积极为振兴村的发展殚精竭虑，勇于担当，吃苦在前，不谋私利，关心群众，让振兴村发生了翻天覆地的变化，让村民的生活越过越好，受到群众的普遍赞扬。

2018年成立振兴乡村生态文化旅游区后，牛扎根又开始谋划怎么带领大家前进了，这一回，又会是什么呢？

第九章

振兴小镇　度假胜地

2018年，振兴新区实现全面振兴，为了提质增效，向更高水平发展，振兴新区改名为振兴乡村生态文化旅游区。改旅游区后，旅游业务由山西马刨泉文化旅游开发有限公司负责管理，山西上党振兴集团主要是投资建设，强强联合，开始打造振兴小镇精品旅游景点。

一、打造乡村旅游度假胜地

1. 振兴小镇概况

振兴小镇景区总占地面积12.6平方千米，是一处集山水风光、休闲娱乐、民俗体验、农艺博览、旅游开发、农业观光、生态采摘、产品营销、会务策划、食品加工、餐饮宾馆、精品民宿、健康养生、旅游地产开发于一体的乡村旅游度假胜地。

2. 振兴小镇发展

2015年，走出金融危机后，振兴集团对旅游业的投入不断加大，推动振兴新区不断向旅游业转型，振兴小镇景区在振兴新区建设的基础上，不断提升，主要依托振兴村"全国文明村镇"品牌优势和大雄山良好的生态资源；专业旅游公司——马刨泉旅游公司的加入为振兴小镇注入了专业的管理体系、先进的经营理念、专业的营销队伍、规范的操作模式、敬业的导游人才、完善的基础配套，实现了文旅企业与煤矿企业的优势互补，在推出的旅游产品上，实现了文化内涵与经济产业相共生、自然风光与人文景观相映衬、三产发展与农业增收相融合。构建起"以生态培育为基础，以现代农业为主导，以休闲观光为主线，以避暑康养为特色"的田园型休闲度假旅游体系，健全了吃、住、行、游、购、娱的各类旅游业态。

3. 振兴小镇特色景点

振兴小镇的核心景区是振兴村，振兴村先后被评为全国文明村镇、中国美丽休闲乡村、全国美丽乡村示范村、全国一村一品示范村镇、中国全面小康十大示范村镇、中国十佳小康村镇、"一带一路"精品文旅特色小镇、中国美丽乡村建设示范村、中国乡村休闲旅游示范奖、中国生态文化村、中国最美休闲旅游度假目的地、全国乡村度假示范区、中国避暑小镇、中国生态休闲乡村旅游胜地、中国十大最美乡村等。

振兴小镇以振兴村为核心，在原有设施的基础上，创新实施"教育＋康养＋旅游"的总体发展思路，规划建设了振兴雄山欢乐谷、振兴民俗文化村、振兴农艺博览园三大旅游板块。建成了槐荫寺、工人文化宫、农民艺术馆、红色文化广场、孝廉公园、抗战主题广场、格桑花海、格桑寨、花间堂、拓展基地、鹊仙吊桥、山地秋千、生态游乐馆、恐龙馆、采摘园、跑马场、上党战役展览馆、上党印象步行街、振兴冰雪世界等二十余处各具特色的景观景点。同时，建起了容纳1000人就餐的大型生态酒店1家、容纳千人住宿的生态客栈1家、民俗酒店3家、学院公寓95间、人才公寓120间、花间堂别墅30套、农家乐72家。新建了14518平方米的大型生态停车场和日吞吐量可达3万人的高标准游客接待中心。同时，成功地举办了两届春节嘉年华、七届重阳文化旅游节和根祖文化旅游节等民俗节日活动，成功地打造出一个集吃、住、玩、游、购、娱为一体的功能完善、服务配套、特色明显的乡村旅游品牌。解决邻村群众3000余人就业，带动周边村经济收入达2500余万元，有效地推动了上党区全域旅游经济发展。

4. 振兴小镇发展目标

振兴小镇认真落实党的十九大提出的乡村振兴战略，紧紧围绕"绿水青山就是金山银山"的发展理念，严格落实国家AAAA级旅游景区标准，高质发展，规范运营，坚持以"绿"为先，以"文"为魂，以"旅"为径，进一步深挖文化旅游资源、提升品牌影响力、增强景区知名度、打造旅游新亮点、丰富旅游新业态、惠及周边老百姓。努力打造"万年老雄山、千年都城隍、百年红色村、十年振兴路"的旅游品牌，早日建成春来"山清水秀、鸟语花香"；夏来"清风凉爽、避暑山庄"；秋来"硕果累累、五谷飘香"；冬来"雪山美景、温泉疗养"的太行乡村旅游度假胜地。

5. 主要运行模式

山西上党振兴集团紧紧围绕"绿水青山就是金山银山"的发展理念，地下转地上，黑色变绿色，建设至今，已累计投入4.5亿元，初步建成了集"休闲旅游、商贸物流、现代农业"于一体的产业扎实、功能全面的旅游小镇。立足于"景中有镇、镇中有景、镇景合一"的规划建设方向，聚焦"乡村旅游、教育研学、避暑医养、休闲农业、民宿文化"五大功能要素，打造上党印象体验区、乡村振兴小城镇的"上党印象特色小镇"。上党印象体验区分为三部分：一是全国名吃名产品步行一条街；二是上党印象非物质文化遗产和传统工艺体验街；三是上党农耕文化民俗街。做足"教育+旅游+康养"三大产业板块，实现产业兴旺、生态宜居、乡风文明、治理有效、生活富裕的最终目标。

6. 特色产业发展

振兴小镇规划建设5大重点工程共28个项目，总投资9.609亿元。其中，现代农业产业推进工程投资1.039亿元，占10.81%；康养产业推进工程投资3.95亿元，占41.11%；文化旅游产业推进工程投资1.665亿元，占17.33%；人才教育产业推进工程投资2.8亿万元，占29.14%；基础设施提升工程投资1550万元，占1.61%。

7. 宜居宜游胜地

构建起"以生态培育为基础，以现代农业为主导，以休闲观光为主线，以避暑康养为特色"的特色小镇旅游体系，建成了槐荫寺、工人文化宫、农民艺术馆、红色文化广场、孝廉公园、抗战主题广场、上党战役展览馆、格桑花海、拓展基地、鹊仙吊桥、山地秋千、生态游乐馆、体验式采摘园、恐龙馆、跑马场、上党印象一条街、冰雪世界等二十余处各具特色的景观景点。同时，建起了民俗酒店、学院公寓、人才公寓、花间堂别墅、容纳1000人就餐的大型生态酒店、容纳千人住宿的生态客栈、同时可容纳2000人培训的人才学院、14518平方米的大型生态停车场和晋东南地区最大的游客集散中心。

8. 特色文化风貌

目前，共保护恢复古建院落 9 处，旧址重建融佛儒道三教合一的槐荫寺 1 座，新建具有北方民居特色的茅草屋 3 处，新建极富古典风格的振兴坛和振兴阁 2 处。并将古建院落和新建民居开发为民俗酒店；同时，对村内的 4 条街、9 条路分别以仁、义、礼、智、信、贤、德、文、明等传统文化精髓加崇字打头命名，新建以二十四孝故事为主题的孝廉公园一处，每年定期开展各类传承民俗文化和传统文化的特色活动。以"三色"文化影响教育村民：先后推出了以体验农耕文明、民俗特色为主的"古"色文化；以传承革命精神、先烈遗志为主的"红"色文化；以践行生态文明、环境保护为主的"绿"色文化。通过这些文化渗透与传播，不仅让村民始终牢记先辈勤劳俭朴、敬业持家、爱国爱党、奉献担当、科学发展的光荣传统，也使之成为振兴人永远向前的精神基因。

9. 体制机制创新

（1）旅农相融，提升农业品质。按照农业观光、农事体验、蔬果采摘、农艺博览等功能，采用"公司＋农业＋农户"的形式，已建设特色化农庄 6 处、规模化种植基地 3 处、农艺博览园 3 处，种植品种有金银花、油葵、油牡丹等产品，不仅丰富了种植内容，提升了农业品质，推动了旅游发展，而且充分调动了农民的参与性、积极性，拓宽了农民增收渠道，实现年综合收入 1000 万元。

（2）旅工结合，催热城乡建设。振兴小镇积极推进农产品加工制造业和小景点、酒庄、城镇住宅的开发建设。目前，农产品已涵盖三大门类十余个品种，年产值达到 2000 余万元。核心景区的秋千园、拓展训练基地、跑马场、民俗酒店、滑雪场全部由企业投资建设。同时，容纳 160 余家商户的商贸一条街和商品住宅楼已拔地而起，总投资达到 3.5 亿元。

（3）旅商互促，带动餐饮物流。振兴小镇推出了吃农家菜、住农家屋、购农产品、体验农事活动等旅游项目，鼓励农民建设农家乐 70 户、民俗酒店 6 处、民俗养生会所 9 处、容纳 500 人就餐的生态酒店 1 家。同时，在农产品加工上做文章，先后注册了振兴老陈醋、马刨泉矿泉水、劲雅保健酒、上党振兴村白酒商标，开通了市区至振兴村的公交车和旅游直通车，建起了物流中心和快递服务站。

二、推进小镇可持续发展

振兴小镇规划总投资 9.609 亿元，其中，政府投资 2.94 亿元，占总投资的 30.60%；社会投资 6.669 亿元，占总投资 69.40%。积极争取山西省和中央财政资金，加大市本级和县财政对振兴小镇的投入。

按照建设项目的公益性关联度划分为非经营性项目，如基础设施建设等；经营性市场化项目，如康养项目、休闲旅游项目等。资金筹措渠道包括申请中央财政投资、地方配套资金和社会资金。其中，非经营性项目主要依靠中央财政投资和地方配套资金；经营性市场化项目重点发挥财政资金的引导作用，带动社会资金为主体投入。在项目推进过程中，遵循了3个基本原则。

一是注重规划与功能同步、保护与恢复并举，打造集观、游、食、宿于一体的振兴特色小镇。在依托田园风光进行乡村城镇化开发过程中，为确保农耕文明的记忆和传统文化的传承，在基础设施建设过程中，坚持规划与功能同步、保护与恢复并举。目前，通过以企带村模式，实现了"五化四供三通"，保证了住宅功能的有效利用。同时，将一些相对完整的古建院落保护下来，并对一些重要的历史遗迹进行了恢复重建，部分开发为民俗酒店，实现了在保护中开发、在开发中传承、在传承中超越其价值的目的。

二是注重文化内涵的注入，积极提升小镇的文化品位，扩大其品牌影响力。在振兴小镇，无时无刻不在跳动着文化的音符，流淌着文化的元素。从观景影壁、振兴会堂、红色广场、孝廉公园、农民艺术馆、振兴广播站等各式各样的文化阵地设施，到一年一度的根祖文化艺术节、重阳文化旅游节、春节嘉年华、联欢晚会等大型群众文化活动。红色文化与民俗文化交相辉映，传统文化与现代文化比翼生辉。通过文化内涵的注入，极大地提升了景区的文化品位，形成了其独到的品牌影响力。

三是坚持把"三农"发展作为最根本的出发点，实现旅游发展与农民增收的有效融合。在建设特色小镇过程中，振兴村实现了"农民变股民，资源变资本"的转变，从而让家家户户分享到旅游红利。通过成立专业合作社，不仅丰富了种植内容，提升了农业品质，而且充分调动了农民的参与积极性。通过以奖代补的惠民举措，推动了农家乐快速发展，扩大了就业，增加了收入。

第九章 振兴小镇 度假胜地

振兴小镇建成了许多特色景点,但如何让自然景观、各类展馆活起来,吸引更多的游客呢?

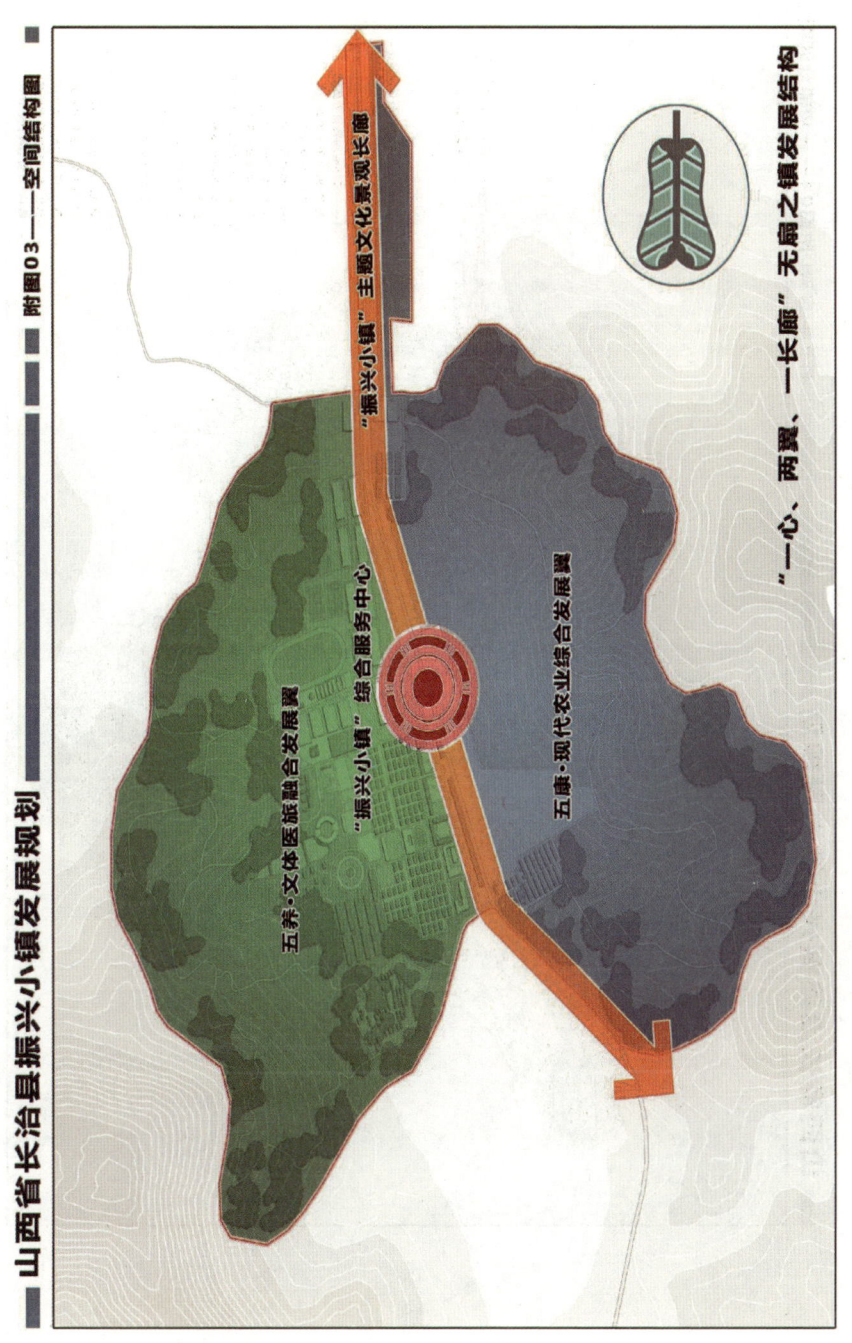

中国乡村振兴示范村 | 振兴村 ZHEN XING CUN

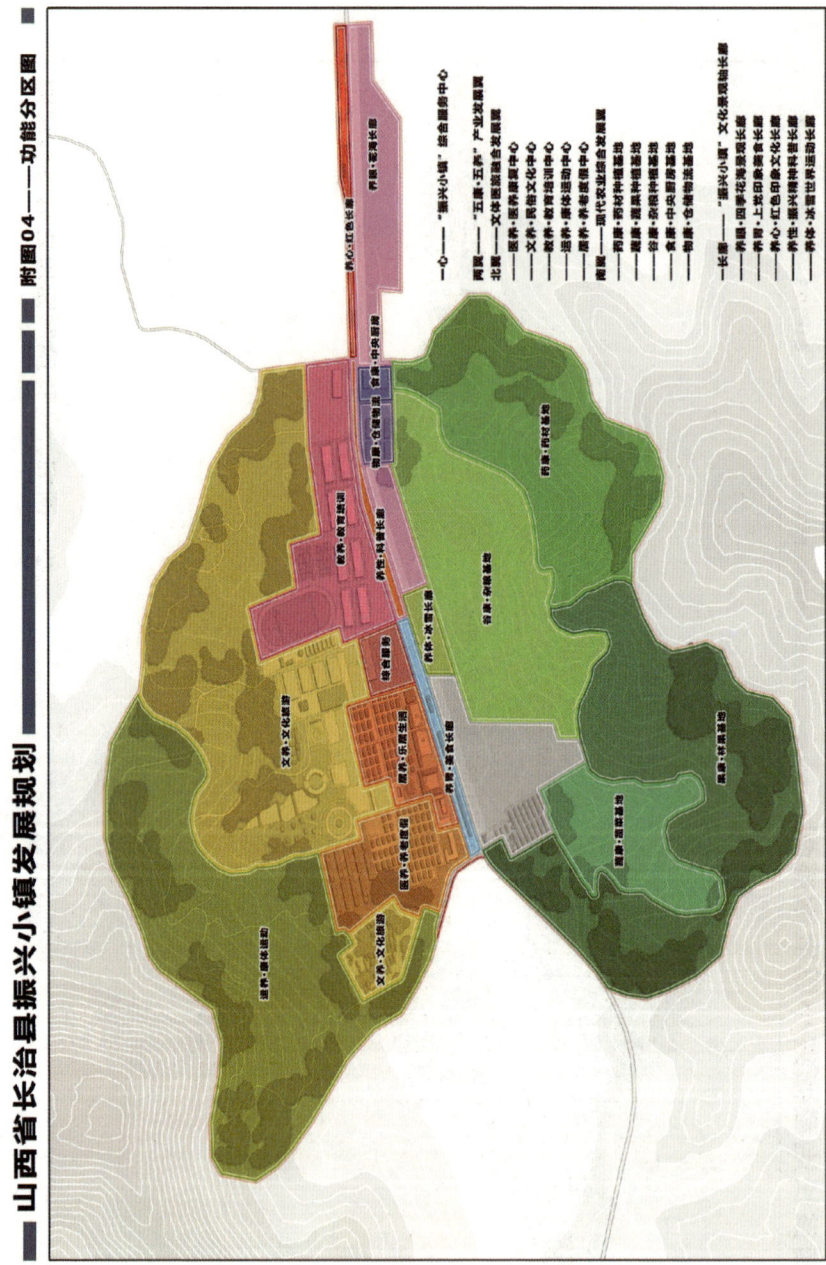

山西省长治县振兴小镇发展规划

附图04————功能分区图

第十章

特色民俗　多彩活动

在群众生活水平"上楼"的同时，还多措并举地让振兴村党员干部和群众的思想"上楼"。牛扎根经常对员工和村民强调：不能忘本，不能忘根，不能不学习。除了经常性的时政学习外，振兴村还通过文艺汇演、民俗活动等群众喜闻乐见的形式对村民进行寓教于乐的传统文化熏陶，村民乐在其中的同时，吸引了越来越多的游客，带动了旅游业的发展。

不管是农忙时节的家庭民俗活动，还是在农闲时节的群体民俗活动，勉励农事、祈求丰收、祭祀土地、庆贺寿诞等均占有很大的比重。这些活动，今天虽然绝大部分演化成娱乐形式，但是却反映了历代劳动人民渴望有吃有穿，希冀子孙满堂，追求幸福生活的传统心理。

振兴村的民俗活动一般以传统节假日为依托，比较隆重的有春节、元宵节、端午节、中秋节、重阳节，后来在过这些节时，融入了现代的元素，比如春节活动中有冰雪世界，元宵节活动中有灯光秀等；甚至加入了西方文化的色彩，比如元旦也开始组织活动了。此外，还有的把原来小范围的活动扩大、提升，比如，从2012年开始，每年开展根祖文化节。在这些民俗活动中，会上演许多传统的节目，比如元宵节，人们吃完元宵就要去看旱船、背棍、挖棍、大头娃娃、秧歌等表演，晚上还要看社火表演。振兴新区成立后，专门有歌舞队、秧歌队、锣鼓队等，每年元旦、春节前都有大型的文艺汇演。在振兴小吃一条街上，逢年过节，还有抛绣球等群众参与度很高的民俗表演。振兴村的民俗活动丰富多彩，还引起了央视的注意，多次被央视报道。

一、根祖文化节

从2012年举办第一届根祖文化节以来，振兴村已举办了八届根祖文化节。2019年的根祖文化节还上了央视报道：3月21日，为了进一步弘扬振兴根祖传统文化，由长治市上党区振兴小镇主办，振兴村、山西上党振兴集团、山西马刨泉文化旅游开发有限公司承办的长治·振兴第八届根祖文化旅游节在振兴小镇槐荫寺广场盛大开幕。振兴小镇党委书记、山西上党振兴集团董事长牛扎根同志介绍活动情况。此次活动以"寻根问祖诉乡情，传承文化谋振兴"为主题，主要内容共分两大板块：一是3月21日的开幕庆典活动；二是3月21—25日在景区举办的系列活动。分别是寻根祭祖庆典、槐荫诗经发布、大军南下纪念、万千灯笼欣赏、美食名吃品尝、农耕器具体验、经典戏曲表演、综艺节目荟萃、聆听研学讲座、系列景区游玩、入住精品民宿、商贸交流展示共12项内容。开幕庆典上，举行了《中华槐荫文化诗经》5000首编纂成册发布仪式，并共同为槐荫根祖文化"国土地标"揭牌。这是振兴村与有关专家从2013年起至今多年合作完成的一个槐荫根祖文化记忆遗产重要成果，这是目前全国收集最完整的历代槐荫文化诗词总典，将永久收藏在上党古槐树下振兴村。庆典仪式结束后，上演了精彩的文艺表演，主要有国学表演、汉舞、威风锣鼓、跑旱船、抬花轿、梦圆振兴……中国国土经济学会研究中心主任乔惠民同志吟诵《上党古槐颂》，共同纪念以长江支队为代表的20余名南下老干部告别老槐树、走出大雄山70周年。南下干部汇入到"打过长江去、解放全中国""将革命进行到底"的万里洪流中，为解放全中国和建立新中国作出了不可磨灭的贡献。中国国土书画研究院副院长、首席书法家王殿奎展示了《上党古槐》书法作品，向"上党古槐"赠送墨宝"根"字。

水有源，树有根。根祖文化旅游节已经连续举办了八届，根祖文化的内涵就是：古槐寻根，家乡问祖，就是要记住本来、不忘祖先的根脉，传

第十章 特色民俗 多彩活动

承家风家训、村风民风、传统美德。根祖文化给乡村振兴赋予了历史的力量，让感恩、报恩、爱家、爱国美德擦亮了家乡的名片，它不仅是一个仪式，更是一种精神、一种力量、一种文化，需要精心培育、代代相传。

二、重阳节敬老

上党有尊老敬老的传统，重阳节登高、慰问老人、徒步健身已成为每年重阳节的必有活动。振兴村在富起来以后，把重阳节作为一个尊老敬老的节日来过，还举办盛大的活动；转型发展旅游业以后，还把重阳节做成了文化旅游节，2019年举行了第八届。在旅游节上，除了有为老人洗脚、表彰敬老模范、宴请老人、为老人发节日礼品、登高等许多敬老活动外，还有年轻人喜欢的游乐、文艺汇演等活动。2019年10月6日，在九九重阳节到来之际，为了弘扬中华民族敬老、爱老、助老的传统美德，丰富群众的文化娱乐生活，上党·振兴第八届重阳文化旅游节文艺晚会在振兴会堂精彩上演。晚会在热情洋溢的《盛世欢歌》中拉开序幕，欢快的彩带、喜庆的锣鼓，让晚会刚开场就赢得阵阵掌声；《好儿好女好江山》《沿着社会主义大道奔前方》《不忘初心》《山西姑娘》等舞蹈与歌曲，真情地为新中国成立70周年献上贺礼；杂技《桌上溜冰》《肩上芭蕾》《小武术·奋进》近距离地为大家带来了一场刺激心跳的视觉震撼表演；豫剧《大登殿》选段、《五世请缨》选段，上党落子《穆桂英挂帅》选段、《徐策跑城》选段，上党梆子《汉阳堂》选段、《武家坡》选段，为观众献上了一场独具特色的戏曲盛宴。岁岁重阳，今又重阳。连续八届重阳文化旅游节的举办，是振兴集团矢志不渝传承中华优秀传统文化，弘扬尊老敬老美德，践行乡村振兴战略的有力举措。重阳文化旅游节表彰大会展现了"老有所学、老有所乐、老有所为"的精神风貌，营造了文明祥和的尊老敬老浓厚氛围，极大地丰富了老年人的文化生活，提高了老年人的幸福指数，也弘扬了重德孝、重和谐的良好风气。这样内容、形式俱佳的活动也引起了央视的注意，进入了央视新闻。

三、春节嘉年华

在迎新春的民俗活动中，有国家非物质文化遗产表演——背棍、铁棍、刘三推车、跑驴驴、扭旱船，景区特有的民俗表演——抛绣球招婿、抬花轿、毛驴小车会米奇大巡游等。此外，还有孩子们喜欢的生态恐龙馆、秋千林；年轻人喜欢的上党印象步行街、鹊仙吊桥、冰雪世界等冰上游乐项目；喜欢室内活动的可以参观文化底蕴深厚的上党战役展览馆、红色收藏馆、初心园；喜欢室外健身的可以去红色文化广场跳舞、练拳、舞剑等；即使什么也不做，信步走在振兴村的街道上，都可以看到充满喜庆的灯笼，村民家门前的家风家训，以梅兰竹菊命名、展现振兴村业绩、模范的长廊，随处可见的励志标语等。游玩儿累了、饿了，可以去上党一条街品特色小吃，买物美价廉的特产；或去山药蛋餐厅点菜吃有机蔬菜为食材、色香味俱全的大厨美食，一路拾阶而上的过程中还可以看抗日战争、解放战争和孝廉公园里二十四孝的雕塑及事迹，在不知不觉中受到教育和熏陶。

四、文体活动

振兴村在建设新村时，坚持保护与恢复并举，将一些相对完整的古建院落保存下来，并对一些重要的历史遗迹进行了恢复重建。目前，振兴村共保存古院落8处，旧址重建融佛儒道三教合一的槐荫寺1座。新建具有北方民居特色的茅草屋3处，新建极富古典韵味的5000平方米的振兴会堂，让老百姓在农忙之余或者节假日有了自娱自乐的舞台。2009—2019年，试验区先后建起文体活动中心、休闲山庄等群众文化阵地，群众随时随地可以开展文体活动。

振兴新区的文体活动除了前面提到的几个节日活动、多项运动活动、大型文艺汇演外，时不时还会请来有名的剧团演出，为群众提供文化食粮。还有各种讲座常年开设，各种文化馆常年开放。还设立了文化广播站、电视转播台、监控录像台等软件设施。有图书阅览室、琴棋书画室可以自学；也可以在夜校、人才学院听老师讲课，还可以到初心园学习党建知识、村史文化、民俗馆藏，对历史感兴趣的还可以参观上党战役纪念馆，对红色文化感兴趣的可以去红色收藏馆学习。

除了这些自选的文化活动之外，振兴村村民还有必须完成的学习项目，党员有每月、每周甚至每天的学习内容，群众也有多种健身、表演团体，如秧歌队、锣鼓队、健身队等组织经常组织活动，参加表演、比赛；还经常组织演讲、朗诵、各项技能比赛，振兴从文艺活动到体育健身、从休闲娱乐到知识学习，充盈着文化娱乐的氛围！

振兴村的各种赛事也很频繁，有文化的，也有体育的。"振兴杯"全国花毽大赛、红色国际马拉松大赛、导游员大赛、水上冲关大赛、五四青年节经典朗诵大赛、"振兴杯·美丽幸福长治"摄影大赛、"九九"花卉文化艺术节、"劲旅大舞台 快乐你就来"首届才艺达人秀大赛等在振兴小镇举行。通过这些形式，扩大了振兴村的知名度，吸引游客来振兴村参加活动，带动了当地旅游业的发展，参赛选手还能传播振兴，起到宣传的作用。

每年的毛泽东诞辰、逝世纪念日，振兴新区党委都会组织学生、工人、农民、党员干部集会缅怀先烈，珍惜当下的幸福生活；不定期组织群众学习上党战役、党史，让群众在小康建设征途中牢记和缅怀革命先辈的丰功伟绩，走好自己的长征路。

振兴村除了有丰富多彩的节假日文体活动外，还有代代相传的常规性传统文化活动。是什么呢？

第十一章
孝德文化 "一约四会"

没有规矩不成方圆,振兴村在发展过程中,形成了特色鲜明的孝德文化和"一约四会"(村规民约,红白理事会、村民议事会、禁毒会、道德评议会),有鲜明的传统特色、悠久的历史文化,在岁月的长河中历久弥新,给振兴人以精神滋养,为振兴村的发展保驾护航。

一、孝德文化

在振兴村,"尊老为德,敬老为善;爱老为美,助老为乐""以德为首,以孝为先"这样的标语随处可见,弥漫着浓浓的孝德文化气息。此外,村里还修建了孝廉公园,公园里有二十四孝雕塑,下方有二十四孝的故事,村民经常能受到"孝"文化的熏陶。不仅如此,村内路的名字散发着传统文化的馨香:四个长廊分别以梅兰竹菊传统文化中的四君子加苑字命名,成为梅苑、兰苑、竹苑、菊苑;4条街、9条路分别以仁、义、礼、智、信、贤、德、文、明这些传统文化精髓加崇字打头命名,叫作崇仁路、崇义路、崇礼路、崇智路、崇信路、崇贤路、崇德路、崇文路、崇明路,将孝德文化充溢在村民的生活中,行走其中,传统文化的精髓入眼的同时入心,潜移默化地接受了传统文化教育。

振兴村的主街康乐街上,贴着如下标语:
1. 守初心,担使命,做合格共产党员。
2. 尊老为德,敬老为善;爱老为美,助老为乐。
3. 群策群力共建美丽振兴,同心同德打造四宜上党。

4. 美丽振兴是我家，乡村不比城里差。
5. 上下联动同圆中国梦，勠力同心共建振兴村。
6. 走绿色发展之路，建乡村生态文明。
7. 培育新农民，发展新产业，树立新风尚，建设新振兴。
8. 勤劳是幸福的右手，节俭是幸福的左手。
9. 邻里和谐心情舒畅，村院整洁身康体健。
10. 热爱美好家园，创造美好生活，建设美丽乡村。
11. 营造优美舒适环境，倡导文明健康生活。
12. 人人遵守社会公德，家家爱护公共环境。
13. 事事处处营造和谐，点点滴滴展示文明。
14. 人人都有夕阳红，代代相承敬老情。

振兴村的家风家训中也有浓厚的孝德文化，三村合一后的振兴村从所有家风家训中选出了48条，作为新振兴村的集体家风家训，写在了纸上、随处可见的标语上、进出门就见的大门上。

振兴家训：

1. 勤劳致富，勤俭持家，亲善待人，相亲相爱。
2. 一年四季春为首，一生一世勤为先；万事不能畏苦难，致富全靠勤来换。
3. 钟鼓馔玉何足贵，诚实守信值千金；实实在在去干事，清清白白来做人。

第十一章 孝德文化 "一约四会"

4. 敬老爱小，邻里和睦；诚实守信，智慧进取。
5. 知足常乐，邻里相亲。
6. 见不义之财勿取，遇合理之事则从。
7. 人生一世坎坷路，有志方能立乾坤；不怕失败不畏难，笨鸟也能早入林。
8. 拳石频移垒泰山，饭勺不器盛沧海；书山有路勤为径，学海无涯苦作舟。
9. 文明、和谐、勤劳；智慧、诚实、进取。
10. 上敬下睦，亲善和美。
11. 尊老爱幼，邻里和睦。
12. 孝敬老人，严教子孙。
13. 做正直的人，做正确的事。
14. 家庭和睦，勤劳共富。
15. 家和万事兴，齐力共断金。
16. 与人为善，勤俭持家，知足常乐。
17. 孝悌，忠信，礼义，廉耻。
18. 待人贵真诚，为人须谦和。
19. 做人正直，做事宽容，善待他人，学会老幼。
20. 认真做事，诚实做人。
21. 邻里团结，爱岗敬业，勤俭持家，家和事兴。
22. 肩担道义，胸怀天下，扶危济困，诚信为本。
23. 勤为本，德为先，和为贵，学在前。
24. 耕种要勤，言语要真，买卖要公，做人要诚。
25. 见利思义，见水思源，见难思忠，见德思贤。
26. 不做亏心事，不赚昧心钱，心里有盏灯，肚里能撑船。
27. 尊老敬贤，扶危济困，严以律己，宽以待人。
28. 家庭和睦，团结友善，以德立家，以德治家。
29. 举止稳重，言语文明，团结友爱，永夺先进。
30. 孝悌为传家之本，勤俭为持家之本。
31. 勤为本，德为先，和为贵，学在前。
32. 堂堂正正做人，踏踏实实做事，兢兢业业读书，勤勤恳恳治家。
33. 夫妻相敬，举案齐眉，婆媳相让，一家和气。
34. 对贤当举，小人当疏，孝悌当崇，五毒当诛，志存高远。

35. 尊师重道，谦恭礼让，忠孝并举，励志图强。
36. 廉洁奉公，勤政为民，两袖清风，浩气长存。
37. 子孝父严，母慈媳敬，兄友弟尊，妇温夫爱，睦邻亲友，家道始兴。
38. 见利思仁，见财想义，勤劳生财，团结生义。
39. 父慈子孝，兄友弟恭，勤劳为本，节俭家荣。
40. 以德交友，以友为邻，诚信为上，帮困扶贫。
41. 遵纪守法，勤劳致富，先公后私，自有幸福。
42. 耕种要勤，言语要真，买卖要公，做人要诚。
43. 尽孝敬祖，尽忠报国，尽情交友，尽职创业。
44. 债不可轻举，语不可轻言，行不可冲动，学不可半废。
45. 积谷防饥，积德防老，送子读书，儿行孝道。
46. 家有老千般好，好儿女多行孝，家有孝是希望，精心栽培生长旺。
47. 宁让人，勿使人让我，宁吃亏，勿使人吃亏。
48. 手持正义，肩挑道义，君子爱财，取之有道。

为了弘扬"孝德文化"，振兴村每年定期开展各类特色活动，开展孝德孝星评选活动，通过推荐、评选，选出"好媳妇""好公婆""十佳孝星""孝行典范"等，并给他们颁发荣誉证书和奖品。把好媳妇、好公婆的照片、事迹挂在兰苑，过往行人都能看到，在增加获奖者荣誉感的同时，让观看者也产生学习的愿望。

此外，还隆重过重阳节。振兴村支部委员杨卉波说："振兴村历来比较注重孝文化，每年九九重阳节都会举办一些活动，像十大孝星、好婆媳，这些活动，进行一下评比，村里还建起了孝廉公园、家风家训馆，老百姓把孝文化刻在脑海里。"2019年的"好媳妇"程福果的获奖词是：亲如母女孝当先，嘘寒问暖德惠闲，善解人意家和美，谱写文明好诗篇。她的丈夫张剑兵在2018年曾被选为振兴村"十大孝星"，他们的家庭获得了"振兴文化孝行典范"称号。婆婆焦改菊满面笑容地说："自己就张剑兵一个儿子，没有女儿，自从儿子结婚以后，儿媳妇就跟女儿一样，对自己照顾有加，平时拖地啊，洗衣服啊，这些家务活都不用我干，不用操心，儿子也很不错，我要是说去哪儿，儿子就陪着我去哪儿，现在这个社会这么好，儿子儿媳妇对我这么好，我活得很开心，很满足。"

二、村规民约

振兴村的村规民约是规范村民行为、引领发展方向，对村民有约束性的一系列规定，最新的村规民约与时俱进，很有时代气息。摘录如下：

根据振兴旅游区《关于推进农村移风易俗的意见》文件精神，为了加快乡村振兴建设步伐，培育新时代文明实践新风尚，强化党组织领导的乡村自治、法治、德治，推动我村乡村振兴物质文明和精神文明再上新台阶，经全体村民代表讨论通过，特制定村规民约如下：

（一）社会秩序

1. 村民要学法、知法、守法，争做合格公民，维护法律尊严。

2. 村民不得发表对党和政府的不当言论；不得参与邪教、传销等非法组织。

3. 村民不得窝藏违法犯罪分子，发现身边的犯罪行为应该及时向公安机关、村干部报告。

4. 村民不得私藏枪支弹药，拾得枪支弹药、爆炸物品，要及时向村委会报告或上缴公安机关。

5. 村民不得酗酒滋事、无事生非、颠倒黑白、搬弄是非、挑拨离间。

6. 村民不得侵犯他人人身、财产安全，不得侮辱诽谤、谩骂他人（包括但不限于亲属、子女、公婆、父母、近亲远邻等人员），争做家庭和睦、尊老爱幼、维护集体的典范。

7. 村民不得与有夫之妇、有妇之夫建立不正当男女关系，不得侵害他人家庭和睦、侵害未成年子女的切身利益。

8. 村民不得盗伐公共山上林木，不得哄抢采摘山上桃、杏、李等果实，不得损毁林木；不得损害他人庄稼、瓜果及其他农作物。

9. 村民不得盗取、损坏道路交通、供水、供电、通信等公共设施；不得擅自侵占、损害废弃的公共设施，不得将公共设施当作废品进行私下买卖，不得收购、买卖来路不明的物品。

10. 村民不得上山采取电击、下套等非法捕猎、杀害珍贵、濒危动物和鸟类，自觉保护生态环境平衡。

11. 村民不得燃放烟花爆竹。严禁携带火种上山，不得燎荒、焚烧秸秆，自觉做好护林防火。

12. 村民未经批准，不得生产、运输、销售、储存、买卖爆炸物品；经销烟花、爆竹等易燃易爆物品须经公安机关等有关部门批准。

13. 村民不得聚众赌博，不得打架斗殴，不得参与偷盗、抢劫等违法行为。

14. 村民不得生产、储存、吸食毒品（含"白面面"），更不得向他人提供销售毒品；发现毒品违法犯罪行为，应及时向公安机关报告。

15. 村民不得妨碍执法人员执法。

16. 村民维权，要依法进行，不得损害全村的集体荣誉和形象。

17. 村民不得向传销等非法组织出租房屋或提供居所。

（二）自我管理

18. 村委会有权对村内的环境卫生、垃圾清运、绿化治理情况进行管理和维护。

19. 村委会有权对私搭电线、私改管道、浪费水资源现象采取管理和制止措施。

20. 村委会有权对在本村区域进行的私采乱挖、私搭乱建等行为进行了解、制止和管理；对非法占用本村土地、焚烧破坏本村林木等行为采取制止行为，直至扭送相关执法部门处理。

21. 村委会有权对区域内公共设施管理和维护，对破坏行为视情采取制止，直至扭送相关执法部门处理。

22. 村委会有权对本村村民的上述行为予以规劝，第一次规劝制止不听，第二次可以根据情节严重程度扣除相应的福利待遇（具体数额由党员和村民代表大会通过表决确定），并在入党选干、评先评优中作为参考。

23. 对上述行为构成犯罪的，村委会要依法移送相关执法机关处理，绝不纵容包庇、袒亲护短。对本村外的人员存在上述行为的，除相关部门追究其责任外，村委会有权向其索赔。

（三）民风、村风

24. 倡导新时代文明风尚，杜绝一切不文明行为，严禁乱扔垃圾、高空抛物、私搭乱建、非法侵占、强拿索要等行为。

25. 树立积极正确的村风导向，开展评先选优活动，鼓励先进，鞭策后进。

26. 提倡社会主义核心价值观，移风易俗，反对封建迷信及其他不文明行为，树立良好的民风、村风，积极组织参与健康文明的集体活动。

27. 村民的红白喜事要遵守理事会章程，反对铺张浪费、反对大操大办，遵守烟花爆竹禁放规定，严格食品安全，预防群体性事故。

28. 村民要相信科学，不装神弄鬼，不搞封建迷信活动，拒绝、禁止传播淫秽书刊、音像资料。

29. 建立正常的人际关系，不搞宗派活动，反对家族主义。

30. 积极开展文明卫生村建设，搞好公共卫生，开展垃圾分类，废物利用；加强村容村貌整治，严禁随地乱倒乱堆垃圾、剩菜剩饭、屎尿秽物；建筑装潢、废旧家具、秸秆枯秧等大件垃圾应自觉自行处理清运。

31. 村民应服从村庄整体建设规划要求，经村委会和上级有关部门批准，未经批准不得改变房屋主体结构，不得违反规划或损害四邻利益。

（四）福利待遇

32. 村集体给予村民的各项补贴福利待遇，村委会要严格发放程序，经党员和村民代表大会讨论决议，不得擅自随意处置、不得分派集体资产和福利予个人，造成集体财产损失情节严重的移交相关执法机关处理。

33. 本村村民户口迁出的，原则上不再享受村里的各项福利待遇。对集体确有贡献的，经党员和村民代表大会讨论视情决定。

（五）婚姻家庭

34. 村民要遵循婚姻自由、男女平等、一夫一妻、尊老爱幼的原则，建立团结和睦的家庭关系。

35. 婚姻大事应由本人做主，反对包办干涉，坚持计划生育，提倡优生优育，响应国家二胎政策。

36. 夫妻双方共同承担，共同管理，地位平等，严禁家庭暴力。

37. 父母应尽抚养、教育未成年子女的义务，禁止歧视、虐待、遗弃婴儿，破除男尊女卑的陋习；加强未成年子女的身心健康，保障其正常的学习、生活条件。

38. 子女应尽赡养老人的义务，不得歧视、虐待、遗弃老人。

（六）邻里关系

39. 邻里之间要互尊、互爱、互助，和睦相处，建立良好的邻里关系。

40. 在工作、生活、社会交往过程中，应遵循平等、自愿、互惠互利的原则。

41. 邻里纠纷，应本着团结友爱的原则平等协商解决，协商不成的可申请村调解委员会调解，也可依法向人民法院起诉，村民要树立依法维权意识，不得以恶制恶、以暴制暴，以免害人害己，给家庭、亲人带来终身不幸。

（七）奖励机制

42. 村民符合上述规约，可通过村委会推荐、党员和村民代表大会评选，最终被评选为"五好家庭""模范优秀村民""好婆媳""好妯娌"等先锋模范，由集体制作标牌，宣传公示，也可视情给予物质奖励，弘扬社会主义核心价值观，引导人人向上的村风民风。

43. 村民在享受荣誉后，应严以律己、不辱使命，发挥模范带头作用，不负村民赋予荣誉和希望，村委会应将遵守村规民约作为入党选干、推荐上级评优评先的重要依据。

44. 支村两委成员、党员干部、村民代表及相关村里工作人员，应该严格律己，做好表率，不得有违反村规民约的行为。

45. 村委会设意见箱，村民可对村干部、党员、村民代表、村务工作人员和享受集体荣誉的成员提出意见建议，不得诬告、报复陷害，要真凭实据，不得据谣臆想，鼓励实名；投诉箱在振兴新区管委会监督下定期开箱查验、收集、登记，统一集中处理。对查证属实，构成犯罪的，依法移送相关机关处理；不构成犯罪，但违反村规民约的，村委会有权提请党员和村民代表会议讨论并作出相关处理。

（八）权利救助

46. 村民人身权利、财产权利、名誉权等受到侵害，要及时向村委会申报，由村委会委托村民调解委员会组织人员协调，协调不成，村民可以依法向法院起诉。

47. 村民维权、进行权利诉求表达要通过法定程序依法进行，不得违法或肆意妄为。

48. 村内如有老弱病残、无人抚养、遗弃孤残等弱势群体，村委会应及时制定救助方案和措施，并积极向相关部门反映。

振兴村村规民约

拥护党政好领导　知法守法最重要
精神文明新风尚　层层传达市县区
新区领导来指导　规范秩序促民风
党员干部一条心　旅游兴村都配合
公共财产要爱护　你我都有一分子
森林防火记心上　子孙后代庇荫凉
私搭电线不安全　乱堆乱放破坏美
烟花鞭炮不能放　垃圾分类要弄清

第十一章 孝德文化 "一约四会"

环境卫生节约水　爱护桃树格桑美
酗酒闹事露丑态　搬弄是非话不讲
打击邪教黄赌毒　利国利民利万家
夫妻齐心可断金　男女平等半边天
孝老爱幼好风尚　发扬光大家风扬
教育学习最崇尚　成材归乡报家乡
邻里和睦要互助　团结一心奔小康
勤劳节俭人人夸　游手好闲不靠谱
移风易俗好倡议　思想道德新观念
公共事业需人干　积极奋斗来参与
老少爷们都努力　文明村镇振兴村

振兴村的村规民约不光写在纸上，挂在墙上，还记在村民心上。新的村规民约是通过支部大会、两委会议、村民代表大会讨论后形成的；出来后还要组织全体党员干部、村民学习，写心得体会；如果违规，是要按规定惩罚的。

三、"四会"

除了有村规民约外，振兴村还有为村民办婚丧嫁娶的红白理事会，村民行使民主权利的村民议事会，防止村民沾染赌博、毒品等不良习性的禁毒禁赌会和村民进行道德自治的道德评议会。

1. 振兴村红白理事会

振兴村红白理事会章程内容如下：

第一条　为强化党组织领导的乡村自治、法治、德治，建设文明乡风，促进乡村振兴，按照振兴新区转发中共长治市委、市政府《关于推进农村移风易俗的意见》有关要求，结合我村实际，制定本章程。

第二条　遵行文明节俭、切实减轻群众负担，不与法律法规和公序良俗相抵触的原则。推进移风易俗，疏导村民思想。整治天价彩礼、大操大办、厚葬薄养、铺张浪费等歪风陋习。推行婚事新办，丧事简办，余事不办的倡议。

第三条　红白理事会在支、村两委会领导下开展工作，实行自我管理、自我教育、自我服务。

第四条 红白理事会理事成员由村民代表选举产生。设会长1人、常务理事1人、理事3~7人。

第五条 理事任期与村委会任期相同，可连选连任。

第六条 理事会成员应是在群众中有影响力、组织力、胸怀宽广、积极负责、热心为村民服务的本村村民。理事会实行会长负责制。

第七条 理事会成员有参加本会学习、会议，了解相关事务的权利，有对本会提出建议、批评和意见的权利。

第八条 理事会成员有遵守本会章程的义务，应努力完成本会委托的相关任务，有宣传政策、疏导思想、总结经验、宣传好人典型及反映村民意见要求的义务。

第九条 村民发生红白事，自愿向理事会报备。理事会要在尊重事主意见的基础上积极服务，协助其做好事项料理。

红事办理：禁止燃放烟花鞭炮。反对沿街沿路张贴红纸造成环境污染。推行文明用餐、节俭办席，不得讲排场、比阔气、铺张浪费。提倡婚事新办。倡导零彩礼和不要车、不要房、自己家业自己创的新型婚恋观。反对雇用豪华车队，不准借用公车、堵塞交通。提倡绿色迎亲。反对迎亲中恶搞新郎等行为、反对恶意闹房，禁止不经当事人同意断章取义、自以为是上传图片影像到网络上造成恶劣影响。

白事办理：禁止燃放烟花鞭炮。反对殡期冗长，禁止低俗表演、搭台唱戏。实行音响代替乐队播放哀乐、黑纱白花取代白衣白裤，禁止坟头焚烧花圈和纸扎、派发香烟等陈规陋习。提倡厚养薄葬，以献花、植树、卡片等方式寄托哀思，好好生活告慰亡人。

其他事宜：倡导除婚丧嫁娶外，满月圆锁、庆生祝寿、升学入伍、迁居开业等事宜不再请客操办，确需操办等仅限于家庭成员和直系亲属范围，并反对收受礼金。

第十条 红白理事会每半年至少召开一次会议，总结研究工作，完善程序制度，向村委报告工作。

第十一条 要完善红白理事会登记备案工作，事后10个工作日内需完成相关情况资料登记。

第十二条 红白理事会成员要积极主动做好服务、尽心尽力做好工作，严禁借机吃拿卡要、收受财物。

第十三条 党员干部要从严要求，发挥表率带头作用，积极努力协助配合红白理事会做好有关工作。

第十四条 本章程自红白理事会议通过起执行。

2. 振兴村村民议事会

振兴村村民议事会章程内容如下：

第一条 为规范村民议事会议事决策，健全党组织领导下充满活力的村级治理机制，提高村民自治水平，保证人民群众依法直接行使民主权利，根据有关法律法规和村民自治章程，结合本村实际情况，制定本章程。

第二条 村民议事会是村级自治事务的常设议事决策机构，根据村民会议委托授权，行使村级自治事务决策权，讨论决定日常村级日常事务，监督村民委员会工作。

第三条 村民议事会成员由村民会议（村民代表会议）推选产生；设会长1人，理事成员3~5人。村委会成员、老党员、老干部可通过民主推选方式进入议事会。村民代表占比应不低于成员总数50%。

第四条 议事会任期与村委会任期相同，可连选连任。

第五条 议事会成员应是具有一定的政治觉悟和参政议政能力，坚持原则、主持正义、作风正派、办事公道、热爱集体，有较高威望和较高代表性的本村村民。

第六条 村民议事会涉及的议事内容主要有广泛收集村民建议，就村庄经济发展、环境卫生、家风民风、孝老爱幼等公共事务。根据需要，可邀请涉及相关议题的人员列席会议。

第七条 村民议事会成员有就本村各项工作了解具体情况；向支村两委反映村民意见和要求；对议题表决；对决议履行情况监督的权利。

第八条 村民议事会成员有积极参加会议、遵守章程、带头履行决议；宣传国家法律法规和村里工作部署的义务。

第九条 村民议事会由会长召集主持，每季度至少召开一次会议。听取和审议村委会工作报告，监督村委会执行决议。

第十条 在党和国家政策、法律和地方政府的政策规定范围内开展工作，弘扬社会主义核心价值观。

第十一条 监督村民委员会经济发展、工作秩序、环境卫生，搞好本村事务管理工作。

第十二条 监督村民委员会调解村民事矛盾纠纷，协调解决问题，促进村民和谐相处。

第十三条　评议村委会成员工作。完善和维护公共事务管理机制，及时纠正问题，为换届调整干部提供依据。

第十四条　村民议事会作出的决议应张榜公示，并提请村委会组织实施执行。

第十五条　建立健全会议资料，对所开展的会议、决议、活动真实完整记录，反映情况，总结经验。

第十六条　本章程自村民议事会会议通过起执行。

3. 振兴村禁毒禁赌会

振兴村禁毒禁赌会章程内容如下：

第一条　为做好振兴村禁毒、禁赌工作，预防吸食毒品、赌博活动的蔓延，加强村民对毒、赌危害的防范抵御意识，制定本章程。

第二条　禁毒禁赌会在振兴村支村两委指导下开展工作，协助包村民警做好对赌博、毒品违法犯罪的惩治。

第三条　禁毒禁赌会由群众民主选举产生，设会长1人，成员1~3人。任期与村委会任期相同，可连选连任。

第四条　对吸食"白面面"（咖啡因、安钠咖等）同属违法犯罪行为情况引起重视，掌握情况，做好宣传震慑。

第五条　每年至少1次利用标语、宣传栏、入户走访等形式教育村民禁毒禁赌，增强禁毒禁赌意识，树立"珍爱生命、远离毒品""小赌伤情、大赌伤家"观念。

第六条　爱惜维护我村全国文明村的金字招牌。克服麻痹大意、放任侥幸，团结全体村民共同维护和做好禁毒禁赌工作。

第七条　发挥党员干部先锋模范作用，在禁毒工作中做好宣传带动，互通信息，及时上报，帮助教育涉赌涉毒人员。

第八条　做好摸排登记、资料收集，对涉及人员准确统计，跟踪帮扶。

第九条　禁毒禁赌会职责制度。

（1）认真学习禁毒禁赌法律、法规，努力掌握禁毒禁赌基本知识。自觉接受上级禁毒禁赌会的领导和业务指导、督查，做好本职工作。

（2）自觉参与禁毒禁赌工作，做好互通信息。及时上报相关禁毒禁赌工作情况。

（3）掌握本村区禁毒禁赌现状，对涉毒涉赌人员做到底数清楚、动态知晓。

（4）认真贯彻上级禁毒禁赌工作精神，结合本村现状，提出合理化建议。

（5）积极参与宣传活动，排查摸底。帮助尿检，查缉管理禁毒禁赌工作。

（6）完成上级交给的其他禁毒禁赌工作任务。

4. 振兴村道德评议会

振兴村道德评议会章程内容如下：

第一条　为规范村民道德评议会运转程序，充分发挥村民道德评议会的作用，深化以德治村工作，进一步加强和推动振兴村乡风文明建设，特制定本章程。

第二条　村民道德评议会是在支村委领导下开展工作，对村民进行道德自治的群众组织。

第三条　村民道德评议会成员由村民代表选举产生。设会长1人，成员1~3人。任期与村委会任期相同，可连选连任。村民道德评议会成员应是坚持原则、主持正义、作风正派、办事公道，有较高威望的村民担任。

第四条　村民道德评议会每年对好人好事和不道德典型要进行记录、通报，作为年终评先评优、入党参军的重要依据。

第五条　道德评议会职责制度。

（1）贯彻落实社会主义核心价值观教育、公民道德基本规范和社会主义荣辱观教育。

（2）了解掌握村民思想动态，评议村民道德行为，并向党支部提出加强村民思想道德建设的意见和建议。

（3）带头践行落实社会主义核心价值观、公民道德规范和社会主义荣辱观，并自觉接受村民监督。

（4）根据道德评议内容，采取民主方式评议村民道德行为，表扬先进，鞭策落后。

（5）对发生在本村、身边的有违道德规范行为要及时进行劝阻，勇敢进行斗争。

（6）积极组织开展"八在农家"活动，开展"好婆媳""好妯娌""孝老爱亲"等各类模范先进评选，争做"五好家庭"成员，鼓励引导村民争做有思想、有道德、有文化、有纪律的"四有"村民。

第六条　党员干部要在本村道德建设中发挥引领作用，把党员做好事贯穿其中。

第七条　本章程由道德评议会负责解释。

振兴村"四会"组织机构名单如下：

1. 红白理事会

会　　长：张剑红

常务理事：关国印　王孝青

理事成员：牛伟彪、牛振国、贾志林、关振平、袁国明、杨代玉

2. 村民议事会

会长：张剑红

成员：牛伟彪、贾志林、牛振国、关振平、牛天平、秦广伟、袁国明、李和气、关振中、李顺发、王清良、牛俊兵、牛宇清

3. 禁毒禁赌会

会长：张剑红

成员：牛伟彪、牛振国、贾志林、关振中、秦广伟、秦旭丽

4. 道德评议会

会长：张剑红

成员：李和气、牛振国、贾志林、袁德平、王永富、牛保德

振兴村不仅有"一约四会"，而且为四会成立了专门的组织机构，下设会长1名，成员若干，群众选出，动态调整，起到了很好的公共服务、化解矛盾、移风易俗、防范风险的作用，在为振兴村百姓参与公共事务搭建平台、提供便利的同时，也减轻了支村两委的工作量，提高了办事效率和水平。

有了振兴小镇的硬件设施、节假日文化活动和孝德文化的熏陶、"一约四会"的制度规范，振兴村民的文化生活丰富多彩，常年不断。但在牛扎根看来，要想让振兴村保持领先不落后，得年年学、月月学、周周学、天天学，还得从娃娃抓起，重点得抓好教育。怎么抓呢？

第十二章
发展教育　建校建馆

牛扎根小时辍学,不想让孩子们受他自己没学上的苦,始终都坚持做教育,有很深的教育情怀。从当上村主任就盖起11间教室,到后来盖起教学楼,建成人才学院,建设文化场馆,牛扎根一直不停地升华着教育情感。

一、标准化学校

从1985年10月建成11间教室开始至今,牛扎根与学校的情缘从未间断。每年儿童节给孩子们颁奖、教师节慰问老师,负担孩子们的书本费、校服费、学校软硬件费、文体活动费等,35年从未间断,山西上党振兴集团在儿童节、教师节累计对师生捐资助教965万元,助力教育发展。

1. 11间新教室的关家小学

1984年牛扎根任村主任后办的第一件事就是组织全体村民夜以继日地赶,用3个月为孩子们建成了11间教室,从那以后,孩子们上学再不用日晒风吹、挨冻受淋了。但随着本村人口的增加和外村学生的慕名而来,关家小学的11间教室太挤了!牛扎根又给孩子们建成了

一栋教学楼，从幼儿园到小学、初中，应有尽有。

2. 四层教学楼的振兴学校

上党区振兴学校创建于 1984 年，原名关家小学，2010 年 10 月更名为"上党区振兴学校"，是一所九年一贯制寄宿学校，总投资金额 6900 余万元（其中，政府投资 1800 万元，振兴集团投资 5100 余万元）；中、小学共有 22 个教学班（其中，中学 6 个教学班，小学 16 个教学班），下设幼儿园（4 个教学班），共有学生 1000 人；教职工 120 名，其中教师 90 人，学历达标率为 100%，本科达 60%，职工均取得健康体检合格证。

学校占地面积 22654.8 平方米，建筑面积 13496.76 平方米，由教学楼、公寓楼、餐厅、文体活动中心及操场组成。校园内绿树成荫，鸟语花香，绿化覆盖率达 31%，具有"春有花、夏有荫、秋有果、冬有青"的人文教育学习环境。学校硬件设施完备，拥有标准的塑胶田径运动场、微机室、多媒体室、图书室、阅览室、音体美活动室、理化生科学实验室等。优良的环境和一流的设施设备为培养学生的兴趣特长、提高学生的综合素质，提供了优越的条件。

建校以来，振兴学校的教育教学工作稳步提升，教育教学质量名列全县前茅。2014—2017 年连续被县教科局评为"红旗大队"；2010—2017 年连续被县委、县政府评为模范单位；2015 年被市文明办评为市级文明单位。2017 年被确立为山西省足球特色学校、国防教育特色学校、山西省教育学会家庭教育专业委员会理事单位、山西省青少年机器人协会理事单位；2018 年被授予市级先进单位。

振兴学校以"品正、笃学、励志、创新"为校训，以"仁爱、精业、进取、求真"为校风，以"尚德、严谨、启智、奉献"为教风，以"自主、合作、求索、善思"为学风，坚持"让每个学生学会感恩、学会求知、学会生活、学会自律"为办学宗旨，以"为学生的可持续发展奠定基础，为学生的终身幸福奠定基础"为办学理念，努力创建"平安和谐、绿色低碳、质量一流、特色鲜明"的标准化学校为奋斗目标。

二、人才学院

振兴村在转型发展过程中，牛扎根一直思索的一个问题是煤挖完了，子孙后代怎么办？在找到文化、旅游业这个朝阳产业后，牛扎根敏锐地捕捉到党员干部学习培训、乡村人才培训需求量很大，培训在学习型社会是必不可少的。加上一直以来的教育情怀，牛扎根着手推动人才学院的建立。

太行乡村振兴人才学院是由长治市委人才领导组批准，在长治市委组织部的大力支持下和上党区委、区政府坚强领导下成立的，位于山西长治市上党区振兴小镇，总投资6000余万元，总建筑面积为2万平方米，可容纳1000人同时就餐、住宿、授课，包括教学楼、图书室、健身房和娱乐室等，60~80人多媒体教室4个，百人阶梯教室1个，360人报告厅1个，260人多功能厅1个，学员讨论室8个，小型会议室5个，致力于打造集乡村振兴理论研究、实践研学及人才培养三位一体的华北一流人才学院。

学院的指导思想是：认真学习贯彻习近平新时代中国特色社会主义思想，紧紧围绕产业振兴、人才振兴、文化振兴、生态振兴、组织振兴，整合各类资源，注重担当，培训学员担任现职和未来任职工作相关方面责任和能力。为全县乃至全市、全省培育一支懂农业、爱农村、爱农民的"三农"工作队伍，为全面实施乡村振兴战略提供人才支撑。办学理念提出了以"三农"发展为目标，创新农村改革发展理论，为乡村振兴培养高素质人才，为"三农"问题决策提供基层实践经验，为专业人才培养提供良好平台。把"忠诚、勤奋、合作、担当"作为校训。办学目标是：学院与中国耕读大学建立长期合作关系，在学院设立耕读大学分校，立足中国农耕文明，培育厚德载物的传道者与乡村文明建设的先行者，面向生态文明新时代，培养怀有天下文明观的有机农业的运营者与管理者，旨在为中国乡村发展培养后备人才。把培训对象定位为：为乡村振兴培养农科、农经、农技人才和乡村工匠；立足上党、面向全省、走向全国。

教学方式采取课堂讲授、现场教学、专题调研三位一体。还形成了如下培训特色：①学以致用，补充急需知识，了解当下资讯，领悟改革精神，强化思维训练，培养远见卓识，提高综合能力。②联系实际，因时、因地、因事、因人制宜。干什么学什么、缺什么补什么、需要什么练什么。理论联系实际、解决实际问题。师资力量由中央党校、农业部、环保部、中国科学院、国土经济学院、清华大学、浙江大学、中国农业大学著名专家以及省、市、县农村带头人100人组成了国内一流的学院教师团队。

人才学院成立后，完成了大量的培训任务。为了有效利用资源，人才学院还积极与长治市委党校合作办学，把人才学院作为长治市委党校的分校，2020年6月29日，中共长治市委党校振兴分校揭牌仪式暨党建研讨会在振兴小镇太行乡村振兴人才学院举行。

中共长治市委党校振兴分校的揭牌，标志着太行乡村振兴人才学院与长治市委党校在创新办学体制上取得了新进展，在今后发展中将进行深层次合作，共享优质培训资源，主动担负起人才培养的使命，引导党员干部坚定理想信念，切实增强党员政治意识、大局意识、核心意识、看齐意识，为乡村振兴提供强有力的人才保障和智力支持。

除了组织多种培训外，人才学院还举行各类研讨会，举办多种讲座，如在"党建引领 率先发展"专题研讨会上，与会领导围绕"党建引领乡村振兴"这一主题，现场分享好思路、交流好做法，为振兴村今后的发展定位建言献策，让党建引领乡村振兴呈现出生机勃勃的局面。通过这些形式，人才学院办得充满活力。

太行乡村振兴人才学院和长治市委党校的优势资源对接后，将进一步促进人才学院的发展。

2020年6月16日8：19山西电视台的《人民看点》栏目报道了太行乡村振兴人才学院创新党建学习机制，推出智慧党建学习系统的情况。"智慧党建学习系统（党员云课堂）及党员学习e本通"平台以互联网为媒介，通过数字终端的形式，彻底打通了党员学习培训"最后一公里"，实现了线上线下完美结合的党建学习目标，打造个人党建学习的移动课堂。"太行乡村振兴人才学院智慧党建学习系统（党员云课堂）及党员学习e

本通以高端、权威、深度的内容为支撑,助力各级党组织全面提升组织力,推进党支部标准化、规范化建设,不断提高党员队伍建设质量,永葆党员队伍的先进性和纯洁性,为新时代党的建设工作提供新的智慧动力。"这个系统不仅能供振兴新区的党员干部使用,还可以培训其他地方的党员干部。

三、初心园

振兴集团在建好人才学院进行乡村人才培训外,还在2019年建成了集党建、村史、家风家训、便民活动中心等为一体的初心园,用于党员干部和村民的学习、培训。

振兴村村民随时可以来到初心园办事、学习、参观、娱乐。党员经常在党建馆学习,村民则更多来到村史馆看看自己奋斗的历程,给年轻人和孩子讲讲自己当年的故事;青年和孩子们则从中感受现在幸福生活的来之不易,吸引所有人目光的是振兴村村民一张张笑脸组成的笑脸墙,满脸的笑容展示着他们对过去奋斗史的骄傲、对现在幸福生活的满足、对未来更好生活的憧憬。村史馆的结语这样写道:

1. 农耕兴本,雄山脚下建新村。
2. 姓氏兴源,老槐树下问家风。
3. 煤铁兴业,上党潞商半天下。
4. 商业兴市,特产小吃美名扬。
5. 民俗兴风,风情万种教化人。
6. 红色兴魂,砥砺前行不忘根。
7. 振兴的昨天,是艰苦奋斗干出来的。
8. 振兴的今天,是敢想敢干闯出来的。
9. 振兴的明天,是怀揣梦想走出来的。
10. 振兴的每天,是脚踏实地拼出来的。

参观初心园,党群生活馆是入口,依次经过家风家训馆、百家姓馆、中国村志馆、展览馆和村史馆、便民服务中心、新时代文明实践所和村级活动场所,初心园出口的结束语这样写道:"一只领头雁,一群排头兵,一个党组织,向下扎根,向上结果,一年一个变化,引领群众辟出乡村振兴的崭新局面。听党话跟党走的信仰,振兴村始终没有动摇。想百姓为百姓的信念,振兴村始终没有改变。农村美农民富的梦想,振兴村始终没有放弃。在新的长征路上,振兴村村民都是追梦人。决不能辜负党的重托,决不能辜负群众的期盼,更不能辜负这片土地。继续扎根振兴,坚定地走下去。学名村,赶强村,让乡村变都市,向共产主义小区迈进!"

四、上党战役展览馆

2018年11月7日,追寻红色足迹——振兴村上党战役展览馆正式对外开放。展览馆分为六部分,分别为:战前形势、英明决策、战役经过、第二战场、人民支前、深远影响。展览馆陈列面积2300平方米,共展出珍贵文物、历史照片及油画、国画、雕塑等1200余件。上党战役是解放区军民在抗日战争胜利后,为保卫胜利果实进行的第一次较大的自卫反击战。此馆乃振兴村饮水思源,抚今怀昔,为铭记老一辈革命家之丰功伟绩,弘扬上党英雄之革命精神,激励人民群众进一步坚定理想信念,继承和发扬党的优良传统而建。上党战役展览馆是上党印象体验区的一部分。当年的振兴村村民直接或间接地经历过上党战役,享有着上党战役带来的荣光,也承受着上党战役带来的伤痛。铭记先辈丰功伟绩、发扬上党革命精神、听党话跟党走已成为振兴村村民代代相传的宝贵财富。在红色文化的熏陶、影响下,为了满足村民对红色文化的学习需求,还催生了红色收藏馆。

五、红色收藏馆

在振兴村,还有一个红色收藏馆,主要展出伟人塑像,劳模、英雄人物图片,年画、报纸、图书、文字资料,用品摆件四大部分近2000件。集中展示了中国共产党在毛泽东等老一辈无产阶级革命家的领导下,艰苦奋斗、奋发图强,在进行伟大的社会主义建设中所走的道路,以及新中国成立后各个时期发生的重大事件。

除了供室内学习的各种场馆外,还有供健身的室外广场。在振兴村中央的是红色文化广场,广场中间是毛主席塑像,东边是抗日战争主题广场,西边是解放战争主题广场。在这些广场上,除了反映主题的雕塑,就是成片的空地和一阶阶的台阶,周围绿植层层叠叠,花儿竞相绽放,引来蜜蜂采蜜,蝴蝶跳舞,小鸟歌唱……在一片片空地上,清晨或傍晚,总能看到村民活动的情景:他们有的在排练节目,有的在跳健身操、交谊舞,有的在打太极拳,有的在练毽筷,有的在爬山,有的什么也不做,或竖起耳朵听鸟鸣树枝间,或睁大眼睛看蝶戏花丛中,人舞广场上……除了娱乐和休闲的人之外,还能看到有人在工作,园林工作人员在修剪草木,清洁工人在捡收垃圾,导游在讲解雕塑的历史……

振兴村经过几十年的持续奋斗,不光在物质生活方面持续大步向前,在精神生活方面日益丰富多彩,在社会治理方面也取得了可喜进步。

第十三章
社会治理　规范和谐

乡村振兴战略提出了治理有效的目标，振兴村在积极探索社会治理创新工作中，努力构建规范和谐的基层社会治理体系，致力于加强基层社会治理能力建设，从维护社会治安转向社会全面和谐。目前，振兴村的社会治理创新已取得明显成效，农村矛盾得到有效预防化解、农村民生问题得到有效改善、社会自治力量得到显著发展、社会稳定与经济发展协同推进，逐步形成"党委领导、村委负责、社会协同、公众参与"的多元主体治理格局。

一、改善社会治理基础条件

加快农村经济发展是加强农村基层社会治理能力建设的基础。"村美、民富、产业兴"往往是与社会稳定、和谐发展紧紧联系在一起的。产业的聚集，企业的发展，为农民就业增收提供了有力保障。农民有了安稳的工作和安定的生活，各种社会矛盾纠纷就可以大大减少。

三产融合促进经济发展、农民增收致富，为振兴村的社会综合治理创造了稳定发展的外部环境条件。在抓好农村经济发展的同时，三产发展与农业增收、社会稳定相融合。利用振兴村得天独厚的自然风光大力发展乡村旅游业，构建起"以生态培育为基础，以现代农业为主导，以休闲观光为主线，以避暑康养为特色"的田园型休闲度假旅游体系，健全了吃、住、行、游、购、娱的各类旅游业态。将村内剩余劳动力统筹安排到村内各个企业适宜的岗位上，并鼓励村民围绕乡村振兴旅游发展农家乐，村民实现了有新居、有班上、有事做、有收入、有保障，形成了生活环境优美、文化氛围浓厚、物质精神充实、社会保障无忧、幸福指数攀升的良好格局，为全村的社会稳定奠定了坚实基础。

多年来，振兴村先后在"三农"工作中实施了新农业改造、新农村建设和新农民教育，振兴寄宿制学校、派出所、卫生院、劳保所、国土所、文化站、太行乡村振兴人才学院、文旅公司、农业公司等社会管理服务机构健全，教育、就业、养老、医疗、旅游等一系列社会保障措施给力。尤其在2019年投巨资打造了振兴村初心园，除建设有党群生活馆、展览馆、家风家训馆、村史馆等外，振兴村村委设在初心园内，根据办公职能不同，设有振兴村党群服务室、便民服务中心、综治中心、人民调解室、心理咨询室、"扫黄打非"办、新时代文明实践所、财务室、扶贫办、村委监督室、产权改革办、经济联合社、农家书屋、老年人日间照料中心等20多个村委办公点，大大提高了振兴村社会治理办事效率。

二、创新社会治理"2+10"模式

"2"，即两个中心，振兴便民服务中心和综治中心，按照"党建引领乡村振兴，综治保障安全稳定"的原则，投资建设了高质量高标准的振兴村综治中心、群众接待室、心理咨询室、人民矛盾纠纷调解室和监控研判室，整合综治办、劳保所、国土所、民政办、农村会计服务中心、工程处、后勤服务、矛盾调解等到综治中心集中办公。

"10"，即依托两个中心，开展综治、扫黑除恶、信访、矛盾纠纷排查调处、网格化管理、禁毒戒毒、平安创建、流动人口管理服务、反邪教、特殊人群服务管理等10项工作，整合各部门力量，形成推进基层维稳的合力。

"2+10"模式是一张横向到边、纵向到底，上下联动、左右协调的大网，全面整合了社会治理与服务资源，夯实了基层社会治理基础，创新了基层社会治理格局。

1. "最多跑一次"，一站式便民服务

振兴便民服务中心和综治中心自成立以来，以"便民"为中心，以"安民"为保障，以"助民"为动力，以"乐民"为载体，实现"一门式"

办理、"一站式"服务，做到让群众办事"最多跑一次"，不断加强"两个中心"平台建设，着重提高管理水平和服务质量，真正为群众提供更便捷、更优质的服务。

2. 打通服务群众"最后一公里"

振兴便民服务中心与综治中心布局合理、功能齐全、环境宽敞，各项硬件设施齐备，各类办事指南齐全，坚持把人民群众的小事当作自己的大事，从人民群众关心的事情做起，从让人民群众满意的事情做起，集中办理关于民生、医疗、后勤服务、矛盾调解等事项，打通了服务群众"最后一公里"，推动形成了基层便民服务的强大合力。

3. 管理更人性、服务更贴心、办事更便利

振兴便民服务中心是转变工作职能、推进政务公开、提高工作效率、方便群众办事的服务平台，始终坚持以"便民、规范、廉洁、高效、务实、细心"为宗旨，通过明确工作职责、工作方法、办事承诺、办事原则等方式，推动建立健全长效管理机制，让群众少跑路，努力提升人民群众的获得感，让人民群众切身感受到管理更人性、服务更贴心、办事更便利。

4. 确保"小事不出村，大事不出区"

振兴综治中心以"畅通渠道、疏通民意、强化治理、服务群众"为宗旨，通过做好综治管理"四举措"，打好综治宣传"四张牌"，抓好综治工作"四联动"，加强社会治理制度建设，加强预防和化解社会矛盾机制建设，加快社会治安防控体系建设，加强社会心理服务体系建设，加强社区治理体系建设，形成群防群治的良好氛围，确保"小事不出村，大事不出区"，全力打造共建共治共享的社会治理新格局。

三、推进综治工作创新

做好综治管理"四举措"。一是建立和完善综治应急管理机构；二是组建由党支书记任总指挥的综治应急队伍；三是完善一套制度；四是后续维稳与善后。

打好综治宣传"四张牌"。一是打好"基础牌"，稳中求胜。结合普法

教育、法制宣传日，利用新媒体、《新振兴》、微信公众号、微信群等方式，做好专项宣传部署。二是打好"特色牌"，小荷露角。以民情交流、领导干部大接访、"安全生产月"等为契机，做好流动宣传。三是打好"考核牌"，回马一枪。积极推动法制宣传工作目标的落实，将法制宣传工作纳入各村目标管理考核，对照一年来的工作，查找不足、落实整改。四是打好"激励牌"，榜样带头。以信息报道为抓手、年终考核为载体，形成各村、社区争先开展活动、宣传员积极倡导法制宣传的浓厚氛围。

抓好综治工作"四联动"。利用综治中心平台，整合资源，规范运作，一站式服务，形成了"统一受理、统一分流、统一督办、统一归档"和"社会治安联防、工作力量联勤、突出问题联治、群众参与联创"的"四统四联"工作新格局。

四、推行"六制一体"

为了将调处矛盾纠纷延伸到基层乡村最前沿，振兴村大力推行"六制一体"（即以村为主体，村干部坐班制、村级例会制、例会排名制、末位约谈制、工作督查制、年终奖惩制）机制。

干部忙，用心谋事促发展。为推进本村每月中心工作按时、高效地完成，振兴村创新工作方法，发扬民主精神，激起群众热情，一心一意做好本村各项工作，积极形成"想干事、能干事、干实事、干成事"的良好氛围，极大地促进了振兴村的全面发展。

办事顺，细心服务便民众。村两委干部坐班实行"定人、定点、定时、定责"，按照"谁受理、谁处置、谁反馈"的原则，将坐班制度的落实与便民服务全程代办工作有机结合，确保村民"有事找着人、办事有人管"。老百姓前来办事，热情细心地接待、服务，确保处理事务有记录、有答复、有反馈、有签名。明确办结时限，确保受理事项事事有着落、件件有回音，增强办事透明度，提高办事效率，真正做到"小事不出村，大事不出区"，让群众满意。

百姓笑，真心为民解难题。实行"六制一体"，以村为主管理，着重在排忧解难上下功夫、在实事好事上抓落实、在务求实效上花力气。通过村干部坐班、为民服务全程代理、民情交流日、领导干部大走访等活动，把群众反映的热点、难点问题罗列成清单；村干部例会、每月排名更调动了村干部比、学、赶、超的积极性，从而做到实办民生事、善解百姓忧。

　　社会稳，诚心调处解矛盾。"六制一体"以村为主制度实行至今，村干部、综治信息员在这种你追我赶的工作氛围中，工作积极性空前高涨，逐步形成了"发现矛盾是能力、化解纠纷是责任"的良好服务意识。村干部责任心更强、摸排更仔细、调解更及时，真正做到把矛盾化解在基层、把问题解决在当地、把隐患消除在萌芽状态。

　　村庄美，精心整治起变化。振兴村月例会始终把村庄整治和拆违控违工作作为每月考核重点，进行常态化考核，按照一定分数比例计入每月考核总分，从而确保了村庄整治工作常抓不懈，违建势头有效遏制。与此同时，振兴村以例会考核制度为抓手，每月对村庄整治工作提出新要求、出台新办法、落实新举措，确保村庄整治工作持续推进。现在村规民约已经上墙、保洁员落实到位、街巷道路整洁美观、村庄院落整齐划一，整治成效凸显。

五、实行"网格化"管理

　　振兴村在基层社会治理中借助"网格化"，把党委、政府、社会、公众协同起来治理，将全村划分为2个网格，2名网格长和24名党员负责全村管辖范围内的社会网格管理服务工作，对村中各住宅区、各单位、各站所、各旅游景点、主干街道等主要交通路口全天候监控、全范围覆盖，实现了村内社会治理网格全覆盖、服务零距离、治理精细化。

六、学习"枫桥经验"

　　振兴村在学习借鉴"枫桥经验"的同时，注入更多的社区服务、民生改善、民主发展的元素，逐步从社会治安综合治理领域向社会全面治理领域跨越，使"枫桥经验"在振兴村结出丰硕果实。秉承平安植根于振兴、和谐融合于发展、持之以恒打造平安乡村的理念，构建了对矛盾纠纷实行统一受理、统一分流、统一督办、统一归档的"四统"制度，调解员随时受理村民来访，及时解决村民反映的问题，做到预防为主，不躲避矛盾、不上交矛盾。在关键节点、重要活动期间，实行社会治安联防、工作力量联勤、突出问题联治、群众参与联创的"四联"机制，形成了党政领导、中心牵头、部门协调、村企联动、群众参与的振兴综治工作格局。创新基层社会治理机制建设。

应现代社会治理规范化、制度化要求，振兴村积极探索建立了预防化解矛盾纠纷的情报信息网络机制、疏导调解机制、齐抓共管机制和领导责任机制等，各司其职，反应灵敏，有条不紊，迅速处理各种人民内部矛盾，妥善做好理顺情绪、化解纠纷的工作，维护好群众的切身利益，发挥了很好的作用。

七、引导村民参与治理

为推进民主法制建设，树立良好的民风、村风，振兴村打造家风家训馆，制定村规民约，用于培养村民文明意识，引导公民依法理性有序参与社会治理，特别是要充分发挥群众的主体作用，实现自我教育、自我管理、自我约束、自我服务。

振兴村积极开展志愿服务活动，健全社会志愿服务长效机制。鼓励村两委干部、村民代表、党员、团员、妇女组织、各类协会成员、热心人士等组建平安创建志愿者队伍、学雷锋志愿者队伍、青年志愿者队伍等农村志愿者队伍。同时，通过建立志愿服务档案制度、优秀志愿者表彰制度、志愿服务项目申报及津贴补贴制度等方式，强化志愿服务激励机制，鼓励村民就近参加志愿服务。为公民参与社会治理创造了条件，努力形成社会治理人人参与、人人共享的良好局面。

基层，特别是农村是社会平安稳定的重心所在，抓好基层社会治理建设，对于保证全社会的平安稳定十分重要。振兴村始终以为人民服务为宗旨，彻底把基层党员干部打造成为人民谋幸福的"勤务员"，提供更加便民、惠民的优质高效服务，让广大人民群众 "学有所教""劳有所得""病有所依""老有所养""住有所居""居有所安""困有所帮""残有所助"，不断增强了人民群众的幸福感、获得感、安全感。今后，振兴村还将依据广大群众的反馈和建议，不断进行升级扩充，形成业务内容更加全面的社会治理服务体系，让更多的群众受益。

振兴村在党的政策指引下，在各级领导的关怀下，在牛扎根的带领和村民的积极参与下，经过几十年的持续奋斗，结出了丰硕的成果。

第十四章

统筹发展　全面振兴

经过多年的摸索创新、攻坚克难，振兴村成功转型，村民实现了就地城镇化，摸索出一条成功的转型之路，实现了全面进步，取得了可喜成绩。

一、经济：生活富裕

经过几代人的艰苦奋斗、奋发图强，振兴村发生了翻天覆地的变化。2019年，振兴村村民人均年收入36900元。振兴集团2019年总资产达30亿元，年工农业总产值达到6亿元，职工3000人，人均收入56900元。站在乡村振兴的历史节点上，振兴村正朝着农村美、农民富、农业强的目标阔步向前。

20世纪80年代的振兴村，在牛扎根书记带领下，积极响应中央"五个轮子"一起转的号召，依靠科技扩大煤炭产能，通过拼命硬干，发展副业解决了"老三难"问题，让村民率先喝上了自来水，修好了通往外面世界的路，盖起了11间新教室；90年代又乘势而上，通过多挖煤、多卖煤让村民在长治县第一个看上了有线电视，过年过节还有了福利；到了21世纪，通过煤炭重组，振兴煤业与振兴村形成了互相促进、融合发展之势，一荣俱荣，一损俱损。振兴煤业给振兴村的村民提供了就业机会，振兴村村民也为振兴煤业的发展作出了贡献。当煤炭行业进入寒冬时，振兴村村民挺身而出护矿；当煤价复苏后，振兴煤业又为振兴村村民建设了新的家园。

为了降低煤炭价格波动的影响，在中央政策的引领和各级政府的支持下，振兴煤业不断探索绿色转型发展的路径。一方面，通过引进新的设备，升级开采技术，节能减排，提高效益，提升价值链，再增加洗煤、运输等产业延伸产业链，让煤炭收益更多地留在振兴集团；另一方面，未雨绸缪，大力发展现代农业和文化产业，实现从"一煤独大"到多点开花的转变。不仅如此，振兴村还在山西转型发展的大背景下，积极对接长治市、长治县的发展战略，2012年4月9日，长治县城乡统筹振兴试验区和县里有关部门共同规划的"大雄山国家生态文化旅游度假区振兴起步区"文化旅游产业项目奠基，成为市、县两级的重点工程。该项目规划面积10.17平方公里，投资预估为1663亿元，以振兴集团投资为主，是大雄山国家生态文化旅游度假空间布局的重要门户。整个大雄山国家生态文化旅游度假区建成后，将成为国内著名的山地度假基地和生态文化旅游度假示范区。振兴村瞄准打造北方最具特色乡村旅游度假胜地的目标，规划建设了三大旅游板块，分别是振兴雄山欢乐谷、振兴民俗文化村、振兴农业博览园，目标是旅农相融，提升农业品质；旅工结合，催热城乡建设；旅商互促，带动餐饮物流。到2019年，振兴村的收入已经达到70%来自煤炭，30%依靠文旅服务业，客人年接待量达到30多万人次。

上述发展转型为振兴村的村民提供了更多的就业机会、更好的生活环境，随着旅游业、现代农业的发展，振兴煤业也逐步发展为山西上党振兴集团（简称振兴集团），获利点也越来越多。截至2020年5月，振兴集团已经是集原煤、洗煤、建材、商贸、运输、农业、文化、旅游为一体的多元化非公有制企业。振兴村由原来的一个小山村发展起来后，积极带领向阳村和郜则掌村两个贫困村共走幸福路，先后解决辖区内及周边村3000余剩余劳动力就业问题，村民人均收入由2007年的6500元到2019年增长了4.7倍，达到36900元；人口由原来的865人增长到10倍多，变为现在的8900人；职工由原来的300人，到现在增加了9倍，达到3000人；职工人均收入由原来的3550元增加了15倍，达到56900元。在振兴集团所参与的所有产业里，振兴集团只占到60%，其余40%村民均有占股，让利于村民，使村民变股民，先富带动后富，发展一条良性的农村致富道路。

为了发展壮大，截至2020年6月，振兴村共流转土地6331亩，中药材种植、核桃经济林、油葵种植初具规模；绿化荒山3000亩，植树335万株；建成了红色收藏馆、孝廉公园、红色广场、槐荫寺、百家姓文化展示馆、中国名村文化展示馆等19个旅游景点；建设了智能温室连栋大棚和文体中心，以及集中供热、供水、供气、污水处理等基础设施；为了有更加广阔的发展前景，振兴村先富带后富，前后整合了周围两个贫困村，集中力量合理规划现有资源，坚持科学定位、规划先行、突出重点、有序推进、提升品位、辐射带动、科学布局的框架体系，促进生产要素充分流动、优化配置，实现区域功能优势互补、协调发展，在城镇规划、产业布局、基础设施建设、公共服务体系构建等方面，进行了全面、系统、深入的探索实践，在走出一条中国特色城镇化道路过程中，进行了积极而有益的探索：振兴村在完善基础设施后，真正实现了"五化四供三通"，即"学业医疗保障化、日常做饭燃气化、冬季取暖供热化、用电照明光伏化、垃圾处理无害化"的"五化"和统一供热、统一供气、统一供水、统一供电的"四供"，以及通网络宽带、通数字电视、通程控电话的"三通"，完善了社会保障制度，建立起"就业均等机制、医疗保障机制、教育免费机制、养老保障机制、社会福利机制"五大保障机制，成功地达到了"环境生态化、农村城市化、生活保障化、服务功能化、就业均等化"的目标。振兴村也实现了就地"城镇化"，即在群山环绕中，让企业集团带动新农村建设，小村并大村，撤村并区，从而实现党建、土地、教育、医疗卫生、文化等资源共享，农民就地成为城里人。探索出"以企兴村，兴企建村，并村建区，农民离土不离乡""就地进城、就地就业、就地入学、就地就医、就地养老"的就地城镇化新路子，构建了"以煤为基、多元发展的产业支撑体系；党工共建、村企合一的组织保障体系；覆盖广泛、功能完善的公共服务体系"；实现了"实施置换与流转，破解土地瓶颈；实施债权转让，成立基金组织，破解资金瓶颈"两大难题破解；完成了"农村变城市、农民成市民、土地成产业"三个转变。

正是振兴村这种以企业带动发展，把村民当主体，旅农相融，提升农业品质；旅工结合，催热城乡建设；旅商互促，带动餐饮物流的三产融合模式，才催生了"环境生态化、农村城市化、生活保障化、服务功能化、就业均等化"的新型农村城镇社区，振兴村村民在享受着城市生活的现代、便利和多彩的同时，没有丢失乡村生活中传统的美和乐，还能呼吸到新鲜的空气、看到满目的花海、吃到刚摘的果蔬……这样的生活不仅其他村的村民羡慕，就连城市的市民来了也不想走。振兴村的发展模式也因此成为长治市城镇化建设的样板。

二、政治：党建引领

牛扎根提出："无论环境多么艰苦，想百姓为百姓的信念始终没有变；无论道路多么曲折，听党话跟党走的信仰始终不能变。"

振兴村的党建是非常有特色的，走出了"党建+教育+旅游"的模式。振兴村更是处处飘散着红色的主旋律："两学一做"（学党章党规、学系列讲话，做合格党员）、"三基建设"（抓基层、打基础、苦练基本功）、"党日活动"，在实践中更是形成了"党委抓大事、支部办实事、党员做好事"的优秀红色党建方式。

所谓"党委抓大事"，就是在决策发展的方向上做真正有利于人民的"大事"。2010 年中共振兴新区委员会正式成立，党员 138 名，下设 6 个党支部，分别是机关党支部、振兴村党支部、郜则掌村党支部、煤业公司党支部、文旅公司党支部、农业公司党支部，新区党委班子共有 9 名党委成员，人岗相适，分工明确，组织架构合理。振兴新区严格遵照领导干部一岗双职的要求，办好每月一次领导干部民主生活会，党委在方向盘问题上牢固把控，紧跟中央，在大事上勇于担当，在难事上毫不退缩；同时，遵照党委班子成员的分工，认真落实党委委员包村、包企业；支部委员包组、包项目；党员代表包户、包卫生的党建工作机制不动摇；不仅如此，振兴党委还坚持创新学习，实施"走出去学习，引进来培训"的学习方法，到全国名村中找经验，去发达地区参观培训，在创新学习方面不停步。引外，振兴党委成立了以"跨省合作、抱团发展"的中原五村合作组织，就村庄组织建设、人才交流、生态发展、高质发展、文化传承、项目合作、村社治理、发展短板等内容进行协商合作。

所谓"支部办实事"，就是把精力集中在"民生"方面，做真正让人民看到感受到的"实事"。振兴新区先后成立了振兴村农民讲习所，把党的十九大报告 365 条主题金言汇编成书，高标准地建设了新党建云平台、新党员活动室、新党员文化墙、新便民服务站、新综治办公室。在每月召开一次的全体党员大会上，党员干部、积极分子要紧紧围绕加快建设乡村旅游这篇大文章，一个调子喊到底，一张蓝图绘到底，把各方面的智慧和力量凝聚到谋发展、抓建设上来，坚持上下同心、共建共享，汇成各项工作的大合唱。

所谓"党员做好事"，就是每个党员必须全心全意为人民服务；为人民办实事，作贡献；发挥共产党员的先锋模范作用；永葆党的纯洁性和先进性；树立积极向上、乐观进取的精神；自觉遵守《中国共产党廉洁自律准则》，即坚持公私分明，先公后私，克己奉公；坚持崇廉拒腐，清白做人，干净做事；坚持尚俭戒奢，艰苦朴素，勤俭节约；坚持吃苦在前，享受在后，甘于奉献；党员领导干部廉洁自律，规范廉洁从政，自觉保持人民公仆本色；廉洁用权，自觉维护人民根本利益；廉洁修身，自觉提升思想道德境界；廉洁齐家，自觉带头树立良好家风。

在做实事做好事全心全意为人民服务方面，振兴村党委在锻造了优秀的红色模式之后，积极探索具有振兴村特色的"党建＋教育＋旅游"新模式，重点推出了初心园和太行乡村振兴人才学院两个重点项目。

首先是振兴村初心园。作为振兴村历史和现实交汇处、村民学习和办事的活动场，在初心园的村史馆、家风家训馆等六个场馆中最具特色的是党群馆。党群馆总面积达到700平方米，以"重温红色历史，传承红色基因"为主题，共由五部分组成，分别是：历次党代会、习总书记点赞的优秀党员、振兴党建、5G智慧党建、党员活动室。"历次党代会"记录了中国共产党第一至第十九次党代会；"习总书记点赞的优秀党员"记录了14位学习的榜样，他们分别是焦裕禄、谷文昌、罗阳、兰辉、牛玉儒、张广秀、邹碧华、李保国、廖俊波、黄大年、王继才、黄群、宋月才、姜开斌；"振兴党建"更是记录了振兴人在过去多年的奋斗实践中总结出来的振兴党建新经验，即"坚定信心听党话、不忘初心跟党走、凝聚民心感党恩、公而忘私想百姓、扎根乡村爱百姓、和谐共富为百姓、正心明德承古风、成风化人树新风、强基固本正民风"；"5G智慧党建"更是标志着振兴小镇将成为山西省首个5G联合创新实验室——5G智慧小镇；"党员活动室"更是总结出"坚定信念，改革开放，奋斗精神，制度管党，集体力量，联系群众，奋发图强，创造服务，百姓参与，转换能量，传承文化，保护生态，贡献国家，倡导文明，形成资本，回报社会，美好生活，共享成果"的思想方向。

其次是太行乡村振兴人才学院。2018年10月18日，在党的十九大报告提出"乡村振兴战略"一周年的日子，由长治市委人才领导组批准，在长治市委组织部的大力支持下和上党区委、区政府的坚强领导下，山西省首个乡村振兴人才培养教育平台——太行乡村振兴人才学院在上党区振兴村正式揭牌成立。

近年来，太行乡村振兴人才学院已经有条不紊地开展了各项人才培训。其中包括：长治市上党区第四次全国经济普查培训会、长治市上党区冬季农民及专业技术人员培训班、长治市计划生育协会网站信息管理系统操作培训班、长治市2019年农村"领头雁"示范培训班、上党区2019年新型职业农民培育工程专业技能型（果树专业）培训班、长治市屯留区农村"领头雁"培训班、长治市2019年度税务系统党务干部培训班、山西移动5G+合作伙伴交流暨智慧小镇研讨会、长治市乡村振兴专题培训班、省委农办以党建引领攻坚深度贫困推进乡村振兴示范培训班、山西省旅游扶贫示范村建设推进会暨带头人培训班、长治市青春健康家校共建师资培训班、长治市邮寄旱作农业发展示范培训班、农民教育休闲农业与乡村带头人培训班等，截至2019年末，已举办培训班65期，13500余人参加。不忘初心，牢记使命，践行习近平新时代中国特色社会主义思想，弘扬太行精神，坚定理想信念，不断改革创新，助力乡村振兴人才培养。

振兴村的党建一直都是振兴村发展的优势和根基，振兴村的繁荣发展最离不开的就是党组织的引领、党员的示范，正是有了强有力的党组织，才把振兴村村民紧紧团结起来，创造了一个又一个奇迹，振兴村才一步步地由一个小山村发展成现在的乡村振兴示范村。

三、文化："三色"文化

牛扎根说："文化是振兴的灵魂，只有文化才能真正缔造出美丽的乡村，也只有文化才能留住一个民族的根。"

2017年10月18日，习近平总书记在党的十九大报告中提出了实施"乡村振兴战略"，同时提出了乡村振兴战略的总要求：产业兴旺、生态宜居、乡风文明、治理有效、生活富裕。振兴村积极响应中央的号召，紧紧围绕乡村振兴的要求，寻求绿色转型，发展乡村休闲经济，大力挖掘自身文化，打造品牌形象，坚持走文化转型的道路。

振兴村的文化由三大部分组成，分别是：红色文化（党史、党建文化）、古色文化（历史、传统文化）和绿色文化（环保、养生文化）。这"三色"文化，为振兴村的转型发展注入了强大的动力。振兴村的发展充分挖掘了当地的资源，又能紧跟中央要求与时俱进，还能借鉴别人的经验为我所用，在发展过程中，既着眼长远又兼顾民生，让群众既有干劲又有奔头，这个过程中产生、发展了"三色"文化。其中，红色文化，即党史、党建文化，起到了引领作用，且贯穿振兴村发展、壮大的始终。

　　早在抗日战争时期，红军东征时就在振兴村所在的西火镇播下了红色火种，又经过上党战役的组织动员，再加上解放后翻身做主人的自豪感，以及改革开放以来生活的蒸蒸日上，振兴村的红色文化代代相传。不光硬件上建起了党群馆，红色收藏馆，上党战役馆，抗日战争、解放战争雕塑和光芒万丈的毛泽东主席雕塑，还有软件上的中国共产党党史、党建文化，更有牛扎根等优秀的基层党员干部带领群众创造的辉煌业绩。他们在中央精神的引领下，发挥积极性、主动性、创造性，因地制宜、实事求是地挖掘当地资源，靠着实干、巧干、拼命干，带领群众摘掉了穷帽子，开出了幸福花，近几年还率先使用 5G 网络，让振兴村村民的学习、工作、生活插上了网络的翅膀，更加高效、丰富，走到了全国的前列，受到群众的高度赞扬，在群众心中竖起了丰碑。在这个过程中，振兴村党组织形成了一系列党员干部学习、工作、生活，为群众办好事、办实事，带领群众不断前进的制度、规范和经验，涌现出许多为民谋利、贡献突出的优秀党员。这些都成为振兴村的红色文化教育资源。

　　振兴村的红色文化是中国共产党在领导中国人民谋国家独立、人民幸福、民族复兴的征程上由党和人民创造的，由振兴村村民一代代口口相传下来的，更是一届届党员干部身先士卒、脚踏实地干出来的。20 世纪 80 年代，当改革开放的春风吹拂到这个贫穷的小山村时，牛扎根这个基层党支部书记积极带领村民抢抓机遇，靠党员干部的吃苦在前、享受在后、敢闯敢干、拼命硬干，带领大家脱贫致富，成为长治县的红旗村；金融危机来临，煤炭行业进入寒冬，在煤矿改制的关键时期，又是牛扎根等党员干部带头组织群众把煤矿留在了振兴村，为后来的发展奠定了基础；当煤炭行情好转后，振兴村党委又谋划为村民建新村，安居后又为大家谋乐业；为了实现绿色发展、减少煤价波动对经济发展产生的影响，从中央到地方，各级党组织又为人民谋转型、谋发展，振兴村党委又一次抢抓时机，紧跟政策，把振兴村变成了振兴新区、振兴乡村生态文化旅游区，把"一煤独大"的格局变成多点支撑的局面，村民的就业机会更多了，物质和精神生活更丰富了，幸福指数更高了。

　　综上所述，振兴村的红色文化是在红军东征时播种，在抗日战争、解放战争中成长，在新中国建设、改革时期开花、结果，在新时代已硕果累累。振兴村的红色文化是在党引领人民谋国家独立、人民幸福、民族复兴的过程中形成、发展的，是通过各级党组织的政策引领，基层党组织、党员干部的模范执行从而团结村民一起创造的；是在为村民办成了一件件好事而受到村民的真心喜爱的；是学习更是实践出来的。

如果说红色文化对振兴村的发展起到了引领作用，那么为振兴村成功转型作出很大贡献的是古色文化，即历史、传统文化。振兴村所在的上党区有悠久的历史和独特的民俗。振兴村有农耕文明的古迹和传说：早在远古时期，华夏始祖炎帝在振兴村所在的上党地区"尝百草，制耒耜，种五谷"，开创了华夏农耕文明之先河；商业文明方面，振兴村在历史上曾属于潞安府管辖，也见证、参与了潞绸"万里荫城""日进斗金"的繁华；振兴村有久远的根祖文化，古槐寻根，家乡问祖，村里那棵矗立百年的大槐树等待、召唤着从那里走出去的振兴儿女；还有能与现存文物相印证的马刨泉、都城隍的传说，以及内化成村民日常生活的习俗和逢年过节表演的各类民俗活动，这些都穿越了历史的时空，被振兴村所在的上党区人民代代相传，散发出厚重的历史气息，成为振兴村发展文化旅游的宝贵资源。振兴村在发展为振兴新区、振兴乡村生态文化旅游区的过程中，坚持保护与恢复并举，将一些相对完整的古建院落保护下来，并对一些重要历史遗迹进行了恢复重建。截至2019年，振兴旅游区共保护恢复古建院落9处，旧址重建融佛儒道三教合一的槐荫寺1座，新建具有北方民居特色的茅草屋3处，新建极富古典风格的振兴坛和振兴阁2处；同时响应"在保护中开发，在开发中传承，在传承中超越其价值"的号召，将古建院落和新建民居开发为民俗酒店，对村内的4条街、9条路分别以仁、义、礼、智、信、贤、德、文、明等传统文化精髓加崇字打头命名，新建以二十四孝故事为主题的孝廉公园1处，每年定期开展各类传承民俗文化和传统文化的特色活动；邀请各类专家学者举办国学讲座，开展"好媳妇""好公婆"评选活动等。特别是每年的九九重阳节，村内都将举办盛大活动，将邻近村里的近千名老人都请来，进行免费体检，发放慰问品，合照全家福，举办合家宴，让中华民族爱老敬老的美德扎根在每位村民心中。这些古色文化也在振兴村村民的日常生活、节假日活动中得到传承并发扬光大。

振兴村煤炭行业向旅游业转型发展，除了有红色文化和古色文化做支撑外，还积极发展了绿色文化，即环保、养生文化。振兴村的绿色文化是环保、养生理念，更是保护生态、天人合一的行动。近年来，振兴村积极落实"绿水青山就是金山银山"的发展理念，对在煤炭产业减排增效的同时，积极发展绿色产业，积极将绿色环保的田园风光、有机农产品、天人合一的理念融入产业发展之中，创建了一家现代农业公司，种植有机农产品，在全村推行垃圾分类，倡导绿色生产、生活理念，大力植树造林，提升绿化率，实现了人与自然和谐共生，主导产业也由黑色变绿色、地下转地上。

绿色文化最开始是组织全体村民山上义务植树、门前种花种菜、道路两旁绿化美化；后来运用环保理念发展有机农业加旅游业，促进"一煤独大"的经济转型。振兴村目前已建设6处特色农庄、3处规模化种植基地、3处农艺博览园，采用"公司+农业+农户"的形式，统一规划、分片承包、自主经营，以农业观光、农事体验、蔬果采摘、农艺博览等功能为主，打造自主品牌，推动旅游发展；同时，让农民参与其中，充分调动农民的主体性和积极性，推动乡村休闲经济发展。此外，运用环保理念，旅商互促，带动餐饮物流：为了更好地吸引顾客，振兴新区引导农民建设农家乐70余户，民俗酒店6家，民俗养生会所9处，容纳500人就餐的生态酒店1家，全部以纯绿色原生态的蔬菜、鲜花等作为所有餐饮住宿的原材料，推出了吃农家菜、住农家屋、购有机农产品、体验农事活动等旅游项目。2019年，接待游客超过50万人次，旅游综合收入达到3000余万元。

绿色文化除了农艺、食品、住宿等人工绿色外，振兴村还保护、利用当地特有的自然环境，打造康养、旅游胜地，给游人提供了一个天人合一、修身养性的好去处。振兴村地处山西省东南部上党区境内，位于太行山脚下，四周群山环绕、翠绿掩映、气候宜人。上党区堪称"高山盆景"，虽然小，但样样俱全。以山为例，有四大山脉，分别是"盆地擎天柱"大雄山，一南一北两个五龙山，"深山老林"首阳山。明代诗人于公允曾这样赞颂雄山美景：

　　危峰拔地立南方，烟锦瑶影灿碧光。
　　泉注淘水千涧冷，风迎潞国万松凉。
　　苍岩曾构司空宅，断碣难寻学士堂。

为了践行天人合一的生态文明理念，自2018年6月起，振兴村推出了大雄山康养文化旅游节，现已成功举办两届，充分依托上党地区美丽的自然风光和富集的生态资源，整合推广核心景区和线路产品，深度融合文化、体育、农业等产业产品，实施"旅游+"战略，形成了全方位的康养产业链条。游人在振兴村可以闻花香，听鸟语，看蜜蜂采蜜，赏蝶舞花丛，呼吸新鲜空气，爬山锻炼身体。在山间地头行走，一路上有花海，有农田，有叽叽喳喳的喜鹊、麻雀，咕咕叫的鸽子，还有不知从哪里蹿出的野兔，能飞十几米的野鸡，幸运的话，还能看到摇着大尾巴的松鼠、尖嘴的啄木鸟……振兴村村民有个很可爱的习俗，收获农产品时不全部收回，给小鸟、野兔、松鼠等小动物留下过冬的食物。等爬到山顶，再喝一捧马刨泉的泉水，疲乏会一扫而光，躺下来沐浴暖暖的阳光，眯着眼看七彩的光线照在树叶上、小草上、不知名的野花上，变幻出不同的色彩，你会觉得生活如此美好、自然如此神奇；下山再点几盘有机蔬菜，吃点晋南馒头，喝点小米粥或杂粮、红枣饮品，晚上睡觉一定特别香甜。不觉中，你的生活变慢了，和自然更亲近了，浑身紧张的神经舒缓了。

走进振兴村，这里不光有美丽的自然风光、精彩的民俗表演，还有史载典籍的动人传说、浸透历史的人文遗迹：王莽赶刘秀、马刨神泉止渴救主的汉文化深深扎根在雄山之巅；雄山书院、翠岩古刹、槐荫寺古建遗迹至今流传着三阁老讲学传经、教化村民的故事；上党战役展馆、南下干部事迹展馆，以及抗日战争和解放战争的雕塑都在提醒人们，这是块英雄辈出的土地。今天的振兴村，爱党爱国的基因在这里生生不息，梅兰竹菊的品格在这里傲然绽放，孝廉德善的家风在这里薪火相传。红色、古色、绿色文化丰富了振兴村村民的生活，滋养了他们的性情，也为当地旅游业的发展奠定了基础、注入了灵魂，让像陀螺一样不停旋转的城里人忙里偷闲地度过一段闲暇时光，放松一下身心，享受一下自然的馈赠，触摸一下历史的脉搏，从而更懂得欣赏自然的美景、社会的创新，进而更热爱生活。

振兴村经济、政治和文化都取得了很大进步，生活环境呢？

四、生态：生态宜居

近年来，振兴新区曾先后荣获全国文明村、中国美丽休闲乡村等几十个荣誉，沉甸甸的荣誉背后，离不开振兴村党委的引领和全体成员的共同努力。振兴村早在20世纪80年代就响应中央号召，不断植树造林；后在中央和地方政策的引领下，节能减排，转型发展。在发展过程中，很重视对传统文化资源和生态环境的保护，每年都会投入相当大的一部分资金用于历史遗迹、古建院落、景观、生态系统、珍稀名贵动植物的保护，截至2019年，对生态保护共投入262万元，占到旅游综合收入的26%；同时，确立保护标准，完善保护措施，强化责任落实。在如此重视的情况下，振兴新区的景区空气质量、噪声指标、地表水质量均达到国家规定的一级标准，景观、生态、文物、古建筑、古树得到了良好的保护，全面保持了文物古迹和景观的真实性和完整性。景区内建筑及设施大多选用环保材料，坚决摒弃玻璃幕墙、马赛克贴面、卷帘门窗、简易铁皮屋等非环保材料，新增设施设备尽可能使用清洁能源，最大限度地节约资源、保护环境。

作为转型绿色发展的振兴新区，既是城市化农村，也是田园化城市，与过去的坡高路窄、村容破旧相比，现在的振兴村，有着山水相依的生态美、中西合璧的建筑美和古今对话的人文美。在建设振兴新区的最初，就制定了详细的规划方案，坚守着"三不"原则："对原有生态植被不破坏""对原有山水景观不改变""对原有古建遗迹不拆迁"，致力于实现农耕文明的传承、传统民居的保护和现代功能的开发。就像牛扎根书记所说："生态绿化、文化旅游是前人栽树后人乘凉的惠民工程，应当紧紧抓住国家文化大发展大繁荣的战略机遇，把发展旅游产业和推动文化产业大繁荣紧紧结合起来，把经济意识、生态意识、社会意识紧紧结合起来，充分利用我们的自然环境把振兴村发展成为休闲度假的旅游胜地。"为此，振兴村从以下三个方面着手。

首先，护绿与植绿并重，突出山水相依的生态美。振兴新区位于太行山脚下，四周群山环绕、翠绿掩映、气候宜人，为了保留住优越的原有生态和良好的自然风光不被破坏，振兴新区实行了三大绿化工程。一是山坡植绿工程。前后规划建设了"五个千亩"种植基地——千亩干果经济林种植、千亩道地药材种植、千亩小杂粮生产、千亩花卉培育和千亩有机蔬果种植，既能够增加山体植被绿化率，又能为乡村休闲经济的发展添砖加瓦。二是身边增绿工程。振兴新区对村内主干道路、大街小巷全面绿化，并建起了牡丹园、芍药园、月季园三座花卉园，村里及周边绿化总面积达到2000余亩，为振兴新区的发展贡献了不一样的颜色。三是庭院披绿工程。为确保绿化理念牢牢扎根于每一个村民心里，振兴新区大力倡导庭院绿化，为村民提供葡萄及藤蔓植物幼苗，并免费指导种植。目前，振兴新区绿化覆盖率达到72%，人均绿化面积35平方米，绿化总投资达到6500万元，形成了"村庄处处披绿色，极目之处满眼春"的美好景致。不仅如此，对于河流规划也同样重视，振兴新区在做好绿化工程的同时，水系建设已经做出规划，所有主次干道用水系环绕，形成大路成河、小路流溪、户户有桥的局面。

其次，规划与功能同步，突出中西合璧的建筑美。振兴新区把民生放在头等大事，为了保证村民住得舒适美观、吃得新鲜放心，振兴新区在设计住宅之时，充分考虑其外在形象与内在功能的统一，采用了传统中式屋顶和西式阳台、窗户、栏杆的设计，中西合璧的建筑风格不仅让人耳目一新，而且保证了住宅功能的有效利用，既能实现三层小阁楼的储物需求，也能满足村民对采光、休闲的需要。同时，为了更好地解决民生问题，振兴新区达到了"五化"目标（即学业医疗保障化、日常做饭燃气化、冬季取暖供热化、用电照明光伏化、垃圾处理无害化）和"三化四统三通"目标（道路硬化、院内绿化、村中亮化；统一供热、统一供气、统一供水、统一供电；通网络宽带、通数字电视、通程控电话），村民生活环境的质量得到了很大的提升，生态宜居水平进一步提高。

最后，保护与恢复并举，突出古今对话的人文美。振兴新区实现了以"古色"文化为支撑，带动绿色转型发展，保护与发展并举。先是恢复了复古建院落9处，旧址重建融佛儒道三教合一的槐荫寺1座，新建具有北方民居特色的茅草屋3处，新建极富古典风格的振兴坛和振兴阁2处，对村内的4条街、9条路分别以仁、义、礼、智、信、贤、德、文、明等传统文化精髓加崇字打头命名，新建以二十四孝故事为主题的孝廉公园1处，以大雄山为基础，推出了大雄山康养文化旅游节，现已成功举办两届。因为依托振兴新区悠久的人文底蕴、美丽的自然风光和富集的生态资源，整合推广核心景区和线路产品，深度融合文化、体育、农业等产业产品，为文化产业作为收入主导打下了坚实的基础。

不仅如此，振兴新区还追加投资7.5万元，新增了固定式垃圾箱及可移动性垃圾箱90个，特色定制垃圾收集站4个，景区分类垃圾箱达到234个；购置垃圾清扫设备20套，建立了垃圾清运的专门队伍，大力推行精细化垃圾分类处理式，在区分可回收、不可回收的基础上，采用分时、分批运输，保证了景区环境卫生；对景区内村庄、道路、环境进行了整治，彻底改变柴草乱放、畜禽乱跑、脏水乱泼、类土乱堆、垃圾乱倒等状况，从根本上改善了景区环境；严格保护景区植被，禁止毁林、禁止捕猎、禁止建设有污染的工厂，严格控制景区建筑风格，保证与环境协调一致，不使用不可降解的材料，确保景区清洁卫生、植被完整、风景优美。

建成后的振兴新区，实现了习近平总书记倡导的"绿水青山就是金山银山。"正如牛扎根书记所说的那样："春到振兴，山清水秀鸟语花香；夏到振兴，清风凉爽避暑山庄；秋到振兴，硕果累累五谷飘香；冬到振兴，雪山美景温泉疗养。"

为了让搬进新家的村民安居乐业，在更高水平上实现乡村振兴，牛扎根认为除了转型谋发展之外，还应该把发展的成果让村民共享，给村民吃颗定心丸，让大家没有后顾之忧地谋发展，竭尽全力地向前冲。怎么办呢？

五、社会：民生保障

振兴村发展的过程，既是党组织领导村民结合自身优势不断奋斗的过程，又是物质生活和精神生活不断丰富的过程，也是生活环境和工作环境不断变美的过程，还是村民的福利不断提高的过程。牛扎根总是通过带领大家奋斗取得一定成果后就为群众谋福利，从全镇第一个吃上自来水，到全县第一个看上有线电视的村，再到整村搬迁过上城里人都羡慕的生活，目前还在整个振兴新区实现5G全覆盖。尤其是成立新区后，民生保障进一步制度化、规范化。振兴新区早在成立之初，就把完善社会保障制度写进了"五化"目标，实现了环境生态化、农村城市化、生活保障化、服务功能化、就业均等化。牛扎根书记为了振兴村老百姓的生活更有质量、更加美满，早就建立了五大保障机制。

（1）就业保障机制。就业是每个人迈向正常社会生活环境所必不可少的一段路程，它能缓解贫富差距，也能大面积消除贫困，还能充分开发人力资源和提高社会的整合度。所以，振兴新区社区内的青壮年劳动力全部实现了就业，如果有因病、因残丧失劳动力，不能够实现自主就业，也已全部纳入社保范围，保障其基本生活，也保证振兴新区的每一名村民能够生活美满。

（2）教育免费机制。教育关系着民生大事，乡村振兴更需要专业的人才，一支真正服务于农村的队伍，振兴新区想要转型发展更是离不开人才，所以对教育格外的重视，前后不停建设学校，投资有小学有中学，共计160名老师，方便村民儿女接受教育，并且凡是在振兴学校就读的学生免校服费、免住宿费、补伙食费，考上大学的更是凭入学通知书报销学费，还伴有助学金补助，在这样便民利民的条件下，吸引了不少返乡就业的人才，更加利于振兴村的转型发展。

（3）养老保险机制。振兴新区崇尚尊老爱幼的氛围，空巢老人少，对60岁以上老人更是无微不至，每年为60岁以上老人发放1200元养老金，并进行两次免费体检，医药费全部报销，逢年过节，振兴新区更是带着米、面、油等基本物资挨家挨户分发，那些无儿无女的孤寡老人全部住进了乡村敬老院。这是因为养老是民生问题中相当重要的一部分，尤其在老年人人数众多的情况下，能够为老年人提供基本的生活保障，使老年人老有所依，这就等于保障了社会相当一部分人口的基本生活，更能为振兴新区发展吸引人才。

（4）社会福利机制。福利制度是与村民日常生活密切相关的机制，振兴新区在福利保障机制方面完成得尤为出色。先是建成了别墅和单元房569栋，让每一个村民住上窗明几净的房子，建设了智能温室连栋大棚和文体中心，集中供热、供水、供气、污水处理等基础设施，改善了村民的居住环境，村民全部变更为城镇居民户口，供暖、用水免费，用气、用电补助，每人每年福利有1500元，村民生活幸福了、富裕了，也有了依靠。

（5）医疗保险机制。医疗保障制度既解除了村民们的后顾之忧，又保证了村民的身心健康，使他们能够正常生产生活；同时，医疗保险制度能够消除疾病带来的不安定因素，有利于进一步促进社会发展和生活和睦，形成一种其乐融融、和谐友爱的居住环境。振兴村卫生院药品实行零利润销售，千元以下医疗费全免，并健全了大病医疗补助制度，成立了"福村宝"村民医疗互助会，根据实际情况，进行不同的救助。

"福村宝"正如它的名字所希望的那样，给整个振兴村带来了幸福。秉持着"共建共享"原则，村民仅需缴纳100元，剩下全部由振兴村集体和社会负责，全村共计2309人参加，筹集年度补助资金29.94万元。"福村宝"项目资金秉持着公开透明的原则，建立专款资金账户，振兴村级医疗互助资金全部放在振兴新区账户，专户储存、专人管理、专款使用，如果这一季度的资金有结余，就会立刻转入下一季度使用，保证资金的运转透明化。不仅如此，"福村宝"项目的资金还全程接受上级组织、村干部和村民的监督，真正做到不出一丝差错、不让一分钱去向不明。交着最低补助的"福村宝"可是物超所值，按病种补助方案采用国家卫计委CN-DRGs病种应用版标准，一共包含了1296个病种，涵盖因疾病和意外伤害住院治疗的所有病种类型，操作也很快捷方便，仅仅需要村民跑一趟村委会即可。除此之外，振兴村还开发了"福村宝"APP，能够精准认定病种，按照病种对村民进行医疗补助，重点补助大病，如果村民一次住院总费用达到3000元以上，通过"福村宝"APP上传出院记录、住院费用清单、基本医保结算单三项资料，对照村补助方案，自动生成补助金额，以短信形式发送给村民及该村管理员。加之"福村宝"的报销单是在新农合基础上进行二次报销，它不限次数，村民大可以不必再为昂贵的住院医疗费用担心，"福村宝"给振兴村村民解决了大病致贫的后顾之忧。

各界人士对"福村宝"更是好评如潮：上党区振兴集团财务部工作人员宋晓婷说："'福村宝'是振兴集团的健康扶贫项目，参保人员每人每年出资100元，集团人均补助100元，是在新农合的基础上进行二次报销，不限次数，2019年9月统计一共有2000余人参加'福村宝'，有了这个'福村宝'，老百姓看病基本不用花钱，截至目前，振兴村已经累计400余人通过'福村宝'实现住院报销，累计报销次数1000余次，报销总额达336万元。"上党区振兴集团副总经理韩鹏说："'福村宝'是振兴集团为振兴职工群众提供的一种医疗保险体系，是除新农合报销外的第二医保，有效减轻了群众负担，提升了振兴医疗保障水平，解决了因病致贫、因病返贫的难题。"

总之，振兴村通过几十年的持续奋斗，在经济、政治、文化、生态、社会五个方面都取得了全面的进步，综合水平走在了全国的前列，有哪些可鉴之处呢？

第十五章
振兴模式　振兴启示

一、振兴特色

1. 振兴，因"一个煤矿"而振

振兴村地处太行山，山高石头多，出门就爬坡，农业生产条件差，直至 20 世纪 80 年代初依然是当地有名的穷山村。在党中央"五个轮子"一起转政策指引下，振兴村有了村办煤矿。村民穷怕了，为了改变命运，开始拼命挖煤、卖煤，经过十多年持续引进新设备深挖、多挖、快速挖；争分夺秒地巧干、硬干、拼命干，终于一步步地摘掉了穷帽子，在 20 世纪 90 年代，在县里有了一些领先优势。

2. 振兴，因"三色"文化而兴

在煤价下跌和环保标准提高后，振兴村积极落实中央和地方政策，在减少污染的同时，积极探索转型之路。路在何方？从特色中找。振兴人常年接受着"三色"文化的熏陶：红色文化接受教育、古色文化体验民俗、绿色文化养心养肺。在不断传承、发展这些文化的过程中，不仅愉悦了身心，而且增加了收入。通过深挖"三色"文化，振兴村实现了从煤炭产业向文化产业的转型、从"一煤独大"到多点支撑的转变，产业蒸蒸日上，人气越来越旺，乡村振兴的路越走越宽。

3. 振兴，因"五个就地"而名

依托振兴集团，以企兴村，兴企建村，并村建区，农民离土不离乡，

125

闯出了一条"就地进城、就地就业、就地入学、就地就医、就地养老"的就地城镇化新路子，打造了"绿树灰墙红花，小桥流水人家"的美好景致。

4. 振兴，因"五化"目标而美

在村民住上洋楼，过上城里人生活的时候，振兴人未雨绸缪，及早布局。煤炭转旅游，地下转地上；猛投入兴产业，黑色变绿色。一个"环境生态化、农村城市化、生活保障化、服务功能化、就业均等化"的美丽乡村惊艳三晋大地，让慕名而来的全国各地的游客有了春赏百花秋摘果、夏沐凉风冬玩雪的北方好去处。

二、振兴模式

近年来，振兴村实现了文化内涵与经济产业互促，自然风光与人文景观辉映，三产发展与农业增收相融，初步走出了一条农业、工业、服务业"三产融合"，党建引领、群众路线、创业创新"三位一体"，生产、生活、生态"三生同步"的新路子。

（一）坚持三产融合协调发展，产业做大了

振兴村得天独厚的自然风光和独具特色的文化为发展乡村旅游提供了优势和条件，近年来，振兴新区以发展旅游业为纽带，把旅游和农业、工业、商业结合起来，实现了三产的融合，也让产业越做越大。振兴新区瞄准打造北方最具特色乡村旅游度假胜地的目标，规划建设了三大旅游板块，分别是振兴雄山欢乐谷、振兴民俗文化村、振兴农艺博览园；为了进一步做大做强文化产业，振兴新区更名为振兴乡村生态文化旅游区，简称振兴旅游区。振兴旅游区成立后，引进专业的旅游公司运营，有效地推动了美丽乡村建设，还催生了休闲经济。

1. 旅农相融，提升农业品质

乡村旅游的特色在田园，田园的风光在农业。如何使农业成为一种新的经济业态，振兴村进行了多年的摸索。为了让农业更好地服务于旅游发展，振兴村于2011年成立了鑫源有机农产品专业合作社，流转土地6331亩，按照农业观光、农事体验、蔬果采摘、农艺博览等功能，采用"公司+

农业+农户"的形式，统一规划、分片承包、自主经营。目前，已建设特色化农庄6处、规模化种植基地3处、农艺博览园3处，不仅丰富了种植内容，提升了农业品质，而且推动了旅游发展。游客来到振兴村，不仅能欣赏、采摘农产品，而且能吃到新鲜的有机农产品，村民也因游客的到来、消费而增加了收入，村民的积极性、主动性、创造性更高了。

2. 旅工结合，催热城乡建设

振兴村乡村旅游的发展，让市民有了很好的体验，加上市、省和中央台的多次报道，口口相传中集聚了大量的人流、物流、信息流和资金流，使更多城市目光开始关注振兴村。振兴村乘势积极推进农产品加工制造业和小景点、酒庄、城镇住宅的开发建设。目前，经振兴村加工的农产品已涵盖三大门类十余个品种，马刨泉矿泉水、上党振兴村酒、振兴村老陈醋等农产品销售火爆，年产值达到2000余万元。核心景区的秋千园、拓展训练基地、跑马场、民俗酒店全部由企业投资建设。同时，容纳160余家商户的商贸一条街和商品住宅楼已拔地而起，总投资达到3.5亿元。

3. 旅商互促，带动餐饮物流

为确保乡村旅游的乡村特色，丰富吃、住、游、购、娱的旅游产品体验。近年来，振兴村推出了吃农家菜、住农家屋、购农产品、体验农事活动等旅游项目，鼓励农民建设农家乐70余户，民俗酒店6家，民俗养生会所9家，容纳500人就餐的生态酒店1家。所有餐饮住宿全部以纯绿色原生态的菜品制作为主，有效地吸引了周边旅客，已成为振兴村一大主导产业。同时，开通了市区至振兴村的公交车和旅游直通车，建起了物流中心和快递服务站。截至目前，振兴村2019年接待游客50余万人次，旅游综合收入达到3000余万元。

（二）坚持党群同心创新发展，百姓变富了

振兴村的发展有党的坚强领导、群众的积极参与，还有不断的开拓创新。振兴村是穷则思变的典型。为了改变贫穷的面貌，牛扎根带领振兴村村民进行了四十年如一日的艰苦奋斗、艰辛探索。

1. 党建引领，团结群众干事创业

党委抓大事、支部办实事、党员做好事是振兴党建工作的老传统。通

过党员干部带头凝聚发展力量，紧跟中央精神找准发展方向，结合自身实际找到发力点，发挥优势做大做强产业，团结群众把蓝图变成现实。振兴村的乡村振兴之路是在一步步摆脱贫穷走向富裕的过程中摸索出来的，其中吃过多少苦，流过多少汗已不忍回忆，但听党话、跟党走的信念从未动摇。

2. 群众路线，关注民生为民谋利

振兴村一直以来都在走群众路线，关心群众关心的问题，解决群众碰到的难题，为群众办实事、办好事，回应群众的关切，一步步解决群众的后顾之忧，用一点点的进步、一步步的领先调动群众的积极性、主动性、创造性，带领群众实现一个个目标；让群众物质生活提高后精神生活越来越丰富，生活环境越来越美，参政议政的权利越来越大，享受的福利越来越多……村民在振兴村干得顺心、住得舒心、吃得放心、笑得开心，幸福指数越来越高。

3. 创业创新，科技助力攻坚克难

振兴村从一个贫穷的小山村发展到现在，遇到多少难题、碰到多少险阻已无从统计，但他们从不等靠要，而是迎难而上，实事求是，发挥优势，抢抓机遇，创业创新，依靠科学寻找出路的脉络日渐清晰。20世纪80年代比其他村挖的煤多，是因为引进了先进的设备，采取了科学的管理；当煤炭行业遭遇寒冬煤价暴跌时，国家号召抓大放小，煤炭行业重组，振兴村积极抢抓机遇，抱团把煤矿开采权留在自己村后，又是通过引进更先进的设备加大开采力度很快走出寒冬；当国家的环保标准提高时，同样是引进高科技装备，添置了净化功能强的环保装置……在向科技要效益的同时，振兴村还靠创业创新谋发展：运用先进设备挖出的煤多却由于村里是山路、窄路运不出去，牛扎根请人设计了修路方案，带领村民削山头、填沟壑，硬是修出了一条通往县城的宽路；煤价大跌时，通过改组煤矿激活了民间的潜能，牛扎根通过股份制、3倍归还借款等形式筹到了护矿资金，为振兴村谋到了一份产业；护矿成功后，又创新性地以企带村、村企共建，给村民建了新家；后又深挖当地资源，通过发展旅游、建设人才学校等文化事业促进振兴村的发展，从"一煤独大"到多点支撑，为子孙后代谋到了金山银山，又留下了绿水青山……

（三）坚持"三生同步"绿色发展，乡村变美了

振兴村一路走来，坚持紧跟中央政策，结合自身优势抢抓机遇。煤挖出卖掉后，既谋长远又顾当下，用生产的成果提高生活的水平，从而凝聚起干事创业的力量；在发展过程中，及时调整方向，积极响应中央科学发展、绿色发展和山西转型发展的号召，特别是践行习近平总书记"绿水青山就是金山银山"的发展理念，在节能减排的同时，大力发展生态产业，实施多项环保工程，实现了生产发展、生活提高和生态美好的良性互动，搬了新村，有了新产业，绿化面积越来越大，振兴村越来越美了。

1. 生产与生活兼顾，既谋长远又顾现实

振兴村是在挖煤中起步的，没有把卖煤收益全部用于扩大再生产，也没有全部用于提高村民的生活水平，而是一部分用于扩大再生产、一部分用来提高村民的生活水平。这样做的好处是既为未来的发展留出了增长空间，提高了与同行的竞争力，又解决了当下村民的燃眉之急，增加了村民的获得感，村民也在实实在在的收益中看到了希望，坚定了跟党走的信心，进而以更大的热情投入到之后的生产过程中，生产出更多、更优的产品，因为他们知道，生产多了就会有更高的收入、更多的福利，从而实现了生产和生活的良性互动。

2. 生产与生态兼顾，既要金山银山，又要绿水青山

随着我国发展理念的更新，从中央到地方都加大了环保的力度，加上煤炭价格的下跌对经济的负面影响增大，振兴村在各级政府的引领、支持下，开始摸索转型发展之路。一面减排增效，一面挖掘优势打造新产业。经过多年的摸索，找到了发展"文化产业＋有机农业"的路子。为了吸引游客，进行了大规模的绿化、美化后，环境变美了；美景又吸引来更多的游客，游客赏美景的同时吃美食，有机农产品有了销路；旅游产业、有机农业的发展又需要更多的人才，振兴村又创建了人才学院，人才学院的学员在促进旅游、生态农产品消费的同时，又为他们注入了智力支撑，从而实现了生产与生态的互相促进。

3. 生产、生活、生态三生同步，既互促又共赢

生产水平提高、生态环境变好的直接受益者是村民。生产水平的提高

带来更多的收益,在振兴村选择的生产与生活兼顾的分配方式下,村民的生活水平稳步提高:从旧村搬到了新村、从安居到乐业、从物质到精神、从金山银山到既有金山银山又有绿水青山,振兴村村民的幸福指数不断提高,发展生产、建设美丽家园的动力更足了,家园建设得越好,吸引游客就越多;游客越多,旅游、生态农业的收入就越多,村民的分红就越多,腰包鼓起来的村民保护生态环境的自觉性就越高,环境也会越美……生产、生活、生态三生同步,三者既相互促进又合作共赢。

三、振兴经验

眺望振兴,青山怀抱中,花园别墅林立;走近振兴,蝶恋花海间,风景这边独好;融入振兴,快乐每一天,幸福指数很高。振兴村从一个贫穷的小山村发展到现在的幸福村,有哪些可以借鉴的经验呢?既有党的政策引领,又有地方的战略安排;既有时代的大潮推动,又有长期的艰苦奋斗;还有……但笔者认为,外因通过内因而发挥作用,人的因素是振兴村发展的主要原因,其他因素是催化剂。

1. 有好的带头人牛扎根

振兴村的发展,是几代人坚持不懈、持之以恒、艰苦奋斗的结果。在这些创业英雄中,党支部书记牛扎根参与、领导了创业的全过程,他用自己逢山开路、遇水架桥的魄力,紧跟政策、审时度势的能力,大公无私、吃苦在前的精神团结、带领振兴村村民积极响应党的号召,苦干、巧干、拼命干,战胜了艰难险阻,抓住了发展机遇,跨过了一个个险滩,实现了一次次飞跃,让振兴村的环境一天天变美,让村民的生活一天天变好。

牛扎根,就像他的名字一样,扎根振兴40多年;就像他的姓一样,俯首甘为孺子牛。在牛扎根的带领下,振兴村也如同它的名字,不断振翅奋飞,日渐兴盛。从17岁担任村干部开始,牛扎根46年乡音未改、乡土不离,带领村民从脱贫致富到建设新村、从产业转型到乡村振兴,一步一个脚印、一年一个变化,走出了一条乡村变城市的康庄大道。

1974年,17岁的牛扎根开始担任西火镇西掌大队出纳会计,几年的出纳会计让他对集体财物有了管理经验;1979年后,又任关家村林业队长,管林业、搞副业,牛扎根的经营能力初步显现;1984年,由于出色的业务水平，牛扎根高票当选关家村村委会主任；1985—1996年7月，任西火镇关家村党支部书记期间，着手解决村民的"老三难"问题，修路、打井、建学校，想尽办法办企业，发动村民广植树。1989年4月，村民喝上了自来水；1995年7月，关家村成为长治县唯一的一个有线电视村；1996年7月—2006年，牛扎根挂职西火镇党委副书记、包关家村，任振兴煤业有限公司董事长。1999年6月，关家村教学楼破土动工。有了一定积累的牛扎根要让孩子们有更好的学习环境；解决了"老三难"问题后，牛扎根开始谋划建新村。2004年，郜则掌新村建设动工；2005年9月，郜则掌村全体村民喜迁新居。

  2007年至今，牛扎根一步步把振兴煤业有限公司和振兴村的发展紧密联系起来，互相帮扶，合作共赢，探索出一条资源型村庄转型发展之路。2008年，振兴集团总部正式办公运营；3月，寄宿制学校、振兴会堂开始建设；4月，瀚立建材厂开工；10月18日，关家村改名振兴村，全体村民喜迁新居；10月，供热站、燃气站相继竣工。2009年4月，文化体育活动中心、休闲山庄相继开工。2010年7月6日，牛扎根带领振兴村成为长治县统筹的振兴试验区；同月槐荫寺开工；9月25日，举办庆祝新区成立大型晚会，邀请北京歌舞团著名演员潘长江、林依轮、阿丘、玖月奇迹等现场演出，超过1.5万人观看；12月，鑫源农产品专业合作社成立。2011年8月，红色广场开工；11月，孝廉公园、振兴坛、文昌阁相继竣工。2012年3月，首届百姓根祖文化旅游节开幕。2013年7月，振兴村农民就地进城被省表彰，同年向阳新村建设动工。当这些项目因资金短缺进展缓慢时，牛扎根以自己的全部资产抵押贷款，为项目推进赢得了宝贵时间。牛扎根先富不忘带动贫困的邻村村民，带领他们一起发展。2016年，向阳村整体搬迁入住新村。物质丰富后，不忘精神文明建设，建立了一系列文化设施；他处处为村民着想，为防止因病致贫，组织村民加入"福村宝"，进行第二次报销；他有教育情怀，30多年如一日地支持教育、发展教育；随着上党印象步行街的开放，村里186户做起了农家乐，看着家家户户火爆的生意，村民乐了，他也笑了。

  他是个大忙人。他每天天不亮就起床，村里村外、工地田地、山上山下地转，寒来暑往，星移斗转，振兴村的每一个角落、每一寸土地都留下了他的足迹。他像一粒种子，用尽毕生的精力，在振兴村这片土地生根、开花、结果。他像一头老黄牛，用尽一生的力气，在振兴村这片土地耕种、流汗、奉献。解民忧，图自强，披荆斩棘无阻挡。东风暖，百花香，生态家园溢芬芳。

牛扎根弯腰弓背，苦心经营，富而不忘生他养他的家乡，扎根农村，他把自己全部的热情和才能奉献给了他心爱的事业，用一个个平凡而感人的故事，搭起了一座党和人民之间的"连心桥"，用一颗赤诚的心，谱写了一曲活跃在基层的共产党人之歌。

2. 充分利用了当地资源

振兴村是一面"由黑转绿"的旗帜。振兴的道路告诉振兴村村民，一个村庄的发展需要有产业的支撑，但煤炭绝不是村庄发展的长久支撑。振兴村利用煤炭的资本积累转向发展第三产业，最后实现第一、二、三产业融合，由"一煤独大"到多元支撑的发展道路，为村庄的绿色可持续发展奠定了发展基础。

为了打造青山绿水的美丽乡村，振兴村去黑产业，转重产业，发展绿产业。在产业结构调整攻坚战中，谋求"绿色突围"成为方向。乡村休闲旅游将会是振兴村以后很长一段时间的发展主题，实现从黑色煤矿开采到绿色生态旅游的转型。在文化旅游建设中，振兴村不忘本、不忘根，保留了乡土特色的原汁原味。振兴村坚持保护与恢复并举，将一些相对完整的古建院落保存下来，并对一些重要的历史遗迹进行了恢复重建。目前，村内有明清时期留下的古院落和独具特色的新民居一起被开发为特色民宿，在传承中超越其价值。同时，积极融入红色、孝道、廉政、民俗、生态的文化内涵，其做法受到了中央文明办和农业农村部的肯定和表彰。2018年12月29日，振兴小镇被评为国家AAAA级旅游景区。

3. 紧跟国家的发展政策

从建设新农村到实现农村就地城镇化，再到转型发展乡村生态文化旅游，振兴村用了十年，一步一个脚印走出了创新、务实、求强、共富的乡村振兴之路。

近年来，振兴村实现了文化内涵与经济产业相共生、自然风光与人文景观相映衬、三产发展与农业增收相融合，初步走出了一条生产生活生态"三生同步"；第一、二、三产业"三产融合"；农业文化旅游"三位一体"的新路子。

农村美，振兴村实现了"五化"目标。在村民住上洋楼，过上城里人生活的时候，振兴人未雨绸缪，及早布局。下决心促转型，地下转地上；

猛投入兴产业，黑色变绿色。一个"环境生态化、农村城市化、生活保障化、服务功能化、就业均等化"的美丽乡村惊艳了三晋大地，让慕名而来的全国各地游客看到了"春有百花秋望月，夏沐溪水冬听雪"的北方胜景。

农业强，振兴村实施了"五大举措"。坚持高标准，实现生产体系基础坚实；坚持大融合，实现产业体系特色突出；坚持强龙头，实现经营体系创新发展；坚持可持续，实现生态体系绿色共享；坚持优服务，实现服务体系功能完善。在农业方面，初步计划完成现代化、水利化、专业化、梯田化、生态化的目标。

农民富，振兴村达到了"五个就地"。依托振兴集团，以企兴村，兴企建村，并村建区，农民离土不离乡，创出了一条"就地入城、就地就业、就地入学、就地就医、就地养老"的就地城镇化新路子，打造了"绿树灰墙红花，小桥流水人家"的美好景致。

4. 走群众路线为民谋利

振兴村坚持群众路线，时刻把百姓的利益放在心中。从群众来，到群众中去，牛扎根是群众路线的忠实拥护者和实践者。

新中国成立70周年，党领导振兴村从创业治穷村、发展建新村、转型创名村的系列实践中，形成了艰苦奋斗的务实作风、敢想敢干的创新思维、奋斗拼搏的求强信念、为民造福的共富情怀，并探索出可行性机制、制度。

为了让振兴的百姓生活得更有质量、更有保障、更有尊严，振兴村建立了五大社会保障机制。

一是就业均等机制。社区内青壮年劳力全部就业。因病、因残不能就业，全部纳入社保范围。

二是医疗保障机制。卫生院药品实行零利润销售，千元以下医疗费全免。并健全了大病医疗补助制度，根据实际情况，进行不同的救助。

三是教育免费机制。凡在振兴学校就读的学生免校服费、免住宿费、补伙食费，考上大学的凭入学通知书报销学费。

四是养老保障机制。每年为60岁以上老人发放1200元养老金，并进行两次免费体检。

五是社会福利机制。群众全部变更为城镇居民户口，供暖、用水免费，用气、用电补助，福利每人每年1500元。开通了振兴村至县城、市区的免费公交车。

这些机制的实施、制度的落实，极大地解决了振兴村村民的后顾之忧，赢得了群众的衷心拥护。

四、振兴启示

一是乡村振兴要注重规划与功能同步、保护与恢复并举，打造集观、游、食、宿于一体的田园综合体。在依托田园风光进行乡村城镇化开发过程中，为确保农耕文明的记忆和传统文化的传承，振兴村在基础设施建设中，坚持规划与功能同步、保护与恢复并举。目前，通过以企带村模式，实现了"五化四供三通"，保证了住宅功能的有效利用。同时，将一些相对完整的古建院落保护下来，并对一些重要历史遗迹进行了恢复重建，部分开发为民俗酒店，实现了在保护中开发、在开发中传承、在传承中超越其价值的目的。

二是乡村振兴要注重文化内涵的注入，积极提升景区的文化品位，扩大其品牌影响力。在振兴小镇景区，无时无刻不在跳动着文化的音符、流淌着文化的元素。从观景影壁、振兴会堂、红色广场、孝廉公园、农民艺术馆、振兴广播站等各式各样的文化阵地设施，到一年一度的根祖文化艺术节、重阳文化旅游节、春节嘉年华、联欢晚会等大型群众文化活动。红色文化与民俗文化交相辉映，传统文化与现代文化比翼生辉。文化的音符在这个农民新城四处涌动，演奏着一曲曲现代文明的和谐乐章。特别是亮化的梦幻灯光，火树银花，给游客呈现出一幅美轮美奂的亮丽夜景。你可以领略到当地群众在建设全面小康之路上的精神基因和文化传承、民俗风貌和道德力量。通过文化内涵的注入，极大地提升了景区的文化品位，形成了其独到的品牌影响力。

三是坚持把"三农"发展作为乡村振兴最根本的出发点，实现旅游发展与农民增收的有效融合。乡村旅游的特色在田园，田园的风光在农业，如何使农业成为一种新的经济业态，是每个做乡村旅游的人所思考的重点。在发展乡村旅游中，振兴村实现了"农民变股民，资源变资本"的转变，从而让家家户户分享到旅游红利。通过成立专业合作社，不仅丰富了种植内容，提升了农业品质，而且充分调动了农民的参与积极性。通过以奖代补的惠民举措，推动了农家乐快速发展，扩大了就业，增加了收入。

振兴村紧紧围绕"绿水青山就是金山银山"的发展理念，坚持以

"特"为先、以"文"为魂、以"旅"为径,特色引领建设美丽乡村,三产融合催生旅游经济。以企带村、以工带农、以商带户,三带并举抓产业;融入生产、便利生活、注重生态,三生同步建新村;转民风、治家风、养村风,三风共育促文明;党委抓大事、支部办实事、党员做好事,三级齐抓固党建;旅农相融、旅工结合、旅商互促,三产融合共致富。实现了文化内涵与经济产业相共生、自然风光与人文景观相映衬、三产发展与农业增收相融合,初步走出了一条生产生活生态"三生同步",第一、二、三产业"三产融合",农业文化旅游"三位一体"的新路子。

振兴村从一个贫穷落后的小山村变成了一个充满现代化气息的农村城市化山庄,村民过上了城市人的生活,历程艰难而令人欣慰。无论是昨天的创业阶段、今天的发展阶段,还是明天的跨越阶段,振兴村建设的初心始终没有改变,就是让村民变工人、让工人变股民,实现农村城市化、农业现代化、农民工人股份化,今后振兴村将一如既往、一往无前,学名村,赶强村,向共产主义小区迈进,全力实现"十振十兴"的目标。

  振实干,兴责任——强化基层党政勤廉禀赋
  振提升,兴转型——绿水青山就是金山银山
  振规划,兴产业——优化乡村空间发展格局
  振农业,兴田园——建设美丽田园乡村风貌
  振教育,兴人才——培养新型职业乡村人才
  振根脉,兴文化——营造和谐共生乡愁文化
  振科技,兴动能——优化乡村经济发展机制
  振特色,兴创意——营造独特乡村发展特色
  振合作,兴竞争——铸造乡村市场驾驭能力
  振精神,兴梦想——携手共赴富强新美目标

振兴村全面实现振兴后,村民幸福指数很高,物质和精神都日渐丰富的振兴新区有了更高的目标、更大的干劲,开启了升级模式。为了进一步做大做强振兴新区的旅游产业,带动更多的群众致富,2018年,长治县振兴新区改制为上党区振兴乡村生态文化旅游区,振兴村党委书记牛扎根任旅游区党委书记和山西上党振兴集团董事长。成为上党区振兴乡村生态文化旅游区后,振兴村开始加大力度建设振兴小镇,振兴小镇未来的发展图景是什么样的呢?

第十六章

振兴规划　宏伟蓝图

2016年12月，国家发改委印发了《关于实施"千企千镇工程"推进美丽特色小（城）镇建设的通知》，明确聚焦重点领域：产业发展和城镇功能提升两个重点，培育休闲旅游、商贸物流、信息产业、智能制造、科技教育、民俗文化传承等特色优势主导产业；2018年印发了《中共中央国务院关于实施乡村振兴战略的意见》中提出："乡村振兴，产业兴旺是重点。实施休闲农业和乡村旅游精品工程，建设一批设施完备、功能多样的休闲观光园区、森林人家、康养基地、乡村民宿、特色小镇。"山西省出台的《山西省乡村振兴战略总体规划(2018—2022年)》《关于2018年实施乡村振兴若干政策措施的通知》，重点支持农林文旅康产业融合发展。2018年长治县《政府工作报告》中，将特色小镇建设作为重点内容。而振兴旅游区一直致力于发展田园化城市、特色化小镇，非常符合国家和地方的发展政策，乘势定出了一系列发展规划和蓝图。

一、重点计划

（一）振兴村十个未来发展重点

（1）建成太行乡村振兴人才学院；
（2）建成"上党印象"体验区；
（3）实施振兴西火田园综合体；
（4）创建国家级特色小镇；

（5）创建国家 AAAA 级景区；

（6）治理塌陷区，建造一个湖；

（7）打造上党雄山千古情实景剧；

（8）建成康养中心和"三农"博物馆；

（9）建成山西老岭山森林公园；

（10）打造振兴特色小吃村和旅游产品售卖区。

在此基础上，加快田园化城镇建设，催生休闲经济，同时落地四大项目。

（二）振兴村计划的四大项目

（1）计划流转土地1万亩，打造乡村振兴田园风光。

（2）新建一所农合院校，培育更多的新型职业农民，参与到乡村振兴大战略中。

（3）农业公司成立农产品加工包装中心，做到有产品，有包装，有特色，做大做强振兴农业品牌。

（4）与火石品牌团队强强联合，提升乡村业态，突出核心品牌，定位主题文化，走大健康、大养生、大休闲的旅游之路。

同时，落地村镇银行，培育农村电商，完善快递快投，优化服务环境，提前七年实现乡村全面振兴，走上可持续发展的道路。就像宣传片中说的那样：

"眺望振兴，青山怀抱中，花园别墅林立；走近振兴，蝶恋花海间，风景这边独好。

"乡村振兴战略，振兴村恰如其名。要在希望田野上，创造美好生活的榜样。

"乡村振兴实践，振兴村恰逢其时。要在绿色发展中，建成乡村振兴的典范。"

二、未来路径

（一）坚持突出特色

1.坚持突出特色。坚持发掘振兴村原有特征：振兴村交通便捷、地理位置优越,位于太行山西麓、雄山南麓、上党盆地南缘,东临壶关,南接陵川,西壤高平,北靠雄山。北距上党古城长治35千米,南距晋城50千米,紧邻二广高速、207国道、长陵快速路,庄子河公路贯穿镇区,距山西第二大空港长治机场35千米;振兴村的土壤资源肥沃,以褐土中的浅黏绵垆土土壤为主,该土种pH值为7.5~8.0,呈微碱性,质地适中,耕性良好,宜耕期长,肥力水平较高,是较好的农耕地,主要适合种植小麦、玉米、谷子,以及苦参等中药材;同时,振兴新区生态环境优越,四周群山环绕、翠绿掩映、气候宜人,素有"无扇之城""天然氧吧"之称。只要坚持振兴村绿色转型发展的主题,突出康养核心产业,形成适应本身特点的发展模式,就可以走特色鲜明的田园化城市发展之路。

2. 坚持产业主导。将第三产业、文化产业发展放在首要地位,稳固煤炭产业的发展,升级产业链条,优化产业结构,把更多的目光放在绿色产业,发挥市场在资源配置中的决定性作用,加快推进"放管服"改革,全面优化营商环境,营造投资兴业、创新创业的良好氛围,不断培育新型经营主体,壮大康养产业集群和文旅产业集群,使振兴村走上一条绿色的可持续发展的创新型道路,走出一条产业兴旺、质量高端、创新有力、城乡融合、生态宜游的发展道路,打造山西省领先、全国知名的产业融合示范区、乡村振兴样板区、城乡融合先行区。

3. 坚持融合发展。三产融合绿色发展:旅农相融,提升农业品质;旅工结合,催热城乡建设;旅商互促,带动餐饮物流。同时,优化空间布局,推动产业发展与资源环境协调;优化产业结构,推动第一、二、三产业协调;加强区域发展统筹,推动城乡发展协调;创新体制机制,推动各类经营主体协调发展。

4. 坚持以人为本。始终坚持把农民放在主体地位,创新现有的机制,完善基础设施和福利待遇,让村民成为真正的主人和建设者,不断激发村民的参与性和积极性,不断探索构建"利益共享、风险共担"的利益联结机制,让广大小农户与产业发展对接,分享振兴村建设成果,增强村民的获得感和主人翁意识。

5. 坚持绿色发展。大力发展绿色产业和乡村休闲经济,走环保可持续道路,将生态环境保护放在振兴村建设的重要位置,严守生态保护红线、环境质量底线、资源利用上线,制定环境准入负面清单,发展全域生态循环经济,构建山水林田湖草生命共同体,促进人与自然和谐共生,边发展边治理,紧紧围绕"绿水青山就是金山银山"的理念,打造一个绿色环保的特色小镇。

（二）发展路径

1. 与绿色农业结合，发展农耕体验康养。建设优质杂粮、精品蔬菜、绿色林果和种养循环示范基地，应用本地特色品种，推广绿色高效栽培技术，提高特色农产品质量和产量，积极申请"三品一标"认证，打造小镇的绿色食品基地。依托农业产业和农耕文化，大力发展观光采摘、亲子体验、健康餐饮的多种形式的休闲农业与乡村旅游，将优质产品、农耕文化转化为游客的健康美食和良好体验，实现农耕体验康养。

2. 与中医药及现代医学结合，发展医疗康养。围绕大健康产业发展需要，建设以药食同源药材为主、兼具保健功能的中药材种植基地，积极申请GAP认证，打造道地中药材基地。建设中医养生馆，引进省内外三甲医院入驻，以康复医疗为重点内容，发展中西结合的医疗健康产业，打造山西省知名的康复基地。

3. 与自然环境结合，发展生态康养。积极保护生态环境，综合整治采煤沉陷区，开展环镇绿化、沿路绿化、村庄绿化，建设农田林外和片林基地。开展农村人居环境整治，建设全域美丽乡村。推动农业绿色发展，积极营造农业景观、改善自然景观，打造依托良好环境和优美景观，打造春可赏花、夏可赏叶、秋可赏果、冬可赏雪的生态康养基地。

4. 与体育运动结合，发展运动康养。建设完善山地自行车道、健步走道、登山道、冰雪世界、游泳场、综合体育场等运动设施，发展以休闲和素质拓展为目的，以乡野空间（环境）和荒野空间（环境）为主要活动场所，以现代设施为载体，以非竞技性的运动形式为内容的体育运动，打造运动康养基地。

5. 与历史文化结合，发展文化康养。深度挖掘当地红色文化、民俗文化、农耕文化，建设完善上党战役纪念馆、毛泽东铜像广场、上党映象一条街、非遗传统工艺体验互动区、民俗文化村等设施，发展文化产业，在保护与传承中，深入挖掘文化的经济价值，打造文化康养基地。

6. 与教育培训结合，发展智慧康养。建设太行人才学院（职业技术教育学院），围绕太行山区发展需要，开展有针对性的职业人才培养。建设农民培训基地，以家庭农场主、专业大户和合作社领办人为重点，开展农业生产经营技能培训。建设双创基地，为创业人员提供低成本、便利化、全要素的工作空间、网络空间、社交空间和资源共享空间。通过发展有针对性的教育培训，强化振兴小镇对区域发展的人才智力支撑，打造智慧康养基地。

7. 与养老度假结合，发展居住康养。在农耕体验养生、生态养生、运动养生、文化养生的基础上，建设养老公寓，把老年人吸引到小镇、留在小镇。建设具有浓郁地方特点的休闲民宿，为游客提供住宿餐饮服务。

三、发展目标

（一）发展定位

1. 全国知名康养基地。到目前为止，康养产业呈现市场需求庞大、发展前景广阔的状态，康养产业目标客群有银发养老客群（老年人群）、养生保健客群（中青年人群）、医疗康复客群（疾病人群）、美容康体客群（健康人群），市场聚焦老年人群和亚健康人群，随着需求多样、市场细分、产业外延，美容康体人群、母婴人群也晋升为新一代康养消费群体。在这种情况下，振兴村瞄准市场机遇，发挥自身良好的生态环境优势、气候条件优势、优质产品优势、深厚文化优势，创造自己的品牌，发展壮大观光体验、休闲农业、特色餐饮、医疗保健、运动娱乐、文化创意等特色优势产业，形成特色鲜明、主题明确的康养产业集群，打造全国知名的康养基地、休闲避暑"无扇之镇"。

以康养为主题的休闲农业与乡村旅游业、医药产业、养老产业、文化产业、教育产业、餐饮产业等蓬勃发展，形成山西省内知名的康养产业集群。到2021年，振兴小镇养老康养床位数达到5000张，康养产业产值达到2亿元；年游客接待量达到100万人次，旅游业收入达到1.5亿元。

2. 山西省融合发展示范区。始终坚持把农业放在基础产业不动摇，同时把农业和旅游联合起来发展，大力发展农产品加工物流、休闲农业与乡村旅游，延伸产业链条，拓展产业功能，改善生态、生活条件，壮大农村集体经济，实现产业融合、功能融合、产村融合，打造山西省融合发展示范区，创造山西省第一个旅游发展示范区。

3. 山西省乡村振兴样板区。深入贯彻落实习近平新时代中国特色社会主义思想，牢固树立创新、协调、绿色、开放、共享的发展理念，以助力乡村振兴、增进农民福祉为出发点和落脚点，以供给侧结构性改革为主线，以发展特色产业为核心，以康养为主题，以高质量发展和绿色发展为方向，高起点谋划、高水平建设振兴小镇，不断优化空间布局，壮大特色康养产业集群，提升装备科技支撑，创新体制机制，走出一条产业兴旺、质量高端、创新有力、城乡融合、生态宜游的发展道路，打造全省领先、全国知名的乡村振兴样板区。

4. 山西省城乡融合先行区。以振兴集团为支持，形成以工促农、以城带乡、城乡互动的新型城乡关系，加快构建城乡融合发展体制机制，推动城乡基础设施一体发展、公共资源城乡合理均衡配置、城乡要素自由流动，打造长治首个城乡统筹试验区，走就地城镇化道路，打造山西省城乡融合发展先行区。

5. 产业融合高地、产业兴旺的丰收田园。计划通过3年建设，将振兴小镇打造成为产业融合高地、生态宜居胜地、文化康养福地。农业现代化水平高，振兴小镇在山西省率先基本实现农业现代化；农村三产融合程度高，产业链条不断延伸，休闲康养等新业态不断壮大；产业效益高，带动农民增收致富能力显著增强。

6. 生态宜居胜地、安定祥和的宜居家园。振兴小镇全域生态美，形成山水林田湖草统筹发展的开放式生态安全格局，实现地更绿、林更茂、水更清；居住环境美，振兴村村民居住环境大幅改善，村庄实现绿化、美化、亮化，农民衣食住行更加便利，全域建成美丽乡村。

7. 文化康养福地、宜游宜养的盛世乐园。红色文化、农耕文化得到有效传承，并与教育产业等深度融合，文明乡风、良好家风、淳朴民风得以弘扬，生态观光、健康饮食、医疗保健、运动娱乐等康养业态不断壮大，生态环境、优秀文化的产业价值有效发挥，人民的安全感、获得感、幸福感不断增强。

（二）主要目标

1. 农业现代化水平显著提高。振兴小镇的农业目前以种植业为主，农业年产值达到2000余万元，目前成立了鑫源有机农产品专业合作社，已将振兴小镇内农业用地全部流转，主要品种包括道地中药材、设施蔬菜、林果、杂粮等，规划建设了"五个千亩"种植基地：千亩干果经济林种植、千亩道地药材种植、千亩小杂粮生产、千亩花卉培育和千亩有机蔬果种植。此外，镇区东南部有生猪养殖场1处，年出栏量约为3000头（规划拟搬迁）。

尤其是近年农业产业规模不断扩大，产业链条延长拓宽，设施装备水平、经营管理水平、可持续发展水平和产出效益水平大幅提高。到2021年，振兴小镇内农业总产值达到3200万元，农产品加工业产值与农业总产值之比达到3.5∶1，高标准农田面积达到2000亩，建成设施农业基地200亩以上，农业科技进步贡献率达到65%，加入合作社农户比重达到80%以上，化肥、农药利用率分别达到45%和42%，农作物病虫害绿色防控覆盖率达到60%，农业劳动生产率和土地产出率分别达到3.5万元/人和7000元/亩。

2. 人民生活水平显著提高。实现了就地城镇化的目标，达成了"环境生态化、农村城市化、生活保障化、服务功能化、就业均等化"目标；依托振兴集团，"以企兴村"，"兴企建村"，农民离土不离乡，闯出了一条"就地进城、就地就业、就地入学、就地就医、就地养老"的就地城镇化的新路。振兴小镇的生态环境得到了显著的改善，到2021年，小镇绿化覆盖率达到75%以上，采煤沉陷区全部得到有效治理，村庄污水处理覆盖率达到100%，全部农户实现冬季清洁采暖；村民居住环境得到了明显改革，建立了五大社会保障机制（就业均等机制、医疗保障机制、教育免费机制、养老保障机制和社会福利机制），村民就业岗位进一步增加，收入水平大幅提高，小镇内幼儿园达到省定基本办园条件标准，学前三年毛入园率达到100%，村民人均可支配收入达到3万元以上，幸福指数不断上升。

四、规划工程

振兴村围绕现代农业、康养旅游和乡村振兴的发展方向，以高质量发展和绿色发展为原则，高起点谋划、高水平建设一批全局性、基础性、综合性强的重点工程项目，不断优化空间布局，壮大特色康养产业集群，整合资源、统筹规划，夯实特色小镇发展基础。

（一）现代农业产业推进工程

1.绿色粮油标准化种植基地建设项目。建设高产稳产、优质高效的粮食生产示范基地650亩。以巩固提高粮食综合生产能力为核心，以发展优质绿色玉米、谷子、大豆、高粱、绿豆等五谷杂粮为重点，打造长治市粮食高产创建样板。重点建设旱涝保收、高产稳产、生态良好的高标准农田，开展土地平整、土壤改良，建设田间灌排沟渠等基础设施，修建机耕道路，配套电网、林网等，提高农田生产能力；集成应用节水灌溉、专业化统防统治、测土配方施肥、秸秆还田等高产高效技术，促进农机农艺融合，提高杂粮生产的机械化水平。

2.道地中药材规范化种植示范基地建设项目。计划建设道地中药材规范化种植示范基地700亩，主要种植黄芪、苦参、党参、生地、连翘、柴胡等地方优势品种。重点改善基础设施生产条件，建设高标准农田，应用绿色生产技术，提升中药材种植基地规范化水平，产品力求全部实现中药材GAP认证。

3.绿色蔬菜标准化生产基地建设项目。按照现代农业"高产、优质、高效、生态、安全"的基本要求，集成先进的生态、循环、低碳农业新品种、新技术、新设备、新方法，建设以茄果类、瓜菜类和精特菜为重点的绿色蔬菜标准化生产基地。一是建设完善1座年产100万株种苗的蔬菜育苗智能温室，设施大棚占地约5亩，引进先进的全自动播种生产线和嫁接生产线，建设播种车间、催芽室、育苗车间，配置苗床、穴盘、喷滴管、保温帘等育苗设施设备；二是建设完善设施蔬菜高效种植基地100亩，重点建设钢骨架标准大棚，配套电力、道路等基础设施，重点配备小型耕整机械、水肥一体化机械和环境控制机械；三是建设有机露地蔬菜种植基地300亩，重点改善露地蔬菜生产基础条件，实施测土配方施肥、有机肥替代化肥和绿色防控等技术，配套路林渠等田间工程建设。

4.标准化果园建设项目。规划建设标准果园1000亩，推行果园养畜和有机肥还园，以苹果、梨、桃、葡萄、杏、山楂等水果为主，开展标准化抚育管理，推广丰产综合配套栽培技术。重点建设林间作业道路、水肥一体化灌溉设施、排洪沟、生态隔离沟等林间基础设施，配套管护和临时仓储用房及机械化、智能化生产管理设备，施行物理和生物防治病虫草害、无伤采收等技术。配合观光景观造景，选择果园制高点建设果园观光亭台2处。

5. 沿路花木种植基地建设项目。规划在道路沿线建设花木种植基地350亩，种植牡丹、芍药、月季、油菜、薰衣草等品种。重点建设田间基础设施，完善农田林网道路，配套水肥一体化灌溉设施，打造集观光休闲、艺术创作、婚纱摄影、影视拍摄为一体的创意主题区。

6. 振兴小镇中央厨房建设项目。规划占地面积20亩，建筑面积2000平方米，日配送能力20吨以上。引进建设一批主食和预制菜肴加工生产线，重点生产杂粮制品、鲜食蔬果、畜牧禽蛋、淡水产品、预制菜肴等多元化主食产品，积极开发功能性及特殊人群膳食相关产品。在振兴小镇内建设主食配送中心、直营店等，积极与长治市餐饮企业、外卖企业合作，力争进入其供应链。建立中央厨房的参观走廊、科普展厅等，拓展工业旅游产品。

7. 振兴小镇仓储物流基地建设项目。规划占地面积40亩，重点发展杂粮、蔬菜、水果、药材及其初（精深）加工产品的线下交易、仓储、物流功能。一是建设产地交易市场，高标准建设涵盖线下交易、农产品信息收集与发布、产品展示与体验、金融服务和品牌运营等多功能的交易市场、展销中心和商务中心。二是建设农产品仓储配送中心、第三方物流服务中心等，配套建设常温库及冷藏库。三是建设农产品质量安全检测中心，加强振兴小镇内农产品生产和流通情况的全过程监督，完善农产品质量安全追溯体系。四是建立振兴小镇电子商务平台，重点发展农特产品的线上交易、电商产品展示、商务企业运营和电商企业管理服务等功能。

（二）康养产业推进工程

1. 养老居住区建设项目。依据《振兴新区修建性详细规划》中的居住区布局，养老区位于低层居住区西部，规划建设养老公寓共57栋，共规划住宅户数2570户，可容纳1万人。继续完善梅苑、兰苑、竹苑、菊苑四大居住板块，建筑造型与风格色彩均与建成区居民住宅相同，并且排列风格也与建成区保持一致。推进村庄绿化、庭院美化建设，对村前屋后、路边沟旁和公共区进行绿化，改善村庄环境的生态质量和景观面貌，做到村庄整洁，实现美化、亮化、绿化。

2. 康乐医疗中心建设项目。完善提升振兴小镇现有医院水平，配套先进医疗设备，加强与知名医院的合作，引进1~2名知名全科医生，鼓励大医院医生到振兴小镇多点执业。新建中医药馆1座，建筑面积3000平方米。融会现代化西医和中医精华，结合中医 SPA 的养身概念，配合药园太极、瑜伽，健康的有机美食，同时配套保龄球、台球、桌游、棋牌等益智娱乐室，为老人和游客提供休闲娱乐场所。

3.高端养心民宿。高端养心民宿区占地约 250 亩，建设一批高端养心民宿，总建筑面积约 5 万平方米。高端养心民宿区的特点如下：一是要注重外部环境打造，最大限度地保持环境的原生态，通过乡土植物景观营造脱离于都市之外的闲逸气息；二是配套原乡居住体验，以石径、石墙、石阶、竹篱、茅舍营造闲情野趣的相聚情怀；三是提供参与体验会所，配套建设茶艺馆、竹艺馆、陶艺馆、有机餐厅、酒吧、水疗吧、活动场所等，可开展民宿、餐饮、瑜伽、书画、摄影、鱼乐、游泳、派对、婚礼仪式等活动。

4.梦回千年养心谷。养心谷作为老人功能康复区，占地面积约 80 亩，总建筑面积约 1.5 万平方米。一是以养心谷周边山、水、林作为建筑元素，建设一批生态木屋、观星帐篷等生态民宿群，打造"花海"主题景观和休闲垂钓池；二是建立铁匠工坊、丝绸工坊、织布工坊、染坊等系列匠人工坊，吸引老人和游客参与劳作，恢复机能；三是配套建设食疗养生餐厅、养生馆、瑜伽馆、品茶屋和花园茶亭，开发养生食谱、养生菜品、养生课程、养生私家定制等活动，为康养游客提供"药餐"料理和药酒、烤药、煮药等服务；四是规划梦回千年、多彩秋千林、汉唐会馆、幸福会馆、鹊桥仙等景点，打造美好幸福家园。

（三）文化旅游产业推进工程

1.向阳民俗文化村建设项目。占地面积约 85 亩，总建筑面积约 3 万平方米。建设明清民俗文化古街，在保留农舍本色的基础上，改造成太行山区乡村风格的民房，集中展示原汁原味的太行民俗风情和明清以来的农村生活的演变，沿街设立布坊、面坊、油坊、药坊、醋坊、茶坊及老街酒吧等休闲作坊；建立明清戏楼，融入古老秦腔等特色歌舞；结合香山百花谷、香山茶苑、民俗农家乐、休闲采摘园、红色文化景观长廊等项目，建立太行民俗博物馆，打造成农业起源、变迁和工艺民俗展示的太行印象体验地。

2.农事体验乐园建设项目。立足现有的口福生态园和生态采摘园，在东侧新建阳光大棚、立体种植智能温室 20 亩，打造供城市居民观赏、品尝、采摘、科普、体验和购买的农事体验区。一是大力发展叶菜、瓜菜、茄果等各类名特优蔬菜，引进种植新、奇、特、优的蔬菜瓜果，通过适度发展草莓、五彩辣椒、奇异南瓜、宝塔花菜等新奇品种，吸引游客观赏采摘；二是利用智能温室，向游客展示无土栽培、立体种植、节水灌溉、工厂化育苗、农业物联网、智能管理系统等现代化的农业技术装备，打造中小学生科普教育基地。

3. 振兴农业庄园建设项目。规划面积约560亩。一是围绕农耕文化和孝廉文化，综合打造上党振兴农业农庄，建立神农博物馆、草坪广场、梯田花海、欢乐滑道、花海卡丁车、传奇牧场和农家乐体验农庄等系列景点。二是建设微型动物园，对动物园内猪栏、牛舍、羊圈、鸡窝进行整体包装设计，打造统一的小动物卡通形象，树立动物主题标识；散养矮马、羊驼、绵羊、奶牛、香猪、特色禽类等宠物或小型品种，设置鸡蛋采捡园、游艺跑马场、宠物赛场、小动物喂养园等牧场游乐体验项目，供亲子游艺，建设可供游客烧烤、喂养的高原亲子牧场。三是通过筑草房、修篱笆、砌畜舍、圈牲口，重塑传统农耕场景，建设农耕体验农舍，设置赶牛车、收谷子、刨花生、推石磨等充满乐趣的体验活动。四是打造由米粉坊、谷磨坊、茶油坊、豆腐坊组成的农耕作坊汇，由村民现场展示米、面、油、豆制品等传统加工工艺。

4. 亲子创意乐园建设项目。整合现有的儿童游乐园和恐龙游艺馆，新建非遗传统工艺体验互动区，打造亲子创意乐园，规划面积约100亩。一是规划娱乐儿童区，建设生态餐厅、孺子牛科普馆、科技探索馆、鹦鹉恐龙馆、无动力乐园的亲子项目；二是规划创意农业区，打造草莓公社、番茄达人等体验项目；三是规划闪闪红星儿童拓展基地，初步建立儿童拓展操场、革命体验农庄、有机蔬菜种植基地；四是建设非遗传统工艺体验互动区，涵盖刺绣、编织、布艺、陶艺、木艺、竹艺等多种非遗和手工艺门类。

5. 运动康养中心建设项目。规划面积195亩，建设小型高尔夫球、篮球、网球、排球等室外休闲运动场所，羽毛球、乒乓球、游泳等室内运动馆、跑步、攀岩、滑雪等室内健身馆；建设山地道、登山道、健走道、溯溪道等漫步和骑行道路。

6. 大雄山森林拓展建设项目。规划面积约850亩。通过建立森林探险公园、野外拓展训练营、激流勇进漂流、山地真人CS、烧烤野营基地、秋千林、高空滑索、黄金沙丘、户外探险、森林VR体验馆等山地林下项目，并设置搭建各种关卡，形成难易程度不同、风格各异、刺激强度不等的野外探险活动，以丰富游人的活动锻炼，可吸引户外爱好者、青年学生和企业拓展训练者。

7. 山地狩猎场建设项目。规划面积约450亩。建设多功能射击场、小型动物狩猎场、标准化射击赛场，开展小口径步枪固定靶射击、飞碟射击、射弩等娱乐项目，并根据猎人的兴趣，在猎区内提供野外宿营帐篷和简易房舍，使猎人充分领略在原始森林中狩猎的乐趣。同时，设置休闲区、客房、接待餐厅等区域，还为旅游者提供优质的导猎、导游、交通、猎具等服务。

8. 跑马体验牧场建设项目。规划面积约20亩。以现代设施建设为手段对牧场进行整体打造。养殖舍内配套空气净化系统、照明系统；舍外建设跑马赛场、矮马喂养园、牧场能手竞技园等牧场游乐体验区等

9. 冰雪世界主题乐园提升项目。占地面积约45亩，提升现有的冰雪世界景区水平，开发冬春季节的强身健体踏雪运动游项目。一是规划大型戏雪区，开发狗拉爬犁、冰滑梯、雪地摩托、雪地自行车、雪橇、雪上飞碟、爬犁、滑翔翼、儿童滑翔伞、六人制雪地足球等娱乐项目；二是规划滑雪区，设置初、中二级滑道和儿童雪地摩托专用道，成立滑雪学校，配备国际先进的魔毯运送带、专业级进口滑板及双层雪圈等滑雪学习工具，满足不同水平滑雪者需求；三是设置如滑冰、冰壶、冰球、冰上举重、冰上三级跳、双腿冰车和单腿冰车等冬季冰上项目；四是建设雪顿木屋、挪威别墅等雪地住宿露营地等。

（四）人才教育产业推进工程

1. 太行乡村振兴人才学院（职业技术教育学院）建设项目。规划占地面积约300亩，总建筑面积约10万平方米。一是建设乡村振兴教学中心，主要进行自然和社会科学基础教学，根据教学需求配套穹顶教室、半封闭教室、普通教室等；二是职业技能教学中心，主要进行厨师、电工等专业技能培训；三是建设美术教学中心，吸引美术爱好者、美术创作者深入太行进行艺术创作，配套天然颜料调配实验室、阳光创作画房、雕刻室等；四是建设康体医疗教学中心，与全国医疗康体机构建立常年定向研究及开发课题，配套氧吧厅、瑜伽厅、康复医疗室、新陈代谢研究室、机能恢复测定室、医疗处置室等。

2. 乡村振兴讲习所和农民交流培训中心建设项目。规划占地面积约20亩。主要针对职业农民及合作组织、大学毕业生、返乡农民工、涉农企业等新型经营主体,开展现代农业生产技术培训、经营管理培训等,全面提升培育对象的综合素质、生产技能及经营管理能力。主要建设培训教室、实操室、展示室、讨论室、休息室等,配套远程视频教学系统装备、投影设备、广播系统等多媒体教学系统,以及计算机、无线终端等教学设备。

(五)基础设施提升工程

1. 综合管理服务中心。建设完善振兴小镇管理办公室、信息管理室、监控室、客户咨询服务室等,实行振兴小镇一站式管理服务,确保多部门协调运转;推进农资农机服务中心、农技指导中心、农村金融保险服务中心等综合配套服务项目建设。

2. 游客服务中心。继续完善旅游集散中心、文化主题广场和大型停车场,重点突出振兴小镇特色文化元素,设立相关标识、雕塑、花池、景墙等景观小品,建立包括接待、信息、餐饮、住宿、购物、娱乐和其他辅助设施的旅游集散中心。

3. 产品展示中心建设项目。建设完善以有机杂粮、康养食品等振兴小镇农特产品为主的销售和展示门店,建立游客品尝、畅饮、DIY手工制作、可视体验、产品定制等空间。

4. 创新创业中心建设项目。引进国内外农业高新技术团队,建立工作室、实验室和工作台,配套文件柜、办公桌、实验仪器、宽带等设备;集中建设接待室、前台、会议室、机房等商务配套设施;建设共享休息区、茶歇间、阅读区、吸烟室、更衣室等共享服务区,实现咖啡、茶水、零食等无限供应,打造振兴小镇众创空间。

5. 农产品质量安全检测中心。建设农畜产品质量安全检验检测站1处,配套检验检测仪器和质检人员。完善农产品质量安全追溯体系,实现生产(初加工)、收购、储存、运输环节的全程可追溯,增强振兴小镇内农产品竞争力。

6. 农村基础设施提升工程。改善小镇内道路、供水、排水、供电、供气、照明、通信、网络等基础设施建设。规划建设完善游憩性道路3千米,满足游憩性交通要求(步行、自行车),串联各个旅游项目。加强对农村环境污染问题的整治，主要建设垃圾收集点、户用垃圾收集桶等。

7. 旅游服务设施建设项目。着力改善整个振兴小镇的停车场、厕所、垃圾污水处理等基础服务设施，加快旅游标识、宣传标牌、夜景照明等基础配套，全面提升休闲旅游整体形象；实施"后备箱"工程，开发适宜游客和城市居民消费、具有浓郁地方特色、方便携带的特色农产品，设计统一的品牌标识和形象，设立农副土特产品销售专区；加强振兴小镇重点区域旅游服务设施建设。

总之，这样规划下来，秉承"城乡统筹、产村互动、农旅融合、医养结合"的发展理念，振兴小镇主动对接长治县各类发展规划，进一步与城乡总体规划和土地利用规划布局紧密衔接，构建以振兴小镇综合服务中心为动力源，以"五康·五养"南北产业发展翼为增长极，以振兴小镇文化景观长廊为纽带，有效带动特色小镇发展的"一心、两翼、一走廊"空间布局，形成康养度假、文化旅游、教育培训、农业生产、加工转化、品牌营销、科技示范的互动融合发展新格局，激发产业链、价值链的重构和功能升级，促进产品创新、业态创新和价值创新，引领山西特色小镇加速发展，建设宜业、宜居、宜游、宜养的农旅康养小镇。

同时，为了完美地实施以上的规划蓝图，顺利实施振兴小镇建设，尽早发挥振兴小镇的辐射带动作用，促进产业兴旺和乡村振兴，振兴小镇按照"统一规划、分期建设"的模式进行，即建设初期做好整体规划，根据建设资金筹措情况和市场需求，分期建设，同时积极开展招商活动。振兴小镇规划建设5大重点工程共28个项目，总投资9.609亿元。其中，现代农业产业推进工程投资1.039亿元，占10.81%；康养产业推进工程投资3.95亿元，占41.11%；文化旅游产业推进工程投资1.665亿元，占17.33%；人才教育产业推进工程投资2.8亿元，占29.14%；基础设施提升工程投资1550万元，占1.61%。并且，政府投资2.94亿元，占总投资30.60%；社会投资6.669亿元，占总投资69.40%。积极争取山西省和中央财政资金，加大市本级和县财政对振兴小镇的投入，按照建设项目的公益性关联度划分为非经营性项目，如基础设施建设等；经营性市场化项目，如康养项目、休闲旅游项目等。资金筹措渠道包括申请中央财政投资、地方配套资金和社会资金。其中，非经营性项目主要依靠中央财政投资和地方配套资金；经营性市场化项目重点发挥财政资金的引导作用，带动社会资金为主体投入。

截至目前，本规划预计实施期为2019年1月—2021年12月，根据重点项目的轻重缓急程度安排每年的投资。其中，2019年规划投资1.9627亿元，占总投资的20.43%；2020年规划投资4.3056亿元，占总投资的44.80%；2021年规划投资3.3407亿元，占总投资的34.77%。

未来十年，农旅康养企业将会成为振兴小镇的支柱型产业，康养产业不仅涉及食、住、行、游、购、娱乐、医疗等直接经济部门，而且涉及金融、通信、安全、卫生等相关服务部门。同时，为满足康养旅游消费，还间接地拉动第一、二、三产业中的许多相关部门进行生产与服务。带动区域经济发展，提供一种新的发展模式，即立足"生态+农业资源"，优势大力延伸产业链，推动产业内部升级，通过产业升级吸引行业领军人才，完善产业配套和产业发展环境，形成产业发展的比较优势，依靠雄厚的产业基础、丰厚的人才资源和优良的产业发展环境吸引外地资源，发展具有自主能力创新的农旅康养产业，实现农业发展方式转变和产业结构优化。根据世界旅游组织（UNWTO）提供的资料，康养旅游业每直接增加1个就业人员，就能为社会增加5个就业机会，农旅康养产业属于劳动密集型行业，本身能吸收大量的劳动力，提供大量的就业机会；旅游康养业又是关联系数很高的行业，它的发展能带动大量的相关行业的发展。根据本项目规划，项目建设直接和间接能够提供2000个就业岗位，对缓解当地的就业压力、维护振兴小镇的稳定，无疑具有重要的意义和作用。振兴小镇建设将农业生产、康体养生、文化旅游、美丽乡村建设与生态建设、环境保护紧密结合，通过发展康养产业和文化旅游产业，大力美化农村环境。通过实行测土配方施肥、病虫害统防统治、绿色防控技术和有机肥替代化肥行动，减少农业面源污染。通过山水林田湖草综合治理工程，综合整治采煤沉陷区，开展农村人居环境整治，开展环镇绿化、沿路绿化、村庄绿化，不断优化当地的生态环境。

五、项目推进

（一）项目建设

（1）振兴康养中心总投资2.6亿元，目前已完成1.2亿元。

（2）振兴智慧乡村项目总投资5169万元，目前已完成一期、二期工程项目2400万元，包括5G智慧云平台、党建云平台、党建指挥中心、智慧党群馆、5G智慧小镇。

（3）振兴现代农业产业园项目总投资1450万元，完成第一期工程650万元。新修田间水泥路5.5千米，形成了三纵三横的田间道路。

（4）总投资2600万元，提升振兴小镇AAAA级景区观光旅游路项目。

（二）民生实事

在重阳敬老、帮扶济困、群众福利、教师节、儿童节、春节等发放奖品奖金累计达到1360万元。"福村宝"二次报销265人次，报销金额85.5万元，为全区群众实施了供暖免费、供水补贴。同时，投资380万元建成振兴老年人文化活动中心，帮扶100万元完成壶关县郊界底村新修舞台项目。

（三）人才培训

从2020年6月8日开始至10月底，共培训65期，培训人数11650人次，涉及全市人大代表、政协委员等各类培训共15类，实现营业收入485万元。长治市职业技术学院振兴分院、长治市职业技术学院振兴实习实训基地、长治市教育局中小学生研学基地揭牌，成功申报第四批产教融合型试点企业和乡村振兴人才培养优质校。今后的努力方向是：围绕办一流乡村教育的目标，抢占产教融合的高地，办成"基础教育与职业教育相匹配，初等教育与高等教育相衔接，课堂教学与户外实践相融合，学生毕业与学生就业相同步"的富有振兴特色、彰显人才优势的全市一流、全省领先、全国知名的教育培训院校。

（四）生态环境

（1）60人的专业绿化队伍种植各类树木2.5万余株，绿化面积265亩，绿化总投资450万元。

（2）煤改气集中供热工程总投资1630万元，实现了当年改造、当年竣工、当年供暖的目标。

（3）投资360万元新建星级公共厕所2个、化粪池1个，新增环卫人员35人，新增分类垃圾箱100个，新增垃圾清运车5辆。

（4）投资100万元对辖区环境卫生进行了集中整治。如今的振兴，蓝天白云,四季皆绿,可谓春有百花秋望月、夏沐溪水冬听雪。

(五)产业转型

5G网络、数字乡村、智慧平台……一个个颠覆想象的数字化产品及方案迎面扑来,犹如插上数字翅膀,展开双臂的"数智化"不断激发振兴小镇创新活力。新生活、新品质不断触摸绿色产业、数字经济、人工智能等新经济、新业态的最前沿,感受振兴人构建新发展格局、推动高质量发展的跃动脉搏。

(六)文化建设

成功地举办了五一小长假系列活动、粽情与你端午节健步行、"夜振兴"文化活动、中秋国庆"双节"系列活动、第三届"振兴日"活动,第九届重阳文化旅游节活动。振兴小镇先后多次登上中央电视台《新闻联播》《新闻30分》《朝闻天下》《新闻直播间》《中国新闻》《美丽中国乡村行》栏目,以及《人民日报》、人民网、学习强国、《山西日报》、山西省委组织部官网、《长治日报》、长治电视台、上党全媒体等新闻媒体。同时,建成振兴新时代文明实践所,在志愿服务、助力文明创城、小故事彰显思想伟力宣讲大赛、社会主义核心价值观示范点验收工作中,广受好评。

(七)党的建设

在党的建设、安全稳定、疫情防控、脱贫攻坚、森林防火、环境整治等重点领域,创新推行"党委委员包村包街道包企业、支部委员包班组、党小组长包党员、党员包农户、农户包家人"的五级联包新举措。形成了党委抓大事、支部办实事、党员做好事的新模式。高标准地建设了智慧党建系统、新党员活动室、新党员文化墙、新便民服务站、新综治办公室、新时代文明实践所、学雷锋自愿服务站,开通了振兴党建云平台。吸引全国各地256家村级组织参观学习振兴党建经验。主题教育、三基建设、党日活动唱响了振兴主旋律。党风廉政、信访维稳、精准扶贫重点领域抒写了振兴新篇章。

（八）荣誉表彰

2020年，振兴小镇荣获全国农村创新创业孵化实训基地、入选25°C夏旅行十大避暑胜地榜、上党红色国际马拉松赛铜牌，振兴村荣获国家森林乡村、2020年全国名村影响力300佳排行榜第35位、山西省首批AAAA级乡村旅游示范村、第一批全国乡村旅游重点村金融支持、首届"黄土地杯"山西休闲农业和乡村旅游美丽乡村、花间堂最美民宿、长治市十佳美丽乡村、全国美丽宜居村庄短视频擂台赛优秀作品奖，振兴集团荣获中国企业社会责任百强企业、山西省农业产业化龙头企业。

振兴村的发展蒸蒸日上，在村民和领导眼中、媒体报道中的振兴村又是什么样的呢？

第十七章
村民、领导心中和新闻报道中的振兴村

振兴村发展到今天，取得了一系列的突出成绩，给不同的人带来了不同的感受、收获，也产生了不同的看法。振兴村的发展，受益最大的是振兴村村民，对振兴村村民来说，振兴村是他们幸福的家园，是他们生活、工作的地方，振兴村的面貌是他们几代人共同奋斗、一步步改造过来的，振兴村的发展是他们一手推动、合力创造的，他们既是最大的付出者，又是最大的受益者；在领导眼里，振兴村是发展的典范、成功的试验田：振兴村在积极落实中央、地方的政策中发展、壮大，离不开各级领导的引领、支持和帮助，领导希望振兴村发展好，更希望在发展好的基础上，带领更多的村庄发展、更多的村民致富；在媒体眼中的振兴村，是乡村振兴的示范村，是转型发展的好样本，是节假日活动的典型村，媒体积极报道振兴村是为了挖掘振兴村的先进经验，展示振兴村的特色风情，让更多的村庄像振兴村一样获得快速发展……在游人看来，振兴村是休闲的好去处、避暑的优选地，经常举办大型的文体活动，在市台、省台、中央台都经常报道……

一、村民心中的振兴村

走在振兴村的马路上，笔者碰到一名开电瓶车的司机，问到他在振兴村生活得怎么样时，他说："好啊！我们村环境好，生活没压力有动力。"

在村民袁德平家中，他指着墙上挂的全家福照片说："现在我们全家人都在区里上班,我在农业合作社,老伴儿在学校,儿子在煤业公司,3岁的小孙女秋天就在区内幼儿园入园了。我家以前的土地以每亩每年1000元的价格流转给试验区的农业合作社,现在居住的三层小楼近300平方米,扣除旧宅折价后花费4万余元,新区派出所正在给我们办理非农户籍。"

二、领导眼中的振兴村

振兴村的根祖文化旅游节是一大创新之举,一张节会名片,能带动县域发展:长治振兴第六届根祖文化旅游节开幕式上,长治县委常委、宣传部长张延节在致辞中说:"长治·振兴第六届根祖文化旅游节的举办,既是振兴村六年来矢志不渝地坚持弘扬中华优秀传统文化、尊崇和纪念先圣先师、教育百姓不忘先辈创业艰辛的一大创新之举,也是该村深挖根祖文化、打造乡村旅游品牌、推动区域经济转型升级的一张节会名片。"他表示:"长治·振兴第六届根祖文化旅游节的举办,将推动振兴的乡村休闲度假旅游迈上一个新的台阶,也将为我县文化旅游事业的发展迎来又一个朝气蓬勃的春天。"

三、媒体报道的振兴村

媒体对振兴村的报道多为振兴村特色的活动、好的做法、举办的会议,以及振兴村和书记牛扎根获得的荣誉。

1. 根祖文化旅游节。2017年3月13日14:50人民网报道了3月11日在槐荫寺广场盛大开幕的长治·振兴第六届根祖文化旅游节。

2.重阳节。人民网长治10月29日电（王建、杨志勇）：九九重阳节，浓浓敬老情。10月28日，是我国传统节日——重阳节，为弘扬和传承中华民族尊老、敬老、爱老、助老的传统美德，践行社会主义核心价值观，努力打造北方最具特色乡村度假胜地，28日上午，长治·振兴第六届重阳文化旅游节在长治县振兴新区振兴村隆重开幕。来自振兴村及周边村近千名老年人参加了开幕式。

开幕式上，99位"模范老人""九大孝星"受到表彰；现场，与会领导为振兴村颁发"新时代美丽乡村建设范例""振兴村农民讲习所"牌。据了解，本届旅游节为期3天，以"举国欢庆新时代，乡村振兴贺重阳"为主题，涵盖重阳敬老、文化传承、旅游观光3大板块，包括老年人免费体检、登山健走及座谈会、模范老人表彰、上党梆子演出、中国魔术"第一村"走进振兴、全国书画艺术家及夕阳红艺术团体走进振兴、上党名吃大奖赛、商贸交流一条街、小镇景区一日游9项主题活动，让大家感受赏菊看戏、登高健身、书画艺术的传统文化；体验上党名吃、商贸购物、乡愁记忆的乡村特色；领略农业采摘、休闲旅游、沙漠之旅的独特魅力。

与此同时，来自全国各地的书法大师、画家、艺术家齐聚振兴村，开展一系列艺术创作主题活动，通过形式多样、丰富多彩的主题活动，不仅弘扬和传承了中华民族的优秀传统文化，营造了敬老、爱老、助老的社会风尚，而且丰富了老年人的文化生活，提高了老年人的幸福指数。

开幕式结束后，与会领导和全体群众集体观看了来自长治县老干局夕阳红艺术团的数十名表演者带来的乐器大合奏等节目。

3.精品特色小镇。振兴村在"一带一路"政策中成为精品特色小镇的一员，被人民网报道宣传。人民网北京9月29日电（田虎）：由人民日报社、国家旅游局指导，人民网主办，阿里巴巴文化娱乐集团UC协办的"一带一路"文旅产业发展论坛（以下简称"论坛"）在人民日报社新媒体大厦人民网 1 号演播厅举办。论坛公布了一批"一带一路"国内精品文旅特色线路、"一带一路"国际精品文旅特色线路、"精品特色小镇"、优秀文旅企业名单,以鼓励业界为"一带一路"相关旅游发展所作出的贡献。山西长治振兴村小镇在精品特色小镇中,与内蒙古乌兰察布霸王河生态小镇、河北旅投翠云山·奥雪小镇、世茂集团华北区域·一渡青青小镇、鼓浪·水镇、五丈原旅游品牌、丹寨万达小镇、万科良渚文化村、江苏周庄镇、浙江乌镇并列。

4. 振兴村牛扎根荣获"2016 中国全面小康十大贡献人物"。2016 年 12 月 17 日,以"五大发展理念与全面小康"为主题的"2016 第十一届中国全面小康论坛"在北京举办。山西长治县振兴村与华西村、茅台镇、乌镇等 10 个村镇入围"2016 中国全面小康十大示范村镇";山西上党振兴集团董事长、振兴村党总支书记牛扎根与吴协恩、郎平、任正非等 10 人一起荣获"2016 中国全面小康十大贡献人物"。在介绍牛扎根时,介绍、宣传了振兴村、振兴新区。

山西上党振兴集团董事长、振兴村党总支书记牛扎根介绍:"振兴新区成立于 2010 年 7 月 6 日,是按照长治市委、市政府,长治县委、县政府以企业优势带动新农村建设,以'中心村'示范区推动城乡一体化进程的发展思路建立起来的新型农村城镇化试验区。振兴村则是振兴新区城镇建设和产业转型的典范和缩影。"

5. 振兴村荣获"2017 年度中国乡村休闲旅游示范"奖。2017 年 11 月 15 日 10:29,人民网进行了报道:"2017 年 11 月 12 日,以'全域旅游、田园城市与休闲发展'为主题的 2017 中国(国际)休闲发展论坛在杭州盛大启幕,振兴村荣获'2017 年度中国乡村休闲旅游示范'奖。"

6. 人民网夸赞振兴村为民俗乡村。在 2017 年 9 月 30 日 13:40 人民网刊登《品味乡村民俗——山西振兴村》,大力宣传振兴村的乡村民俗。

牛扎根书记在介绍振兴村时说:"目前,到振兴旅游不仅可以看城镇化建设的靓丽景观,还可品味乡村民俗的独特风韵,感受历史文化与现代文明的时空交汇。走进振兴村如同走进一座美丽的花园:具有古典风韵的振兴艺术馆、红色收藏馆、槐荫寺与别墅式的村民住宅相映成趣;典雅庄重的红色文化主题广场与传统文化厚重的孝廉公园比翼生辉;沉淀着民俗风情的农耕体验园与花间堂、闲庭客栈铭刻着村庄的历史记忆,讲述着村庄的成长历程;融休闲、观光、采摘、餐饮于一体的山西省首家'现代农业示范园'和五百亩格桑花海则展现着村庄在集约高效农业发展上独具魅力的田园风姿。这里有每年农历二月十五的百姓根祖文化艺术节、农历九月九举办的金秋重阳文化旅游节。"

7. 这样一位无私奉献的书记——牛扎根。2018年9月4日9：24，《山西日报》报道了《这样一位无私奉献的书记——牛扎根》。报道介绍了牛扎根坚守农村，扎根基层40年。在他的带领下，经过多年的奋斗，让一个村成为一个新区，从农村变成了城镇，村民变股民，农民变工人的变迁和一名党员带动一群人的事迹。

8. 第五届中国乡村文明发展论坛。振兴村在2018年举办了以"新回乡运动——乡村振兴的新希望、新路径"为主题的第五届中国乡村文明发展论坛，在2018年12月28日10：58被《山西日报》报道。

"新回乡重塑新希望，新贡献振兴新乡村。12月22—23日，以'新回乡运动——乡村振兴的新希望、新路径'为主题的第五届中国乡村文明发展论坛在长治市上党区振兴村隆重举行。开幕式上，聘请申纪兰、温铁军、吕日周和张孝德四位领导和专家为太行乡村振兴人才名誉院长；在全国选取了退休干部、企业家、老知青、新知青、艺术家等各类乡贤发布与交流十个回乡故事，这些感人故事和成功范例使与会嘉宾看到了乡村振兴的新希望、新趋势、新路径。

"论坛期间，与会嘉宾观看上党乡土文艺晚会，与会专家认为，随着时间的推移和鼓励回乡政策的作用下，未来将会出现一个新回乡趋势，城乡双向流动将是城乡融合新路径。顺应新回乡趋势，需要鼓励社会各类人群广泛地参加到爱故乡、保护乡村文化、复兴乡村文明的乡村振兴中来。"

9. 振兴村荣获2018全国乡村振兴示范村。2019年1月19日5：02《山西日报》进行了报道："1月14日，2018全国乡村振兴示范村评选结果公示，全国共30个村入选，其中我省长治市上党区振兴新区振兴村入选，为我省唯一入选的示范村。该评选活动由人民网、中国科促会小康村创新战略联盟主办，旨在挖掘各地乡村振兴示范典型，研究和探索中国特色社会主义乡村振兴道路内在规律，进一步推动新时代'乡村振兴'主题宣传活动的有效开展。示范村按照产业兴旺、生态宜居、乡风文明、治理有效、生活富裕的总要求进行征集，征集单位须具备真实性、示范性、典型性。"

10. 第一批拟入选全国乡村旅游重点村名录。2019年7月15日10：13，《长治新闻》网报道了振兴村入选国家文化和旅游部公示第一批拟入选全国乡村旅游重点村名录乡村名单："7月12日，文化和旅游部发布《关于公示第一批拟入选全国乡村旅游重点村名录乡村名单的公告》，对第一批拟入选全国乡村旅游重点村名录乡村名单进行公示，上党区振兴村榜上有名，是长治市唯一入选的乡村。

"今年6月初，文化和旅游部会同国家发展改革委联合开展了全国乡村旅游重点村名录遴选工作，经过一个月的评选，确定了第一批拟入选的320个全国乡村旅游重点村名录乡村名单。

"此次公示的320个全国乡村旅游重点村，是符合文化和旅游发展方向、资源开发和产品建设水平高、具有典型示范和带动引领作用的乡村（含行政村和自然村），具体有6项遴选标准，其中，乡村民宿、公共厕所以及吸纳村民就业等都将包含在遴选标准之内。"

11."党建统领乡村振兴 发展带动乡风文明"。2019年5月5日16:06人民网发文宣传振兴村的乡村振兴工作。素有"太行无扇之城、上党天然氧吧"之称的山西长治振兴小镇，他们以党建引领乡村振兴发展取得了巨大成就，并探索出一条"党委抓大事、支部办实事、党员做好事"的"振兴模式"。

12. 长治振兴村：走进西沟，共谋乡村振兴之路。2019年11月2日15:56，人民网山西频道报道了长治振兴乡村生态文化旅游区党员干部一行走进平顺县西沟村开展"不忘初心 牢记使命"主题教育活动。干部们欣赏村容村貌、参观展览馆、召开座谈会……近距离学习劳模精神，接受心灵的洗礼。还报道了振兴乡村生态文化旅游区将与西沟村  共同携手，结成友好村庄，取长补短，深化合作，共谋乡村振兴之路。

13. 长治振兴旅游区安排部署移风易俗相关工作。2019年11月27日山西上党振兴集团自己的报道：会议按照区委、区政府关于推进移风易俗工作要求，传达学习了《中共长治市委长治市人民政府关于推进农村移风易俗的意见》，从推行婚事新办、丧事简办、余事不办，深化殡葬和祭祀改革，强化党组织领导的乡村自治、法治、德治，加强对移风易俗工作的组织领导四个方面，提出了规范措施和倡导意见，以期充分调动各方面力量遏制陈规陋习蔓延，倡导社会新风尚，让农村群众有更多获得感和幸福感，切实推进农村精神文明建设取得新成效。

会议强调，全体党员干部要结合"不忘初心 牢记使命"主题教育，以党风带家风，以家风促民风，以民风树新风，破除陈规陋习，涵育文明乡风，全力推进移风易俗工作顺利开展。要求全体党员干部：一要认真领会会议精神，提高认识，明确目标，增强责任感，充分认识移风易俗的重要意义；二要结合实际情况，加强机制保障，健全"一约四会"相关制度，充分发挥党员干部的先锋引领作用，自觉做移风易俗、厉行节俭的倡导者、践行者和推动者；三要强化宣传，落实责任，动员广大群众自觉遵守执行村规民约，全力推进移风易俗，切实营造崇尚文明的良好社会氛围。（来源：山西上党振兴集团）

14. 牛扎根书记在中国"三农"发展大会上讲述了"振兴模式"。2020年3月27日《山西日报》记录下这一刻：

"2月24日，由中华全国农民报协会、《农民日报》社共同主办的'宣传贯彻中央一号文件精神暨2019中国"三农"发展大会'在北京召开。长治市上党区振兴村党总支书记牛扎根受邀出席大会，并讲述乡村振兴的'振兴模式'。

"牛扎根以'扎根乡村振兴，实现邻村共富'为主题，讲述了振兴村共同富裕振兴之路。振兴村以'党建统领'为指挥棒发展乡村经济，以'创新发展'为动力源打造美丽乡村，旅农相融、旅工结合、旅商互促，三产融合共致富的'振兴模式'受到与会专家学者和参会代表的高度认可。

"中国'三农'发展大会以服务乡村振兴为使命，倡导'创新强农、协调惠农、绿色兴农、开放助农、共享富农'发展理念，为'三农'发展提供发展新方向、布局新战略、投资新亮点等专业精准的涉农综合信息，为加快推进中国特色农业农村现代化建设，实现'农业强、农村美、农民富'的'三农梦'寻求共识、凝聚力量。"

15. 2020年6月16日8：19《人民看点》报道了太行乡村振兴人才学院智慧党建学习系统（党员云课堂）及党员学习e本通。平台以互联网为媒介，通过数字终端的形式，彻底打通了党员学习培训"最后一公里"。党员云课堂的所有课程由来自中共中央党校（国家行政学院）、国家各部委、国防大学、中央社会主义学院、中国社会科学院、清华大学、北京

第十七章 村民、领导心中和新闻报道中的振兴村

大学、中国人民大学、北京师范大学等单位及国内外1500多位权威专家进行讲授；课程体系完备，具有针对性和有效性，以习近平新时代中国特色社会主义思想为指导，根据《中国共产党党员教育管理工作条例》，建立了主题突出、体系完备、衔接严密的党员教育培训的课程体系，针对各阶段主题教育、党员专题学习、党委党组理论学习、中心组学习、党支部书记学习提供有针对性的课程，满足不同类别、不同层次的党组织学习需求；课程资源丰富、实时更新，主要包括2020年《政府工作报告》解读、2020年两会精神解读、中央重要会议精神、党章党规党纪教育、全面从严治党、法律法规教育、乡村振兴战略、环境卫生治理、脱贫攻坚行动、如何做好基层党支部书记等内容，精选3000+课时的网络课程，每年更新600+课时普课、200+门微课，每天通过"云"端实时推送课程内容，让广大党员共享优质的党建资源；党员云课堂一方面提供"课程、教师、专题"智能搜索、选课、收藏等功能，实现分组学习、扫码签到、学习档案记录，并通过科学的统计分析，为党建学习管理提供数据支撑；另一方面融合无线投屏、电子白板、远程会议等更多智慧功能，实现一机多用，功能强大，使用简便。

另外，还有《中国文化报》《学习时报》《山西日报》等多家报纸对振兴村的改革创新发展进行了数十次报道。不仅在报纸上，在电视节目中近年也经常看到振兴村："中央媒体走基层，乡村振兴看振兴"大型采风活动、中央网信办新华社新媒体中心"看美丽乡村 庆70华诞"大型直播活动在振兴新区举办，CCTV-1《新闻联播》《新闻30分》《朝闻天下》，CCTV-13《新闻直播间》、CCTV-4《中国新闻》、CCTV-7《美丽中国乡村行》等多档栏目先后10余次对振兴小镇景区活动进行了播报。2020年5月5日的CCTV-1《新闻联播》栏目介绍了振兴村五一小长假期间旅游业复工复产的情况。

2020年五一小长假5月3日早7：06 CCTV-13新闻频道《朝闻天下》节目专题报道振兴小镇多彩乡村游、安全有序开放的相关内容，并在10：12《新闻直播间》进行内容重播：

"五一假期，各地景区落实疫情防控措施，优化服务，确保游客安心旅游。随着疫情防控形势向好，山西省推出了山西人游山西旅游惠民活动，省市文旅部门共同设计推出22条乡村旅游线路，长治振兴小镇就是22条乡村旅游线路之一的目的地。"

中国乡村振兴
示范村 振兴村 ZHEN XING CUN

"这两天,小镇逐渐热闹了起来,村里的农家乐也开门迎客,景区严格做好防疫消杀工作,让游客放心游玩。"

(来源:CCTV-13)

感觉到这就是媒体眼中的振兴村,正如一颗明珠,在岁月的打磨和自身不懈的坚持奋斗下,散发出自己耀眼的光辉,打造出自己特有的韵味!

一路走来,振兴村的领路人牛扎根有许多心得体会,有许多真知灼见,有许多可鉴经验。

第十八章

牛扎根箴言

一、牛扎根箴言

（一）求索·创业

1. 振兴村的一草一本、一山一水，是如此的亲切，处处彰显干干净净，生机盎然，朝气蓬勃。

生我养我的家乡，有幸今生能参与创新、发展、变化的每一天，此生无憾！

2. 大发展小困难，小发展大困难，不发展更困难。
3. 群众选我当干部，我当干部为群众。
4. 我们党员干部一定要牢记九个字：想百姓、爱百姓、为百姓。
5. 先做人，后做事，做好人，做好事，才能做大事、做成事。
6. 政府给我一碗水，我还政府一桶油。
7. 先当群众的学生，后当群众的先生。
8. 只要干一天，就不能辜负生我养我的这片土地。
9. 在干中学，在学中干，在错中改。
10. 口对口，手对手，你不来，我不走。

（二）创新·发展

11. 有福民享，有难官当。
12. 一个人眼界宽，天地就宽；一个人思路宽，道路就宽；一个人心胸宽，市场就宽。

13. 人不去学习哪来知识，不去工作哪来财富，不去拼搏哪来成功，不参与大趋势哪来的机会，不相信一切，就要被时代所淘汰。

14. 昨天最好的成绩，是今天最初的起点；今天最高的表现，是明天最低的要求。

15. 管住自己就是成功，带动他人就是提升，改掉缺点就是进步。

16. 想口袋富，必须先富脑袋。

17. 只要一心为群众办好事、办实事，群众就会把你当亲人！

18. 只有让百姓尝到甜头，我们的工作才有劲头；只有让群众心情舒畅，我们的工作才有力量；只有让群众真正满意，我们的工作才有意义；只有让群众笑口常开，我们的心里才能自在。

19. 当好经济建设者，当好集体维护者，当好改革推动者。

20. 一人富、不算富，大家富、才幸福！

（三）转型·崛起

21. 振兴的昨天，是艰苦奋斗干出来的；振兴的今天，是敢想敢干闯出来的；振兴的明天，要与邻村共同富强起来。

22. 振兴告别了艰难困苦的昨天，奋进在充满活力的今天，期盼着更加辉煌的明天。

23. 抓好三件大事让党建强起来，建设AAAA级景区让旅游火起来，实现五个振兴让百姓富起来。

24. 要把农村的根扎得更深、更实，为农民服务的工作做得更细，把党的好政策落实到每个农民的心坎上。

25. 乡村振兴战略，振兴村恰如其名，要在希望的田野上，做乡村振兴的榜样；乡村振兴道路振兴村坚定探索，要在绿色发展中，建成乡村振兴的典范。

26. 文化是振兴的灵魂，只有文化才能真正缔造出美丽的乡村，也只有文化才能留住一个民族的根。

27. 以特为先，建设农民新城；以文为魂，留住乡愁记忆；以旅为径，催生休闲经济。

28. 春到振兴，山清水秀鸟语花香；夏到振兴，清风凉爽避暑山庄；秋到振兴，硕果累累五谷飘香；冬到振兴，雪山美景温泉疗养。

29. 严于律己,无私为民;甘于奉献,共富为民;勇于创业,发展为民。

30. 为了群众利益,只要我还有一天,就让群众满意。以自己的辛苦指数,换来百姓的幸福指数。

(四)责任·担当

31. 让农村多一点新的变化,让百姓多一点幸福安康,让干部多一点责任担当,让发展多一点远见卓识,让未来多一点真正希望。

32. 信仰就是力量,创新才能发展。坚持就是胜利,生命的意义在于奋斗。

33. 时刻把群众放在心上,时刻把心放在群众身上,为老百姓办事义不容辞。

34. 群众在干部心中的分量有多重,干部在群众心中的分量就有多重。

35. 当百姓的官就要谋百姓的事。

36. 只要是振兴的村民,不分亲戚与否,我都一视同仁。

37. 为了父老乡亲的日子越来越好,付出一切都在所不惜。

38. 让老百姓小病不出村,大病看得起,家家都入互助会,人人享受"福村宝"。

39. 我最大的愿望是整合好资源,引进好项目,留下好产业。让村里世世代代有好的生活,好的环境,好的梦想。

(五)情怀·奉献

40. 我的使命早已从我的名字开始,从无数次经历的磨难开始,升华为更大的责任和义务,我不能辜负党的重托和群众对我的期望,我更不能辜负生我养我的这片土地!

41. 永远扎根在振兴,义无反顾、一路坚定地走下去。在建设乡村、实现共同富裕梦想中,贡献自己的一切。

42. 干部只有多一点公仆情怀,才能率领一班人,带动一家人,示范一村人。

43. 让乡村的孩子都在这里健康地成长,让家乡的老人都在这里幸福地生活,是振兴的责任,也是我的梦想。

44. 城市让生活更美好,乡村让城市更向往。

45. 钱财这种东西，生不带来，死不带去，要那么多有什么用？儿孙自有儿孙福，有自己的事业他就有生活下去的资本。

46. 40多年的风雨历程、摸爬滚打，我始终没有离开过家乡。不知不觉，我的根已经深深地扎入生我养我的这片土地。

47. 多为老百姓办实事，就是党员干部天大的责任。

48. 一村带多村和谐发展，一富带百富求强共富。

49. 无论环境多么艰苦，想百姓、为百姓的信念始终没有变。

50. 无论道路多么曲折，听党话、跟党走的信仰始终不能变。

二、对话牛扎根

1. 振兴村目前发展遇到了什么难题？

振兴当前存在的主要问题：一是"很出色，没特色"，是由于核心主题的缺失；二是"有设施，没设计"，是由于乡村环境改造不到位；三是"有顾客，没消费"，是由于缺少体验业态；四是"有产业，没特产"，是由于缺少乡村旅游产品；五是"有奖牌，没品牌"，是由于乡村品牌的不凸显。

2. 目前振兴村发展需要哪些方面的支持？

振兴人奋起直追，弯道超车，在2020年中振兴村排行全国百佳名村第35位。在实际工作中，振兴人也遇到了土地制约、人才欠缺、融资困难等诸多问题。今后，希望上级主管部门一如既往关心支持振兴发展，在政策倾斜、土地指标给予振兴优先发展机遇，早日把振兴建成乡村振兴样板区、转型发展示范区。

3. 您认为获得村民普遍支持的原因在哪里？

我个人认为，村民认同我的工作主要表现在以下几点：一是这些年对村民的福利和村庄建设给村民带来的好处；二是旧村搬新村，改善了村民生产与生活条件；三是原来的村变成了社区，村民的身份发生了根本改变，从村民变城镇居民；四是村民变股民，每个村民都是股东，每年有分红，风险由集团公司承担，村民不存在任何风险，据统计，仅2004年至2014年十一年间，每户村民按4人算，每户收入在10万元以上；五是村办企业让人人就业，有了固定收入。

4. 您认为振兴村不断向前发展的主要推动力有哪些？

第一，发展乡村经济，离不开"党建统领"的指挥棒。"两学一做"、三基建设、党日活动唱响了振兴主旋律，党委抓大事、支部办实事、党员做好事传递了振兴正能量。实践告诉我们：党委抓大事，就是在"决策"上出实招。支部办实事，就是在"民生"上下功夫。党员做好事，就是在"本色"上不动摇。

第二，打造美丽乡村，离不开"特色引领"的动力源。振兴村坚持以"特"为先、以"文"为魂、以"旅"为径，特色引领建设美丽乡村，三产融合催生旅游经济。以企带村、以工带农、以商带户，三带并举抓产业；融入生产、便利生活、注重生态，三生同步建新村；转民风、治家风、养村风，三风共育促文明；党委抓大事、支部办实事、党员做好事，三级齐抓固党建；旅农相融、旅工结合、旅商互促，三产融合共致富。实现了文化内涵与经济产业相共生，自然风光与人文景观相映衬，三产发展与农业增收相融合；初步走出了一条生产生活生态"三生同步"，第一、二、三产业"三产融合"，农业文化旅游"三位一体"的新路子。

5. 如何发挥党组织的战斗堡垒作用？

1985年我当上村党支部书记后，意识到党员将是村庄发展的核心力量。于是，我想办法充分调动全体党员的积极性，采取支部包队、党小组包户、党员包人的办法，当时，我们村有五个生产队，五个支委各包一个队，每个党员包20户，发挥党员的先锋作用，调动村民栽树、修路、环境卫生和管理等，致力于村庄基础设施建设，造福村民，顺民心、民风、民意。我们这种做法得到了认同，在联产承包之后，全县基本建设现场会在我村召开了好几次。此后很多年，村里很多事情，都是党员干部冲在最前面，对村民起到很好的模范激励作用。

6. 如何调动群众的积极性、主动性、创造性？

党的领导是坚强的保障，人民群众是真正的英雄。这是一份沉甸甸的责任，要把农村的根扎得更深、更实，为农民服务的工作做得更细，把党的好政策落实到每个农民的心坎上。当好经济建设者，当好集体维护者，当好改革推动者；严于律己，无私为民；甘于奉献，共富为民；勇于创业，发展为民；有福民享，有难官当。认真贯彻落实好习近平总书记提出的五个振兴（即乡村产业振兴、乡村人才振兴、乡村文化振兴、乡村生态振兴、乡村组织振兴）的明确指示。在产业上，打好乡村旅游这张牌；在人才上，下好职业培训这步棋；在文化上，走好基础教育这条路；在生态上，唱好绿水青山这首歌；在组织上，办好为民服务这件事。尤其是农村党员干部，思想要上位，精神要上进，行动要上力，科技引领，开启了经济发展的总开关，华丽转身，吹响了三产融合的集结号，占领高地，打造了转型升级的新标杆。实践经验告诉我：大发展小困难，小发展大困难，不发展更困难。时代在变，环境在变，做法在变，但不管怎么变，对人才的需求不会变，对创新的要求不会变，对实干的追求不会变。干部只有多一点公仆情怀，才能率领一班人，带动一家人，示范一村人。

7. 振兴村发展过程中您遇到过几次大的危机？如何解决的？

1997—2001年，是煤矿发展最困难的时期，当时煤矿归镇政府所有，在很多煤矿生产的煤销不出去的情况下，政府于2001年实施了煤矿改革。我意识到机会来了，要想让村民过上像城里人一样的生活，村里就要有自己的企业。当时的竞争情况很激烈，整个镇里的有钱人都来竞争煤矿的开采权。当时的关家村村集体资产为零，我就动员村里有条件的8名村民，以个人名誉将煤矿产权买下来。由于多年来连续为村民办好事，群众都很支持我，村民这个拿2万元，那个拿3万元，一共集合了69户人家，凑足了516万元，齐心协力向镇政府买下了煤矿的经营权，成为振兴煤业的第一负责人。群众的支持让我有了抱团过冬的信心，在大家的共同帮扶下，煤矿度过了最艰难的时期。

2004年，煤矿进行第二次改制，此次的角逐范围由全镇扩展到全县，且当时煤矿形势正在好转，这使得此次的竞争变得更加白热化，有人在改制当天开车将现金带到现场，企图夺取煤矿的控制权，在这种激烈的竞争下，我又凭着多年的信誉积累，再次得到了群众的拥护和支持，全村每家每户和矿上的员工都拿出股金入股与我站在一起，形成一股坚不可摧的力量，成功地守护了煤矿。

以后，每每遇到上述情况，老百姓总会挺身而出，在危难关头，围绕在我的周围，感受到群众的支持，这让我更加坚定自己的群众路线。2004年，煤矿行业形势好转，从村民处借来的钱以3倍的价格返还给村民。同时，我和其他8名股东商定，煤矿的收益仍然用于村民。决定利用煤矿收益,重新布局村庄,让百姓住上洋楼,过上城里人的生活!

8. 村集体的收益主要来自哪里,用于哪里?

村集体收益原来主要是来源于村办企业,但收益不大,并且全部用于村基本建设和村民的福利。煤矿开办至今,为保障村集体利益,我们专门给村集体收益留下一块,主要是占地费、装煤和运输。一般年收入在2000万元左右,除每年留下300万~500万元的流动资金外,全部用于村民福利和基础设施建设方面。

9. 全民持股是怎么体现的?

在早期创办村集体企业时,村里几乎没有资金,有一定的收益时,村基础建设和村民福利需要钱,每年的收益也全部用于这方面。一直到煤矿改制后,振兴集团在村里的所有投资项目中,只占60%的股份,剩下40%的股份,让村民入股,主要是让利于村民,让村民参与其中,带动村民致富。如这些年的旅游公司、农业公司和商贸公司均是如此。所以,在目前振兴集团的产业中,村民都有股份。

10. 谈谈您对振兴村未来发展的构想。

2021年,是全面实施"十四五"规划的第一年,是开启全面建设社会主义现代化国家的开局之年,我们党将迎来建党100周年,按照省委"四为四高两同步"总体要求和市委建设省域副中心城市发展定位以及区委打造"四宜新上党"战略部署。我们确定了以实施"1913工程"为奋斗目标,即坚持一个中心不动摇,推进九大项目不停步,建设一个基地不打折,做强三个合作不含糊。

(1)坚持一个中心。以党的建设为中心,争创全国优秀基层组织。

(2)推进九大项目。

①在15#煤资源枯竭的情况下,配采3#煤工程,投资1.5亿元。

②新建上党区振兴医养中心(敬老院),占地45亩,投资2亿元。

③新上"文体商居养"大健康产业综合体项目,总投资5亿元,占地200亩,建议在县城北择址开发建设。

④完善5G智慧小镇第三期工程,投资1000万元。

⑤建设振兴西火现代农业产业园第二期工程,投资2000万元;申报国家级产业强镇项目。

⑥创建太行乡村振兴人才学院山西省农村党员干部实训基地。

⑦建设山西省产教融合基地，投资 1.05 亿元完成第二期工程。

⑧全区水暖管网改造工程，投资 3000 万元。

⑨景区提档升级工程，投资 2000 万元。

（3）打造一个基地。山西省国防教育基地。

（4）做强三个合作。康养中心与和平医院合作，智慧小镇与山西移动合作，人才学院与长治职业技术学院合作。

以上项目力争在"十四五"末完成。

三、牛扎根谈乡村振兴

1.乡村振兴，党建引领实现共富。2017 年 10 月 18 日，党的十九大报告中提出了实施"乡村振兴战略"。振兴村紧紧围绕产业兴旺、生态宜居、乡风文明、治理有效、生活富裕的总体要求，加快推进农业农村现代化，推进产业转型、创新和高质量发展。牛扎根在党总支会议上，正式确定每年 10 月 18 日作为振兴村的"乡村振兴日"，届时将举办"振兴论坛"，并将论坛持久地办下去。牛扎根一班人始终以党建引领乡村振兴，以特色创建美丽乡村。按照总支抓大事、支部办实事、党员做好事的原则，不断将党建工作的触角延伸到基层的方方面面，探索党建进村民小组、党建进企业、党建进网格等方式，利用微博微信等新媒体平台，形成良性的沟通互动，扎实推进乡村振兴步伐。

乡村振兴战略与振兴村同名同姓。牛扎根很是兴奋，他常说："这是我们的自豪和荣光，也是我们的责任与担当，我们一定要换挡加速，乘势而上，五轮发力，率先振兴。在产业上，打好乡村旅游这张牌；在人才上，下好职业培训这步棋；在文化上，走好基础教育这条路；在生态上，唱好绿水青山这首歌；在组织上，办好为民服务这件事。""振兴村的一草一木、一山一水，是如此的亲切，处处彰显干干净净，生机盎然，朝气蓬勃。生我养我的家乡，有幸今生能参与创新、发展、变化的每一天，此生无憾。路虽慢慢，但与希望同在。"牛扎根深深地爱着他的家乡。他的使命，早已从他的名字开始，从无数次经历的磨难升华为更大的责任和义务。正如牛扎根所说："不能辜负党的重托和群众对我的期望，更不能辜负生我养我的这片土地。"

2. 乡村振兴，一是发展乡村经济，离不开"党建统领"的指挥棒。振兴村通过党委抓大事、支部办实事、党员做好事，三级齐抓固党建，在"决策"上出实招，在"民生"上下功夫，在"本色"上不动摇。二是打造美丽乡村，离不开"创新发展"的动力源。振兴村紧紧围绕"绿水青山就是金山银山"的发展理念，坚持以"特"为先、以"文"为魂、以"旅"为径，特色引领建设美丽乡村，三产融合催生旅游经济。坚持以企带村、以工带农、以商带户，三带并举抓产业；坚持融入生产、便利生活、注重生态，三生同步建新村；坚持转民风、治家风、养村风，三风共育促文明；坚持旅农相融、旅工结合、旅商互促，三产融合共致富。

3. 振兴村认真贯彻落实党的十九大精神和"四个全面"战略部署，依托山水相依的自然生态资源优势和工业基础，瞄准生态绿色的宜居环境、健康向上的文化生活、多元并举的经济强村目标，坚持以"特"为新、以"文"为魂、以"旅"为径，全力推进乡村振兴建设，实现了文化内涵与经济产业相共生、自然风光与人文景观相映衬、三产发展与农业增收相融合，走出了一条宜居、宜业、宜商、宜游的休闲建设之路。

首先，按照习近平总书记提出的"绿水青山就是金山银山"的新发展理念，启动生态修复工程。近5年来，振兴村先后实施了山坡植绿、身边增绿、庭院披绿三大绿化工程，规划建设了"五个千亩"种植基地——千亩干果经济林种植、千亩道地药材种植、千亩小杂粮生产、千亩花卉培育和千亩有机蔬果种植，既实现了山坡绿化，也催生了绿色经济。同时，对村内主干道路、大街小巷全面绿化，并建起三座花卉园，村里及周边绿化总面积达2000余亩。大力倡导庭院绿化，为村民提供葡萄及藤蔓植物幼苗，并免费指导种植。近5年来，振兴村绿化总投资达到6500万元，累积绿化荒山2000亩，植树135万株，全村绿化覆盖率达到72%，人均绿化面积35平方米。

其次，按照习近平总书记提出的"看得见山，望得见水，记得住乡愁"的要求，大兴"体验式"乡村旅游，将振兴村建设成为全国美丽休闲乡村。近5年来，振兴村以红色文化为集聚、以传统文化为基石、以民俗文化为特色、以体验教育为目的，启动美丽休闲乡村建设，先后建起抗日战争主题广场、解放战争主题广场、红色收藏馆各1处；孝廉公园、中华道德先圣堂、中华儒学先贤堂各1座；并建成全国首家村志收藏馆、全国名村文化馆和中华百家姓文化馆各1处；具有北方民居特色的茅草屋3处、以花中四君子"梅兰竹菊"命名的文化长廊4条、融儒道佛"三教合一"的寺庙槐荫寺1座；新建拓展训练营、秋千园、赛马场、鹊仙吊桥、恐龙馆、电子游戏馆、风车灯海、蝶恋花海景区、生态农业采摘园等农事体验、休闲娱乐场所多处；鼓励村民户户参与、家家赚钱，建设农家乐70余户、民俗酒店6家、民俗养生会所9处、大型生态酒店1处。

"今年，占地2万平方米的现代化停车场和游客接待中心也已顺利竣工。目前，吃农家菜、住农家屋、购农产品、体验农事，城里人的新追求让振兴村的特色旅游集聚了大量人流、信息流和资金流。"牛扎根表示，目前，振兴村年接待各类旅游团体70多个游客50万人，综合收入3000万元，已经发展成为一处集山水风光、休闲娱乐、民俗体验、度假养生、农艺博览为一体的特色乡村旅游景区。

风到劲处始扬帆，乘风破浪终有时。"我们村在全面乡村建设的发展进程中，虽然取得了一些成绩，但与全国众多兄弟乡村相比，还有很大的差距和不足。"对于今后振兴村的发展方向，牛扎根已经有了答案，"今后，我们将认真学习借鉴各地的宝贵经验，按照习近平总书记提出的振兴乡村计划，建设特色小康村镇'看得见山，望得见水，留得住乡愁'的要求，坚持走生态引领、三产融合的发展之路，努力打造北方最具特色的度假胜地，在全面乡村振兴战略中再上新台阶、再创新业绩。走进新时代，共富新征程。"

牛扎根带领振兴村村民经过40年持之以恒的奋斗，走出了怎样一条乡村振兴之路呢？振兴村有哪些发展经验值得借鉴呢？

第十九章
振兴村的乡村振兴之路

振兴村原名关家村,因早在汉代就在此驻军把关而得名"关家",关家这一名称穿越了历史的风雨,一直保留到 2008 年 10 月 18 日整村搬迁。整村搬迁住上新楼的关家村村民不知是出于感激振兴煤业集团帮助自己实现了新居梦,还是图个新村新气象,想取义振翅高飞、兴旺发达,抑或在 20 世纪 80 年代成立的振兴煤业与自己的命运息息相关,搬迁当日,在一阵敲锣打鼓和一片欢呼声中改名为"振兴村"。振兴村成立于 2008 年 10 月,但乡村振兴的脚步却不是始于 2008 年,早在新中国成立之初甚至更早就开始了。振兴村村民和其他地方的中国人一样,在中国共产党的领导下,为了民族的独立英勇抗日,为了追求光明的中国奋起反蒋。新中国成立后,在中国共产党领导下,振兴村村民通过几十年的持续奋斗,从一穷二白的状态一步步过上幸福的生活,村民、村庄的面貌发生了翻天覆地的变化,实现了一个个转型跨越,乡村振兴之路越走越宽、越走越亮、越走越快、越走越前,成为乡村振兴的排头兵,走出了一条就地城镇化的新路,书写了一部党领导群众过上美好生活的史诗!一路走来,几多风雨几度春秋,一个个人、一件件事不时在眼前浮现,一条路来之不易,一个人不能忘记,一些做法还得坚持。

一、一条路来之不易

振兴村的乡村振兴之路是一步步摸索出来的,路的大方向是人民幸福,能安居乐业。路在不同的时期有不同的重点:在 20 世纪 80 年代是吃饱穿暖，90年代是发家致富，21世纪初是新农村建设，新时代是乡村振兴。实现的方式也不相同：20世纪80年代编筐、烧砖、挖煤；90年代扩大挖煤；21世纪初煤矿改制，抱团取暖；新区成立后转型发展，目前煤炭、文化旅游、生态农业、人才培训多点开花。在这个过程中，摸索出以企带村、村企互助、合作共赢的就地城镇化模式，以盖新房整村搬迁的方式流转土地，流转后建合作社组织村民生产，以富带贫，建企抵押贷款的融资模式，引入专业团队合作发展的模式，实现了城乡融合、三产融合、古今融合、中西融合，县、市、省、国战略衔接，逐层推进。村民的福利越来越好，振兴村的乡村振兴之路也越走越宽。

二、一个人不能忘记

牛扎根是振兴村走出的优秀的党支部书记，他是20世纪80年代才登上振兴村（原关家村）乡村振兴发展舞台的。他由于聪明好学，一直走在时政和科技学习的前列；由于年幼丧父，吃了许多苦，因而更渴望甜；他在实践中学了很多本领，更能想出办法；他在困难时受到过关照，更有感恩之心……基于此，他在当上村主任后，就为大家解决了世世代代没解决的"老三难"（吃水、上学、修路）问题，在振兴村乡村振兴的历史舞台上闪亮登场。在这个过程中，他看到了人民团结起来改天换地的力量。

序幕拉开后，他带领振兴村村民乘着改革开放的春风，苦干、巧干、拼命干；编筐，卖砖，开煤窑，由于采用了新技术加上拼命干，振兴村村民比别的村先发展起来，先吃上了流到家门口的自来水，先看上了有线电视，先有了福利……牛扎根带领振兴村村民走到了长治县其他村的前面，振兴村村民尝到了领先的滋味。

干出成绩的牛扎根引起上级的注意，被调到镇里负责煤炭、土地和林业，这段经历让他的视野和胸怀更宽、站位和水平更高，为以后发展积累了经验、才干和资源。三走三回，在村民的要求下，继续担任村支部书记，这让他感到村民对自己的信任和依恋。

天有不测风云，煤有高低行情，在煤价大涨大跌的过程中，牛扎根依靠胆量、魄力、舍小家为大家的精神和多年积累的为民谋利的业绩获得了大家的支持，一步步成长为煤矿、煤业、集团的董事长、党支部书记；牛扎根也倾力回报支持他的村民，一次次带领他们转危为机，给了他们一个个惊喜，让他们的生活迈上了一个个台阶，最大的惊喜是让他们搬进了200多平方米的小洋楼。既是企业书记、董事长又是振兴村书记的牛扎根如鱼得水，企业需要支持时振兴村村民挺身而出；村民的生活需要提高时，企业鼎力相助，在牛扎根高超的协调、领导下，形成了一荣俱荣、一损俱损的合作关系，牛扎根让企业和村民的关系水乳交融，困难时抱团取暖，顺利时乘势发展，为后来探索以企带村、村企共建打下了基础。

由于前期的出色表现，当山西、长治成为国家圈定的改革试验区之后，振兴村被政府选为试点，牛扎根被选为试点的领导者，历任振兴新区、振兴乡村生态文化旅游区的书记，其间仍是振兴煤业的董事长。经历了风雨考验的、敢想敢干的牛扎根在更高的平台上有了更大的想法：让搬进新居的村民有安稳的、永久的就业机会，让物质丰富起来的村民有更高水平的精神生活。在为企业谋稳定发展和为村民谋长久乐业的过程中，牛扎根紧跟中央精神，密切联系实际，紧密团结群众，寻找多方助力，找到了振兴煤业转型发展和村民安居乐业的结合点，那就是在传统产业——煤业提质增效的基础上，再拿出一部分钱发展文化旅游、生态农业和人才培养。思路清晰后，成立了相应的分公司，又创新性地通过建新村的方式从农民手中流转了土地，解决了企业发展需要的用地问题和村民搬新家的生活问题，实现了共赢；还成立了合作社，把流转回的土地统一经营，解决了土地碎片化问题，为生态农业的发展和村民的乐业打好了基础。在这个过程中，牛扎根解决就业、带领致富的村民越来越多，因而也获得了政府的引领和鼎力支持。

为了做好旅游业，振兴乡村生态文化旅游区引进了专业旅游公司，让专业的人做专业的事，旅游业呈现出繁荣的景象，吸引了越来越多的游人；与此同时，生态农业为餐饮提供了保障，有力地支持了旅游业的发展；旅游业的发展又促进了生态农业的发展，两个方向产生了良性互动；无论是旅游业还是生态农业的发展都需要人才，人才学院又对二者的发展起到支撑作用，不仅是人才，来培训的学员也增加了旅游业和生态农业方面的消费，促进了二者的发展。人才培训、旅游业和生态农业三者形成了良性互动的局面，展现了美好的发展前景，振兴集团、振兴旅游区、振兴村、振兴人在党中央的指引下，在省、市、县的规划支持下，在牛扎根的带领下，在全体村民的共同奋斗中，实现了全面振兴，就地城镇化，走在了全国的前列，摸索出一条光明的乡村振兴之路！

三、一些做法还得坚持

（1）听党话，跟党走。振兴村的乡村振兴之路是在党指引的发展方向中结合自己的实际，挖掘自身的优势摸索出来的。20世纪80年代，党鼓励发展副业，牛扎根就想尽办法带领村民把副业做好做大；党让植树造林、绿化祖国，振兴村就想尽办法植树、护树，当时栽下的树为现在的发展打下了基础；进入21世纪，党让转型发展，振兴煤业就从"一煤独大"变成多点开花，传统结合现代，城市融合乡村，三产互相助力，既分散了危机，又促进了发展；党说绿水青山就是金山银山，振兴区就大力植树，兴建水库，形成了有山有水的景观，吸引了越来越多游人。

（2）重视科技，勇于创新。在振兴村的乡村振兴之路上，科技的助力效果明显：还是小煤窑时就运用科技比别人多出煤；改制后更是引进先进技术设备，比别人生产的多；敢在别人没用之前自己先试先闯，无论是过去新科技的运用还是现在5G产品的运用，振兴村都相信科技，创新运用科技，获得了领先优势；创新还体现在敢想敢干上，没有创新就没有振兴新区，就没有振兴村的乡村振兴道路，就没有振兴村的乡村振兴。

（3）勤劳致富，只争朝夕。振兴村的乡村振兴史是一部振兴村村民勤劳致富史，现在的幸福生活是只争朝夕地拼命硬干干出来的。有了矿下吃饭的分秒必争才有了第一个吃上自来水、第一个看上有线电视，有了前期的积累才有了成为试验区的资格，才有了现在的幸福生活，等靠要是领先不了的。

（4）村企共建，合作共赢。振兴村的乡村振兴离不开振兴煤业的鼎力相助，振兴煤业集团的发展壮大也离不开村民的长期支持，共建共享才能合作共赢，才能互利互帮，既能共渡难关，又能发展壮大。

（5）有核心，走群众路线。振兴村能发展到今天，党支部书记牛扎根功不可没。振兴村乡村振兴的路上，他是大部分时段的领路人，大部分成绩的创造者。他之所以得到群众的拥护，一个重要的原因是他有公心，不以权谋私，有本事，能带领大家致富，有想法有办法，敢想敢干，一心为大家谋福利……

四、振兴村的乡村振兴之路

振兴村的发展历程是在党中央指引方向，省、市、县、村落实中央精神,结合自身实际,积极探索,在各级领导的支持下,在优秀党支部书记牛扎根的带领下,全体振兴村村民通过几十年持续奋斗走出的一条乡村振兴之路。

这条路以人民为核心,以党的方针政策为指引,以基层共产党员、干部带领群众持续奋斗为底色,以改革创新、敢为人先为特征;这条路以实现了"五个就地"而名:就地进城、就地就业、就地入学、就地就医、就地养老;以完成了"五化目标"而美:环境生态化、农村城市化、生活保障化、服务功能化、就业均等化;以落实了"五强战略"而兴:以党的建设为中心,以乡村振兴为抓手,以引资上项为支撑,以旅游富民为方向,以经济强村为目标,"五个轮子"一起转,真正让乡村振兴战略在振兴村落地生根。

这条路实现了五个振兴:

(1)产业振兴——以旅为径,融合"三产",推动乡村产业振兴。旅农相融,提升农业品质。按照农业观光、农事体验、蔬果采摘、农艺博览等功能,采用"公司+合作社+农户"的形式,统一规划、分片承包、自主经营,丰富了种植内容,提升了农业品质,推动了旅游发展,而且拓宽了农民增收的渠道。旅工结合,推动工业升级。借助乡村旅游平台,积极推进农产品加工制造业,投资建设核心景区的秋千园、拓展训练基地、跑马场、民俗酒店等游乐服务设施。旅商互促,带动服务业发展。为确保乡村旅游的乡村特色,丰富吃住游购娱的旅游产品体验,振兴村推出吃农家菜、住农家屋、购农产品、体验农事活动等旅游项目。

(2)人才振兴——以人为本,实施"三培",推动乡村人才振兴。大力培育乡村人才。利用农民讲习所培训基地,有针对性地培养了更多爱农业、懂技术、善经营的新型职业农民。着力抓好招才引智。振兴村大力鼓励引导工商资本参与乡村振兴,落实和完善融资贷款、配套设施建设补助、税费减免、用地等扶持优惠政策。创新人才使用机制。建立高等院校、科研院所到乡村和企业挂职、兼职和离岗创新创业制度。建立有效激励机制,吸引支持企业家、党政干部、专家学者、技能人才等通过下乡担任志愿者、投资兴业、包村包项目。

(3)文化振兴——以文为魂,彰显"三色",推动乡村文化振兴。复兴"金"色文化,守住乡愁记忆。先后建起民俗酒店、农耕体验园、村志展览馆,组建八音会、秧歌队、社火队、体操队,丰富了村民的精神文化生活。弘扬"红"色文化,传承奋斗精神。建起了红色文化主题广场,中心铜铸毛泽东塑像，两侧为抗日战争和解放战争主题广场。同时，建设了红色收藏馆。宣扬"古"色文化，继承传统美德。有史载典籍的动人传说，有浸透历史的人文遗迹。红色基因的经典在这里生生不息，梅兰竹菊的品格在这里傲然绽放，孝廉德善的家风在这里薪火相传。村内主要场所张贴悬挂传统文化版面，邀请专家学者定期举办国学讲座，开展"好媳妇""好公婆"评选活动等。

（4）生态振兴——以特为先，突出"三美"，推动乡村生态振兴。护绿与植绿并重，突出山水相依的生态美。实施了三大绿化工程：一是山坡植绿工程。实现了山坡绿化，也催生了绿色经济。二是身边增绿工程。对村内主干道路、大街小巷全面绿化，并建起牡丹园、芍药园、月季园3座花卉园。三是庭院披绿工程。全村绿化覆盖率达到72%，人均绿化面积35平方米。规划与功能同步，突出中西合璧的建筑美。农户实现了学业医疗保障化、日常做饭燃气化、冬季取暖供热化、用电照明光伏化、垃圾处理无害化，统一供热、统一供气、统一供水、统一供电，通网络宽带、通数字电视、通程控电话的"五化四供三通"目标。保护与恢复并举，突出古今对话的和谐美。保护恢复古建院落9处，旧址重建槐荫寺1座，新建振兴坛和振兴阁2处。村内的4条街、9条路分别以仁、义、礼、智、信、贤、德、文、明等传统文化精髓加崇字打头命名，新建以二十四孝故事为主题的孝廉公园1处，真正实现了看古品今、古今对话的和谐统一。

（5）组织振兴——以党为重，勠力"三事"，推动乡村组织振兴。强化党组织建设促进乡村振兴。以创新求突破，按照"党委抓大事、支部办实事、党员做好事"的原则，不断将党建工作延伸到基层的方方面面。大力培养优秀的基层党组织干部。充分发挥党建引领作用，建立农业合作社，开设微店，将土特产移植上网，发展农业产业，让党员引领转型发展，走在了前头，干到了实处。健全自治、法治、德治相结合的乡村治理体系。加强农村精神文明建设，推进家风、村风、党风教育，以好家风带村风促党风，确保全村社会环境充满活力、安定有序。

这条路完成了从"一煤独大"到多元支撑的产业转型，实现了村庄就地城镇化，难能可贵的是城镇化过程中实现了企业发展与村民发展的良性互动、合作共赢，创造性地解决了企业用地不足、发展资金不够、村民就业不足、生活不富裕的问题，而且带领周边村庄也走上了富裕路。

这条路是物质文明与精神文明两个文明都抓，生产、生活、生态三生兼顾，传统与现代相容，干部与群众互信的路。

第十九章 振兴村的乡村振兴之路

这条路越走越宽、越走越亮，今后五年，振兴村要在产业上，打好乡村旅游这张牌；在人才上，下好职业培训这步棋；在文化上，走好基础教育这条路；在生态上，唱好绿水青山这首歌；在组织上，办好为民服务这件事。要把振兴村建成一个既有都市品质，又不失乡村特色的新型农村，振兴村要在八个方面下真功夫、下硬功夫、下深功夫：发展更讲质量、管理更求规范、生态更要宜居、文化更加繁荣、人才更快集聚、社会更多包容、幸福更有温度、干群更扬正气。

结束语
曾见过雄山陶水
曾走过沟壑荆棘
打铁声梦里叮咚
潞绸做成了嫁衣
任时光匆匆走远
当年模样难以忘记

曾沐浴抗日风雨
曾打响上党战役
渐小的挖煤声中
山沟变成了景区
任时空沧桑变幻
发展脚步永不停息

共同富裕
那束光燃起美好向往
不忘初心
那只手指明前进方向

就这样脚步匆忙
就这样走向远方
任风再猛雨再狂
不改心中的方向

时不我待
向着共富的目标起航
砥砺奋进
实现全面振兴的理想

就这样携手共进
就这样奋发图强
任山再高路再远
创造未来的辉煌

振兴村的乡村振兴已取得了很大的成绩,但在质的提升、量的积累方面还有很大空间。希望振兴村发扬优点,改进不足,乘势而上,再创辉煌!愿振兴村的明天更美好!

附件一

牛扎根在全国农民新技术创新创业博览会上的讲话

创新创业示范地　乡村振兴样板区

山西长治市上党区振兴乡村生态文化旅游区党委书记　牛扎根

（2019年11月20日）

尊敬的各位领导、各位朋友：

大家上午好！

今天，我十分荣幸参加2019年全国农民新技术创新创业博览会，非常高兴和大家一起相互学习、互相交流。我叫牛扎根，来自山西长治市上党区振兴村，现任山西长治市上党区振兴乡村生态文化旅游区党委书记、山西上党振兴集团董事长。现在我把振兴小镇创新创业孵化实训基地创建情况向大家汇报，不妥之处，请各位领导和同志们批评指正。

振兴小镇位于山西省东南部上党区振兴村境内，地处太行山西麓，上党盆地南缘，交通便捷、地理优越。四周群山环绕、翠绿掩映、气候宜人，地处北纬38°线，年平均气温9℃，素有"无扇之城""天然氧吧"之称。全村总面积6.6平方千米，农业人口2309人，职工3000人，下设1个集团企业，5个子公司，资产总额30亿元，村民人均收入36900元，年上缴国家税收超亿元。先后荣获全国文明村镇、国家AAAA级景区、国家五星级企业园区、中国美丽休闲乡村、全国乡村旅游重点村、全国美丽乡村示范村、全国一村一品示范村镇、中国全面小康十大示范村镇等27项国家级荣誉称号。

一、振兴小镇总体介绍

我区孵化实训基地建设主要以人才创新基地、农民讲习所、党政培训园、振兴会堂、乡村旅游创业街及创新创业实训基地六大方向,总投资1.6345亿元,占地57.6亩,建筑面积67941平方米,其中人才公寓6230平方米、人才学院9702平方米、农民讲习场所(一里长廊)8928平方米、初心园6090平方米、振兴会堂3632平方米、乡村旅游创业街16540平方米、创新创业实训场所16819平方米。振兴区大力支持各类双创主体不断开办新企业、发展新技术、开发新产品、建立新模式、开拓新市场,鼓励双创主体充分利用振兴村的乡村旅游资源,从事农家乐、民俗及休闲旅游相关产业,从场所、技术、管理、咨询、资金等方面为创新创业人员提供"一条龙"服务,带动返乡农民工创新创业,实现农民脱贫致富和新型农民培养,为现代农业注入新要素,为农村产业兴旺不断增强新动能。

我区积极贯彻落实山西省人民政府办公厅印发的《关于推进县域创新驱动发展实施意见》及长治市人民政府印发的《关于发展众创空间推进大众创新创业的实施意见》,以创新驱动发展为根本战略,推动县域发展上连城市、下融农村,构成了省域、市(县)域、乡村经济发展的重要支撑。以"创新驱动、人才为先、需求导向、差异发展"为基本原则,紧扣乡村经济社会发展的内在需求,坚持先行先试、大胆创新,走出了一条"以企带村""兴企建村""村企共荣"的城乡统筹发展之路,缔造了"构建三大体系、破解两大瓶颈、实现三个转变、达到五化目标"的"3235"城乡统筹发展新模式。大力支持以科技创新为核心的全面创新,充分利用较好的乡村旅游资源,深入推动大众创业、万众创新,使全区创新驱动发展环境显著改善,乡村经济发展实力得到较大提升,为实现两个一百年的奋斗目标打下了良好基础。

我区依托山水相依的自然生态优势、地理区位优势、历史文化优势、特色村镇优势,以"特"为先、以"文"为魂、以"旅"为径,以创新创业为主线,全力推进振兴小镇建设,大力发展乡村休闲度假旅游,实现了文化内涵与经济产业相共生、自然风光与人文景观相映衬、三产发展与农业增收相融合,走出了一条宜居、宜业、宜商、宜游的美丽休闲乡村发展之路。

我区设定了全国知名康养基地、省融合发展示范区、省乡村振兴样板区、省城乡融合先行区、全国农村创新创业孵化实训基地等五大定位,打造成为产业融合高地、生态宜居胜地、文化康养福地、创新创业摇篮四大目标,完善人才创新基地、农民讲习所、党政培训园、振兴会堂、乡村旅游创业街及创新创业实训基地等建设方向,创建全国农村创新创业孵化实训基地。2018年,孵化基地共开展培训活动39场次,涉及8510人。其中技能培训12场次,培训人员2390人;创业实操5场次,培训人员620人;项目路演5场次,涉及项目30个,培训人员750人;沙龙讲堂7场次,培训人员1660人;党政建设培训10场次,培训人员3090人。孵化基地包含双创主体69家,总产值4.23亿元,其中新入驻双创企业产值达2.5亿元,建设创业导师智库1个、吸收国内知名专家115人,发展民俗及农家乐175家,稳定创业及就业人员3500人,孵化成功率达80%,农民人均纯收入达到3万元。

二、人才学院简介

太行乡村振兴人才学院由长治市委人才领导组批准,在长治市委组织部的大力支持下和上党区委、区政府坚强领导下成立的,位于山西长治市上党区振兴小镇,地处太行山西麓,上党盆地南缘,北距上党古城长治35千米,南距晋城50千米,总投资6000余万元,总建筑面积为2万平方米,可容纳1000人同时就餐、住宿、授课,包括教学楼、图书室、健身房和娱乐室等,60~80人多媒体教室4个,百人阶梯教室1个,360人报告厅1个,260人多功能厅1个,学员讨论室8个,小型会议室5个,致力于打造集乡村振兴理论研究、实践研学及人才培养三位一体的华北一流人才学院。

我们聘请了中国人民大学学术委员会副主任、中国人民大学农业与农村发展学院教授、博士生导师、著名"三农"问题专家温铁军,山西省改革创新研究会会长吕日周,国家行政学院经济学教研部副主任、教授、博士张孝德等12位全国著名教授为常年培训导师。振兴人才学院成立3个月以来,以弘扬太行精神,坚定理想信念,不断改革创新,以助力乡村振兴为办学宗旨,为全区乃至全市、全省培育一支懂农业、爱农村、爱农民的"三农"工作队伍,以全面实施乡村振兴战略提供人才支撑为己任。先后培训了136期,共计25800余人。今后,学院将紧紧围绕两方面开展工作：一是依靠党组织，以培训农村干部和乡村振兴实用人才为主；二是走市场化道路，以培训农村商务、电商、家教、康养、酒店、服务等新型职业技术为主。着力打造乡村振兴人才高地，力争把振兴小镇建成创新创业示范地、乡村振兴样板区。

三、上党印象振兴创业步行街

上党印象振兴创业步行街是振兴小镇重要的文化组成部分之一，基础设施建设与上党历史文化元素紧密结合，充分融入中华传统古老字号。共有商户140家，其中小木屋46家，以本村村民为主，每户商铺日收入平均2000元左右，是广大村民创业致富的好项目，也是乡村旅游的最佳体验地。所有商铺实行统一管理、统一运营，目的是保证品质、保证口感、保证服务，让游客在这里吃得放心、安心，玩儿得痛快、尽兴。

步行街入口门楼高端气派，上书"上党印象"四个大字，街道两旁以木质房屋为主，街上的石凳造型独特、古朴典雅。街面整齐地铺设了花岗岩石，为了不影响街面景观效果，排污水管走地下通道，数个外形美观的果皮箱整齐设置在街道两旁，整条街道干干净净。依托振兴小镇春节嘉年华接待游客40万人、年均接待100万人游客的优势，步行街将"食"这一重要文化引入旅游体系，同时节假日期间推出"上党民俗婚礼秀"、上党鼓书等民俗演艺，形成吃、住、行、游、购、娱于一体的全方位旅游业态。

四、大学生公寓

振兴小镇大学生公寓坐落在振兴村西，背靠大雄山，南望金鸡岭，环境优美，风景宜人。建筑总面积5355平方米，楼高六层，分四个单元，48间客房，可容纳240人同时入住。公寓专门为大学生创业而建，室内全部配备标间，专职服务，有独立的客厅、卫生间和餐厅，水电暖齐全，实行免费入住。高雅的设施，优质的服务，让大学生感受到"家"的温馨。

五、主要做法

振兴小镇得天独厚的自然风光和独具风韵的城镇建设为发展乡村旅游提供了优势和条件,从加快实现村民生活富裕出发,在乡村旅游发展中,始终坚持把农业作为基础,把农村作为平台,把农民作为主体,服务"三农"、融合"三产",有效推动美丽乡村,催生休闲经济。

1. 旅农相融,提升农业品质

乡村旅游的特色在田园,田园的风光在农业。如何使农业成为一种新的经济业态,是每个做乡村旅游的人所思考的重点。为了农业能更好地服务于旅游发展,按照农业观光、农事体验、蔬果采摘、农艺博览等功能,采用"公司+农业+农户"的形式,统一规划、分片承包、自主经营。目前,已建设特色化农庄6处、规模化种植基地3处、农艺博览园3处,不仅丰富了种植内容,提升了农业品质,推动了旅游发展,而且充分调动了农民的参与性、积极性,拓宽了农民增收的渠道。推出了马刨泉矿泉水、上党振兴村酒、振兴村老陈醋、小杂粮、葵花油、核桃等产品,农产品已涵盖三大门类十余个品种,年产值达到2000余万元。

2. 旅工结合,催热城乡建设

乡村旅游的发展,集聚了大量人流、信息流和资金流,使更多城市的目光开始关注乡村。借助这个平台,积极推进农产品加工制造业和小景点、酒庄、城镇住宅的开发建设。核心景区的秋千园、拓展训练基地、跑马场、民俗酒店全部由企业投资建设。同时,容纳160余家商户的上党印象商贸一条街全部营业。

3. 旅商互促,带动餐饮物流

为确保乡村旅游的乡村特色,丰富吃住游购娱的旅游产品体验,近年来,推出了吃农家菜、住农家屋、购农产品、体验农事活动等旅游项目,鼓励农民建设农家乐170余户、民俗酒店6处、民俗养生9处、容纳600人就餐的生态酒店1家,所有餐饮住宿全部以纯绿色原生态的菜品制作为主,有效吸引了周边旅客,已成为振兴村一大主导产业。同时,开通了市区至振兴的公交车和旅游直通车,建起了物流中心和快递服务站,成立了村镇银行,建起了游客接待中心,年接待游客100余万人次,旅游综合收入达到8000余万元。形成了全村互动抓旅游，家家户户都赚钱的大好局面。在自家小院上做文章，在小摊小吃上下功夫，逐步把小吃街变成了小吃村，实现了资源变资本、村民变股民的转变。

六、振兴启示

1. "五三"模式育新村

振兴，因"五个就地"而名。依托振兴集团，以企兴村，兴企建村，并村建区，农民离土不离乡，创出了一条"就地进城、就地就业、就地入学、就地就医、就地养老"的就地城镇化新路子，实现了绿树灰墙红花、小桥流水人家的美好景致。

振兴，因"五化目标"而美。在村民住上洋楼，过上城里人生活的时候，振兴人未雨绸缪，及早布局：下决心促转型，地下转地上；猛投入兴产业，黑色变绿色。一个"环境生态化、农村城市化、生活保障化、服务功能化、就业均等化"的美丽乡村惊艳三晋大地，让慕名而来的全国各地游客，看到了春有百花秋望月、夏沐溪水冬听雪的北方胜景。

振兴，因"五强战略"而富。今天的振兴在党的十九大精神指引下，以党的建设为中心，以乡村振兴为抓手，以引资上项为支撑，以旅游富民为方向，以经济强村为目标，五个轮子一起转，真正把乡村振兴战略在振兴落地生根。

2. "三变"改革共致富

振兴小镇按照农旅融合发展理念，将生态旅游、民俗文化和土地资源联结，以"三变"为抓手，以产业为支撑，以共富为目标，大力发展农业产业、旅游业，探索出"三变（资源变资产、资金变股金、农民变股民）+产业+旅游"发展模式，带动周边老百姓实现增收致富，成为乡村振兴的先进典型。实际上，这条整合之路并不是一帆风顺的。在初期，村民的传统思想根深蒂固，不愿意将自己的土地流转出去，是一次又一次的沟通、用心用情才把这些以前只种传统玉米的土地流转出去。此后，开始种植具有观光旅游的金银花、牡丹花，既增色又增收。

风正潮平自当扬帆起航，任重道远更需策马扬鞭。乡村振兴战略，振兴村恰如其名,要在希望田野上,创造美好生活的榜样;乡村振兴道路,振兴村正当其时,要在绿色发展中,建成乡村振兴的典范。今后,我们将认真学习借鉴各地村镇发展的宝贵经验,按照习近平总书记提出的实施乡村振兴战略"五个振兴"的要求,坚持走党建挂帅、生态引领、三产融合的发展之路,努力打造北方最具特色的乡村度假胜地,在全面小康社会建设中再上新台阶、再创新业绩!

附件二

牛扎根在中国合作经济学会主旨发言

"五三"模式育新村 十年闯出振兴路

中共山西长治市上党振兴小镇党委书记 牛扎根

（2019年5月18日）

尊敬的各位领导、各位朋友：

大家上午好！

今天，我十分荣幸参加首届农村集体经济发展高层论坛暨农村集体经济专业委员会成立大会，非常高兴和大家一起相互学习、互相交流。我叫牛扎根，来自山西长治市上党区振兴村，现任山西长治市上党区振兴小镇党委书记、山西上党振兴集团董事长。现在我把振兴小镇振兴村集体经济发展情况向大家汇报，不妥之处，请各位领导和同志们批评指正。

振兴村位于山西省东南部上党区振兴小镇境内，地处太行山西麓，上党盆地南缘，交通便捷、地理优越。村四周群山环绕、翠绿掩映、气候宜人，地处北纬38°线，年平均气温9℃，素有"无扇之城""天然氧吧"之称。全村总面积6.6平方千米，农业人口2309人，职工3000人，下设1个集团企业、5个子公司，资产总额30亿元，村民人均收入36900元，年上缴国家税收超亿元。先后荣获全国文明村镇、国家AAAA级景区、国家五星级企业园区、中国美丽休闲乡村、全国美丽乡村示范村、全国一村一品示范村镇、全国农业绿色产品示范基地、中国全面小康十大示范村镇等27项国家级荣誉称号。

近年来，振兴村在转型中突破，在创新中探索，三带并举抓产业，三生同步建新村，三风共育促文明，三级齐抓固党建，三产融合共致富，走出了一条"五个三"模式的乡村振兴之路。回顾振兴村所走过的道路，每一步都是老百姓的所期所盼，每一步都是乡村发展的所需所求，每一步都与今天党中央提出的"乡村振兴战略"五个方面不谋而合，也许是偶然，但却真实反映了乡村振兴战略是切合亿万农民心愿、符合亿万农民需求的乡村梦、振兴梦。

一、以企带村、以工带农、以商带户，三带并举抓产业

振兴村过去是一个有名的"贫困村"。以前这里山高石头多，出门就爬坡，老百姓祖祖辈辈面对"三大难"：一是上学难，孩子们在破庙里念书；二是吃水难，村里没有井，吃水要到两里外的山沟里去担；三是走路难，坑坑洼洼全是河沙滩。而村的对面就是当地的煤炭企业振兴集团，但由于当时技术、管理水平落后，导致资源消耗强度大、能源利用率低、环境污染和生态破坏严重等问题突出。当时，如何实现煤炭产业转型，壮大集体经济，实现村企同步发展，是摆在振兴村党支部一班人面前的一道难题。经过多个不眠之夜的论证探讨，最后达成三大共识：一是以企带村，2010年7月，成立了长治县振兴鑫源农产品专业合作社，按照资源变资产、资金变股金、农民变股民的"三变"改革，共流转土地6331亩，带动农户1249户，使中药材种植、核桃经济林、油葵种植初具规模，仅用3年，村集体经济产值达到2000多万元，解决了村内及周边剩余劳动力1000余人，村民人均收入近万元，昔日的贫困村一跃成为上党区经济发展的示范村；二是以工带农，由集团企业投资建设中药种植基地和设施农业，提高农业产业附加值；三是以商带户，按照企业投资、农民入股的形式发展商贸物流，鼓励农民投身第三产业。

二、融入生产、便利生活、注重生态，三生同步建新村

振兴村原是一处坡高路陡、村容破旧的小山村。千百年来，建设一处功能齐备、生态宜居的新家园是每一个村民的梦想。在村集体经济壮大

后，振兴村于 2007 年开始对旧村实施整体新建。建设之初，就做了详细的规划方案，并定下三"不"原则，即对原有生态植被不破坏、对原有山水景观不改变、对原有古建遗迹不拆迁，力争实现农耕文明的传承、传统民居的保护和现代功能的开发。使新村既能融入生产，又能便利生活，还能保护生态，主要做法如下。

1. 护绿与植绿并重，突出山水相依的生态美

实施了三大绿化工程：一是山坡植绿工程。规划建设了"五个千亩"种植基地——千亩干果经济林种植、千亩道地药材种植、千亩小杂粮生产、千亩花卉培育和千亩有机蔬果种植，既实现了山坡绿化，也催生了绿色经济。二是身边增绿工程。对村内主干道路、大街小巷全面绿化，并建起牡丹园、芍药园、月季园 3 座花卉园，村里及周边绿化总面积达到 2000 余亩。三是庭院披绿工程。振兴村大力倡导庭院绿化，为村民提供葡萄及藤蔓植物幼苗，并免费指导种植。目前，全村绿化覆盖率达到 72%，人均绿化面积 35 平方米，绿化总投资达到 6500 万元。

2. 规划与功能同步，突出中西合璧的建筑美

一年时间，振兴村人投工投劳、夜以继日，新修 4 条街、9 条路 35.53 万米，改河 16.5 万米，迁坟 397 个，挖山填沟 156 万立方米，新建别墅式住宅和单元楼 569 套。为确保村民能住得舒心、功能便捷，振兴村在设计住宅时，充分考虑其外在形象与内在功能的统一，采用了传统中式屋顶和西式阳台、窗户、栏杆的设计，既实现了三层小阁楼的储物需求，也满足了村民对采光、休闲的需要。中西合璧的建筑风格不仅让人耳目一新，而且保证了住宅功能的有效利用。2008 年 10 月 18 日，全体村民正式乔迁新居。同时，农户实现了学业医疗保障化、日常做饭燃气化、冬季取暖供热化、用电照明光伏化、垃圾处理无害化，统一供热、统一供气、统一供水、统一供电，通网络宽带、通数字电视、通程控电话的"五化四供三通"目标。

3. 保护与恢复并举，突出古今对话的和谐美

为确保农耕文明的记忆和传统文化的传承，在新村建设中，坚持保护与恢复并举，将一些相对完整的古建院落保护下来，并对一些重要历史遗迹进行了恢复重建。目前，振兴村共保护恢复古建院落 9 处、旧址重建融

佛儒道三教合一的槐荫寺1座、新建具有北方民居特色的茅草屋3处、新建极富古典风格的振兴坛和振兴阁2处。并将古建院落和新建民居开发为民俗酒店,实现在保护中开发,在开发中传承,在传承中超越其价值的目的。

三、转民风、治家风、养村风,三风共育促文明

良好的村风民风是一个村庄发展的精神基因和永续动力,为了实现民风淳、村风正、家风好,近年来,振兴村以阵地建设为基础,以活动开展为载体,以村民教育为核心,转民风、治家风、养村风,大力加强乡风文明培育和文化建设发展,取得了显著成绩,于2013年被中央文明委授予"全国文明村镇"称号。一是积极建设传统文化教育阵地。先后建起了以二十四孝故事为主题的孝廉公园1处、梅兰竹菊四大民俗文化长廊,同时对村内的四条街、九条路分别以仁、义、礼、智、信、贤、德、文、明等传统文化精髓加"崇"字打头进行命名,真正实现了看古品今、古今对话的和谐统一。二是每年定期开展各类传承民俗文化和传统文化的特色活动。邀请各类专家学者举办国学讲座,开展"好媳妇""好公婆"评选活动等。特别是每年的九九重阳节,村内都将举办盛大活动,将邻近村里的近千名老人都请来,进行免费体检,发放慰问品,合照全家福,举办合家宴,让中华民族爱老敬老的美德扎根在每位村民心中。三是以"三色"文化影响教育村民。先后推出了以体验农耕文明、民俗特色为主的"金"色文化;以传承革命精神、先烈遗志为主的"红"色文化;以牢记传统美德、历史根脉的"古"色文化。通过这些文化渗透与传播,不仅让村民始终牢记先辈勤劳俭朴、敬业持家的光荣传统,而且使之成为振兴人永远向前的精神基因。

四、党委抓大事、支部办实事、党员做好事,三级齐抓固党建

振兴村始终坚持以党建统领乡村振兴,以经济发展带动乡风文明。按照党委抓大事、支部办实事、党员做好事的原则,不断将党建工作的触角延伸到基层的方方面面,探索党建进村民小组、党建进企业、党建进网格

等方式，利用微博微信等新媒体平台，形成良性的沟通互动，扎实推进乡村振兴步伐。

党委抓大事，就是在"决策"上出实招。按照党委班子成员分工，认真落实党委委员包村、包企业；支部委员包组、包项目；党员代表包户、包部门的党建工作机制。协同作战，久久为功。念好"六字决"："严"字当头，作风建设是永恒课题；"学"字为先，勤奋学习是成事之基；"干"字为重，干事创业是人生追求；"廉"字为荣，清正为官是最高操守；"贤"字为尺，公道用人是重要职责；"实"字为要，取得实效是衡量标准。新建全省一流的党建馆，争创全国优秀基层组织。

支部办实事，就是在"民生"上下功夫。成立了振兴村农民讲习所，党的十九大报告365条主题金言汇编成书，高标准建设了新党建云平台、新党员活动室、新党员文化墙、新便民服务站、新综治办公室。在每月召开一次的全体党员大会上，党员干部、积极分子要紧紧围绕加快建设乡村旅游这篇大文章，一个调子喊到底，一张蓝图绘到底，把各方面的智慧和力量凝聚到谋发展、抓建设上来，坚持上下同心，坚持共建共享，汇成各项工作的大合唱。

党员做好事，就是在"本色"上不动摇。一名党员就是一面旗帜，要积极开展"三亮"活动。一是党委领导要亮身份，做示范。把责任一级一级扛起来，把压力一层一层压下去，把农村的根扎得更深，把为民的事做得更细，把自己的责干得更实。二是两委干部要亮承诺，转作风。紧盯民生要事，一步一个脚印，把会上定的、纸上写的落到实处，让领导放心，让群众满意。三是党员代表要亮行动，树形象。当好经济建设者，当好集体维护者，当好改革推动者。在困难面前不退缩，在问题面前不回避，在过错面前不推诿，在诱惑面前不动心，在利益面前不眼红，在成绩面前不自满。

五、旅农相融、旅工结合、旅商互促，三产融合共致富

振兴村得天独厚的自然风光和独具风韵的城镇建设为发展乡村旅游提供了优势和条件，从加快实现村民生活富裕出发，在乡村旅游发展中，始终坚持把农业作为基础，把农村作为平台，把农民作为主体，服务"三

农"、融合"三产",有效推动美丽乡村,催生休闲经济。

1. 旅农相融,提升农业品质

乡村旅游的特色在田园,田园的风光在农业。如何使农业成为一种新的经济业态,是每个做乡村旅游的人所思考的重点。为了农业能更好地服务于旅游发展,按照农业观光、农事体验、蔬果采摘、农艺博览等功能,采用"公司+农业+农户"的形式,统一规划、分片承包、自主经营。目前,已建设特色化农庄6处、规模化种植基地3处、农艺博览园3处,不仅丰富了种植内容,提升了农业品质,推动了旅游发展,而且充分调动了农民的参与性、积极性,拓宽了农民增收的渠道。推出了马刨泉矿泉水、上党振兴村酒、振兴村老陈醋、小杂粮、葵花油、核桃等产品,农产品已涵盖三大门类十余个品种,年产值达到2000余万元。

2. 旅工结合,催热城乡建设

乡村旅游的发展,集聚了大量人流、信息流和资金流,使更多城市的目光开始关注乡村。借助这个平台,积极推进农产品加工制造业和小景点、酒庄、城镇住宅的开发建设。核心景区的秋千园、拓展训练基地、跑马场、民俗酒店全部由企业投资建设。同时,容纳160余家商户的上党印象商贸一条街全部营业。

3. 旅商互促,带动餐饮物流

为确保乡村旅游的乡村特色,丰富吃住游购娱的旅游产品体验。近年来,推出了吃农家菜、住农家屋、购农产品、体验农事活动等旅游项目,鼓励农民建设农家乐170户、民俗酒店6处、民俗养生9处、容纳600人就餐的生态酒店1家,成立了太行乡村振兴人才学院,可容纳500人同时住宿、培训、就餐,所有餐饮住宿全部以纯绿色原生态的菜品制作为主,有效吸引了周边旅客,已成为振兴村一大主导产业。同时,开通了市区至振兴的公交班车和旅游直通车,建起了物流中心和快递服务站,成立了村镇银行,建起了游客接待中心,年接待游客100余万人次,旅游综合收入达到3000余万元。形成了全村互动抓旅游,家家户户都赚钱的大好局面。在自家小院上做文章,在小摊小吃上下功夫,逐步把小吃街变成了小吃村,实现了资源变资本、村民变股民的转变。

附件三
振兴乡村生态文化旅游区简介

　　振兴乡村生态文化旅游区（简称振兴新区），位于上党区东南部雄山南麓。其历史悠久，底蕴深厚，东汉刘秀曾在此遇难呈祥。四周群山环绕、翠绿掩映，区内别墅林立、环境幽雅，被誉为"三晋农民城市山庄、上党生态宜居之地"。振兴新区，是2014年按照长治市委、市政府，上党区委、区政府以企业优势带动新农村建设，以"中心村"示范区推动城乡一体化进程的发展思路建立起来的新型城镇化农村社区。2018年，经县委、县政府批准，城乡统筹振兴试验区更名为振兴乡村生态文化旅游区。日常管理机构为旅游区党委、新区管委会，隶属长治县委、县政府，全额事业正科级建制，内设党政综合办公室、城乡统筹项目研究办公室、经济发展战略研究办公室、文化产业旅游开发办公室、农业技术服务中心和振兴接待中心。旅游区规划面积12.6平方千米，下辖3个行政村，集聚人口8500人。拥有1个集团公司5个子公司，总资产30亿元，流转土地16331亩，农民人均收入36900元，职工人均收入56900元。

　　新区成立五年来，在县委、县政府的正确领导下，坚持三个统领，做好五篇文章，以发展为要、以民生为本、以改革为先、以创新为魂、以统筹为领，先后在"三农"工作中投资4.5亿元，实施了新农村建设、新农业改造和新农民教育。红色文化广场、休闲山庄、文体活动中心、集中供热站、秸秆燃气站、污水处理厂等基础配套设施完善；寄宿制学校、卫生院、劳保所、派出所、计生站、财政所、文化站等社会管理服务机构健全；教育、就业、养老、医疗等一系列社会保障措施给力。形成了生活环境优美、文化氛围浓厚、物质精神充实、社会保障无忧、幸福指数攀升的良好格局。

附件三　振兴乡村生态文化旅游区简介

"十三五"期间,振兴旅游区以党的十九大精神为指引,以党的建设为中心,以乡村振兴为抓手,以引资上项为支撑,以旅游富民为方向,以经济强区为目标。五个轮子一起转,真正把乡村振兴战略,在振兴落地生根。到2020年生产总值达到30亿元,人均年收入达到3万元,集聚人口2万人,努力把振兴旅游区建设成为中国北方最宜业、最宜居、最宜游的特色小城镇。

旅游区成立以来,先后荣获全国文明乡镇、全国乡村休闲度假示范区、全国农村低碳生活示范区、全国农村生态文化示范区、全国低碳国土实验区、全省创先争优优秀基层党组织等称号。

附件四

振兴乡村生态文化旅游区"十三五"工作总结暨"十四五"工作计划

"十三五"以来,在上党区委、区政府的坚强领导下,振兴旅游区紧紧围绕"绿水青山就是金山银山"的发展理念,按照"党建引领乡村振兴,转型推动经济发展"的工作部署,在实干中创新,在创新中超越,经济发展活力显著增强,项目投资力度显著增大,民生福祉水平显著提升,生态环境质量显著改善,产业转型步伐显著加快,党的建设能力显著加强。"十三五"时期,提前完成各项任务。

一、"十三五"以来工作成效

(一)经济建设

"十三五"时期,全区工农业生产总值累计达到17.5亿元,较"十二五"时期增长32%;上缴国家税费累计完成3.85亿元,同比增长35%;完成固定资产投资2.8919亿元,同比增长38%;村民人均收入达到3万元,同比增长35%;职工人均收入达到36900元,同比增长37%;村集体收入达到0.69亿元,同比增长51%。

附件四 振兴乡村生态文化旅游区"十三五"工作总结暨"十四五"工作计划

（二）项目建设和民生实事

（1）2016 年 4 月 13 日，总投资 4.7 亿元，年产 90 万吨 15# 矿井正式投产。

（2）2016 年投资 1785 万元，向阳村全村村民整体喜迁新居。

（3）2017 年投资 1020 万元，郜则掌村集中供热工程竣工，实现了全区免费供热全覆盖。

（4）2017 年成立首个村民医疗互助会，全区群众和职工参加了"福村宝"，四年来，村民大病累计报销人员 685 人，报销金额 336 万元，彻底解决了群众看病贵难题。

（5）2018 年投资 1500 万元，建成了初心园，三年来，累计接待社会团体和游客累计 5.3 万人次。

（6）2018 年总投资 6000 万元，建成太行乡村振兴人才学院，截至目前，举办各类培训 265 期，培训人数 3.85 万人次。

（7）2018 年累计总投资 565 万元，流转西村土地 2000 亩。

（8）2018 年总投资 1600 万元，完成振兴至西村 1.5 千米河道治理工程。

（9）2018 年振兴西火田园综合体项目列入山西省重点项目，特色小镇项目入库国家发改委千企千镇办公室。

（10）总投资 1675 万元，建成上党印象步行街，68 家农家乐小木屋全部营业。

（11）投资 1580 万元，完成 30 套康养中心装修项目。

（12）2019 年总投资 1365 万元，完成红色纪念馆、上党战役展览馆、南下干部纪念馆布展项目。

（13）2019 年帮扶 100 万元，完成壶关县郊界底村新修舞台扶贫项目。

（14）2020 年总投资 350 万元，完成现代农业产业园第一期工程，新修田间水泥路 5.5 千米，形成了三纵三横田间道路。

（15）2020 年投资 680 万元，建成振兴老年人文化活动中心。

（16）5G 智慧项目总投资 5169 万元，完成一期、二期工程项目，包括 5G 智慧云平台、党建云平台、党建指挥中心、智慧党群馆、5G 智慧小镇。

（三）生态环境建设

总投资 2300 万元的煤场全封闭 3 万平方米工程和锅炉房改造工程全

部完工。近年来，60人的专业绿化队伍种植各类树木3.5万余株，绿化面积600亩，绿化总投资2000万元。煤改气取暖工程总投资2230万元，新建星级公共厕所5个，新增环卫人员35人。如今的振兴，蓝天白云，四季皆绿，可谓春有百花秋望月、夏沐溪水冬听雪。

（四）产业转型

"十三五"时期，振兴人未雨绸缪，及早布局。下决心促转型，地下转地上；猛投入兴产业，黑色变绿色。五年来，对振兴小镇累计投资4.5亿元，建成了高标准的服务中心，建筑面积7200平方米；建成了大型停车场，占地面积14518平方米，可停放大巴车26辆，小型汽车300辆；景区景点道路标识标牌全部更换完善。2018年12月28日，被国家评为AAAA级旅游景区。五年来，累计接待游客450万人次，旅游综合收入达到1.5亿元。

（五）文化建设

"十三五"时期，连续成功举办了三届春节嘉年华、四届根祖文化旅游节、五届重阳文化旅游节、四届振兴杯定向越野赛、四届粽情与你端午节、三届振兴军事夏令营、五届康养避暑文化旅游节。成功举办了全国大学生村官论坛，中央媒体走基层乡村振兴看振兴大型采风活动，中央网信办新华社新媒体中心"看美丽乡村庆70华诞"大型直播活动，自办自演四届元旦、春节、元宵节、六一、七一大型晚会，2019振兴杯上党红色国际马拉松赛，振兴小镇先后十二次登上中央电视台《新闻联播》《新闻30分》《朝闻天下》《新闻直播间》《中国新闻》《美丽中国乡村行》等栏目。

（六）党的建设

为加快实施乡村振兴战略，连续三年举办了乡村振兴日活动，全国百家名村走进振兴。随着振兴村初心园开园，振兴党群馆、振兴展览馆、家风家训馆、村史村志馆同时开馆，高标准建设了新党建云平台、新党员活动室、新党员文化墙，新便民服务站、新综治办公室、新时代文明实践所、学雷锋自愿服务站。吸引全国各地256家村级组织参观学习振兴党建经验。主题教育、三基建设、党日活动唱响了振兴主旋律。党风廉政、信访维稳、精准扶贫重点领域抒写了振兴新篇章。

（七）荣誉表彰

（1）2016年，振兴村分别荣获全国一品一村示范村、中国美丽休闲乡村、中国全面小康十大示范村镇、中国十大小康村等荣誉。

（2）2017年，振兴村荣获中国十佳小康村、全国改善农村人居环境示范村、全国美丽乡村示范村、中国美丽乡村示范村称号，振兴集团荣获全国五星级企业园区，振兴学校荣获国家级校园特色学校。

（3）2018年，振兴村荣获中国田园综合体示范单位、中国十大最美乡村、全国百佳乡村旅游目的地称号，振兴小镇荣获山西十佳品质旅游休闲娱乐项目榜单、全国百家避暑小镇名列榜首，振兴集团荣获中国改革创新年度贡献企业、中国全面小康特别贡献企业。

（4）2019年，先后荣获全国乡村振兴示范村、全国乡村旅游重点村、第三批全国"扫黄打非"进基层示范点、全国乡村治理示范村镇、国家森林乡村、山西省AAA级乡村旅游示范村、山西省文旅产业融合示范区、长治市文化产业示范基地、区委区政府乡村振兴榜样和转型先锋等称号。根据区、市、省各级组织部门推荐，受中共中央组织部邀请，牛扎根同志于9月20日至10月2日在北京参加了国庆70周年全部活动，乘坐"从严治党"方阵彩车，受到了习近平总书记和人民群众的检阅，并获得中共中央、国务院和中央军委国庆70周年纪念奖章。

（5）2020年，振兴小镇荣获全国农村创新创业孵化实训基地，振兴村荣获首届"黄土地杯"山西休闲农业和乡村旅游美丽乡村、花间堂最美民宿、长治市十佳美丽乡村，振兴集团荣获山西省农业产业化龙头企业。

二、实际工作中需解决的突出问题和思路

过去，振兴是长治县的城乡统筹试验区。如今，振兴是上党区的生态文化旅游区。"十三五"时期，振兴人先行先试，敢想敢闯，走出了一条以企带村、以工带农、以商带户，三带并举抓产业；融入生产、便利生活、注重生态，三生同步建新村；转民风、治家风、养村风，三风共育促文明；党委抓大事、支部办实事、党员做好事，三级齐抓固党建；旅农相融、旅工结合、旅商互促，三产融合共致富的"五三"模式发展之路。

正是由于振兴得到了上党区委、区政府的高度重视，振兴人奋起直追，弯道超车，荣获27项国家级荣誉称号。在实际工作中，振兴人也遇到了土地制约、人才欠缺、融资困难等诸多问题。今后，希望区委、区政府和各级主管部门一如既往关心支持振兴发展，在政策倾斜、土地划拨、财政扶持方面给予振兴优先发展待遇，早日把振兴建成乡村振兴样板区、转型发展示范区。

三、"十四五"时期的工作思路和重点举措

"十四五"时期，是开启全面建设社会主义现代化国家新征程、向第二个百年奋斗目标进军的第一个五年。按照省委"四为四高两同步"总体要求和市委建设省域副中心城市发展定位以及区委打造"四宜新上党"战略部署。我们确定了坚持一个中心不动摇，推进九大项目不停步，建设一个基地不打折，做强三个合作不含糊的"十四五"时期工作总体思路。

（1）坚持一个中心。振实干，兴责任——强化基层党政勤廉禀赋。以党的建设为中心，争创全国优秀基层组织。

（2）推进九大项目。振特色，兴创意——营造独特乡村发展特色；振规划，兴产业——优化乡村空间发展格局；振农业，兴田园——建设美丽田园乡村风貌；振提升，兴转型——绿水青山就是金山银山；振科技，兴动能——优化乡村经济发展机制；振根脉，兴文化——营造和谐共生乡愁文化；振精神，兴梦想——携手共赴富强新美目标。

（3）打造一个基地。振教育，兴人才——培养新型职业乡村人才。创建山西省农村党员干部实训基地。

（4）做强三个合作。振合作，兴竞争——铸造乡村市场驾驭能力。三大合作就是康养中心与和平医院合作，智慧小镇与山西移动合作，人才学院与长治职业技术学院合作。

四、"十四五"时期拟实施的重点项目重点工程

（1）在15#煤资源枯竭的情况下，配采3#煤工程，投资1.5亿元。

（2）新建上党区振兴医养中心（敬老院），占地45亩，投资2亿元。

（3）新上"文体商居养"大健康产业综合体项目，总投资5亿元，占

地200亩，建议在县城北择址开发建设。

（4）完善5G智慧小镇第三期工程，投资1000万元。

（5）建设振兴西火现代农业产业园第二期工程，投资2000万元；申报国家级产业强镇项目。

（6）创建太行乡村振兴人才学院山西省农村党员干部实训基地。

（7）建设山西省产教融合基地，投资1.05亿元完成第二期工程。

（8）全区水暖管网改造工程，投资3000万元。

（9）景区提档升级工程，投资2000万元。

五、建议

（1）为了把振兴小镇打造成为全省乡村旅游目的地，建议开通振兴至长治旅游直通车。

（2）尽快把振兴小镇建成上党区的后花园、长治市的样板村、山西省的旅游地，建议打通振兴至荫城快速公路。

（3）建议整合振兴小镇周边旅游资源，提升景区旅游产品和业态。

"十三五"时期，振兴人从农村就地城镇化转型到乡村旅游，是发展最快、投资最大、效益最好的五年。迈入"十四五"时期，我们一定在上党区委、区政府的坚强领导下，学名村，赶强村，向共产主义小区迈进，在转型发展率先蹚出一条新路来，为建设"四宜"新上党作出更大的贡献。

上党区振兴乡村生态文化旅游区
2020年10月3日

参考文献

[1] 刘彦华.老村官牛扎根:"50后"的乡愁与守望[J].小康,2017(34): 48-49.

[2] 伊迎春.甘当孺子牛 扎根新农村[J].今日国土,2013(1): 9-15.

[3] 振兴:城乡一体化的实践样本[N].人民代表报,2013-01-24(18).

[4] 尹海琼.立志共同富裕 扎根城乡统筹:访山西省长治县振兴新区党委书记牛扎根[J].财经界,2012(9): 72-73.

[5] 廖彩荣,陈美球.乡村振兴战略的理论逻辑、科学内涵与实现路径[J].农林经济管理学报,2017,16(6): 795-802.

[6] 王亚华,苏毅清.乡村振兴:中国农村发展新战略[J].中央社会主义学院学报,2017(6): 49-55.

[7] 黄祖辉.准确把握中国乡村振兴战略[J].中国农村经济,2018(4): 2-12.

[8] 史彩虹.新回乡运动:第五届中国乡村文明发展论坛在长治市上党区振兴村举行[N].山西日报,2018-12-28.

[9] 鲁晓东.党建统领乡村振兴 发展带动乡风文明[EB/OL].人民网–中国报业,2018-12-28.

[10] 李易,刘佳.品味乡村民俗:山西振兴村[EB/OL].人民网,2017-09-30.

[11] 翟钦奇,连品洁.山西长治振兴第六届根祖文化旅游节开幕[EB/OL].人民网,2017-03-13.

[12] 李雅文,连品洁.山西振兴村入围"2016中国全面小康十大示范村镇"[EB/OL].人民网,2016-12-20.

［13］陈美文.牛扎根在中国三农发展大会上讲述："振兴模式"［N］.山西日报，2020-03-27.

［14］陈美.牛扎根：能人带动谋发展 乡村振兴领路人［N］.山西日报，2018-09-04.

［15］尚雯.长治振兴村入列2018全国乡村振兴示范村［N］.山西日报，2019-01-19.

［16］张文卫，郝亚红.文化和旅游部公示第一批拟入选全国乡村旅游重点村名录乡村名单 上党区振兴村入选［EB/OL］.长治新闻网，2019-07-15.

［17］田虎，刘佳."一带一路"旅游合作亟待升级 业界共商文旅融合大计［EB/OL］.人民网–旅游频道，2017-09-29.

［18］长治电视台播报：上党区振兴村红色党建谋发展 绿色转型促振兴，［EB/OL］2020-05-13.

［19］李影.长治市上党区振兴村 打造山西第一个"数字孪生"乡村［N］.山西经济日报，2020-06-22.

［20］ZHM.长治振兴村党建引领振兴 文化旅游强村富民：山西上党振兴集团［EB/OL］.人民日报客户端山西频道，2020-07-02.

后 记

　　从 2016 年开始关注振兴村至今，振兴村的振兴路越走越宽、越走越亮。自 2018 年 10 月接到写作任务至今，我进一步研究了振兴村的发展历程，一直被振兴村的奋斗史深深打动着，被这里上演的精彩故事吸引着，对这些创造了精彩奋斗史的人们存满敬意，很想把这个过程准确描述出来，想把他们的成功经验总结出来，介绍给更多谋划乡村振兴的人们，希望他们学习、借鉴振兴村的发展经验，带领村民早日脱贫致富，让更多的乡村早日实现振兴。感谢东北大学出版社和陈文胜教授给我提供的写作、学习机会，感谢陈文胜老师和张德喜编辑对我的书稿给予的指导；感谢振兴村的牛扎根书记、荣石平主任、白洛川主任和摄影师张旭彪给我提供的资料；感谢接受采访的几十位振兴村村民，他们让本书更加立体；感谢研究生孟倩，她做了大量资料收集、整理工作；感谢我的家人近一年来给予我的支持！本书参考了振兴村的村史馆、初心园的解说资料、振兴村公众号的宣传资料和媒体的相关报道等，在此一并致谢！由于自己水平有限，加上受新冠疫情影响，截至今天，我仍感许多不足，仍感觉自己不能反映振兴村脱贫致富的发展历程、生动感人的奋斗实践；仍觉得对振兴村的乡村振兴之路挖掘、总结不够……遗憾之余，我想：乡村振兴，没有完成时，只有进行时，振兴村未来的乡村振兴故事会更精彩！权当抛砖引玉吧，不当之处，敬请广大读者批评指正！

庞丽铷

2020 年 6 月 30 日